文化间性视域下的跨文化传播

基于中国经验的全球对话范式探索

The Exploration of Global Dialogue Paradigms Based on Chinese Experience in Intercultural Communication from the Perspective of Interculturality

纪之文 著

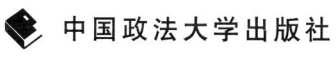

中国政法大学出版社

2025·北京

图书在版编目（CIP）数据

文化间性视域下的跨文化传播：基于中国经验的全

球对话范式探索 / 纪之文著. -- 北京：中国政法大学

出版社, 2025. 9. -- ISBN 978-7-5764-2335-8

Ⅰ. G0

中国国家版本馆CIP数据核字第2025EP3098号

书　名	文化间性视域下的跨文化传播：基于中国经验的全球对话范式探索 Wenhua Jianxing Shiyuxia de Kuawenhua Chuanbo：Jiyu Zhongguo Jingyan de Quanqiu Duihua Fanshi Tansuo
出版者	中国政法大学出版社
地　址	北京市海淀区西土城路 25 号
邮　箱	fadapress@163.com
网　址	http://www.cuplpress.com (网络实名：中国政法大学出版社)
电　话	010-58908435(第一编辑部) 58908334(邮购部)
承　印	固安华明印业有限公司
开　本	880mm×1230mm　1/32
印　张	9
字　数	217 千字
版　次	2025 年 9 月第 1 版
印　次	2025 年 9 月第 1 次印刷
定　价	53.00 元

序言

当算法推荐将单一文化视角下的信息精准推送给全球用户，当"文明冲突论"的杂音干扰着不同文明的对话节奏，当数字殖民主义的阴影悄然侵蚀着弱势文化的传播主权，人类正站在跨文化传播的"十字路口"。全球化浪潮与逆全球化思潮的交织，数字技术的赋能与文化霸权的博弈，让跨文化传播既迎来了"万物互联"的机遇，也陷入了"理解断裂"的困境。当我们谈论不同文化的相遇，究竟是在探讨"此文化"与"彼文化"的简单对话，还是在探讨两种文化在互动中催生的"第三空间"？当我们分析传播的效果时，是该以某一种文化的价值标准为标尺，还是应在文化的"间隙"中寻找更具包容性的解读框架？这些问题正是"文化间性"理论试图回应的核心命题，也是本书创作的起点。本书以"文化间性"为核心视域，以中国经验为实践依托，试图为这一系列的时代之问提供系统性的思考与解答。

"文化间性"并非悬浮于理论空中的概念，而是对跨文化传播本质的深刻回应。长期以来，西方主导的跨文化传播研究始终难以摆脱"霸权逻辑"与"本质主义"的双重束缚，忽视了文明交往中"对话"与"融合"的本质。文化间性理论的价值，正在于它跳出了传统跨文化传播研究中文化本位与文化对立的二元思维。前者习惯以自身文化为中心解读他者，后者则将不同文化视为相互排斥的"孤岛"。将"文化之间"的地带视为一个开放、动态的对话场域，没有绝对"主位"与"客位"，没有固化"传播者"与"接收者"，不同文化既保持着自身的独特性，又通过互动、协商、融合，不断生成新的意义与价值。正如哲学家伽达默尔所言，理解不只是一种复制的行为，而始终是一种创造性的行为。跨文化传播的本质，正是在文化间性的场域中，实现视域融合的创造性过程。这种理论视角，既回应了跨文化传播"为何困境重重"的追问，也为"如何破局"提供了核心思路。

中国经验为文化间性理论的落地提供了独特的实践样本与智慧滋养。从丝绸之路的驼铃悠扬到郑和下西洋的帆影浩荡，中华文明的对外交往始终秉持"和合共生""礼尚往来"的理念，这种交往不是基于霸权的征服，而是基于平等的互鉴；不是追求文化的单向输出，而是期待文明的双向成就。当代"一带一路"倡议提出"共商共建共享"原则，更是将这种传统智慧升华为全球性的实践方案。在跨境电商的物流网络里，数字技术既打破了地域壁垒，又通过在地运营避免了文化折扣，诠释了技术哲学维度下"文化转译者"的双刃剑效应。这些经验证明，中国的跨文化传播实践始终内嵌着文化间性的核心精神，它不追求用一种文明取代另一种文明，而是致力于为不同文明搭建"对话的桥梁"；它不将文化差异视为冲突的根源，而是将其看作丰富人类文明多样性的宝贵财富。这种以"和"为贵、以"通"为要的智慧，正是摆脱当前跨文化传播困境的重要钥匙。

本书旨在将文化间性的理论深度与中国经验的实践温度相结合，试图探寻一套兼具学理价值与应用价值的跨文化传播范式。全书遵循"理论建构—历史溯源—实践创新—未来展望"的逻辑脉络，层层递进地展开论述。在理论层面，本书深入剖析西方跨文化传播理论的局限，为突破"中西二元论"提供一定的理论支撑；在历史层面，本书梳理丝绸之路、郑和下西洋等历史时期的跨文化交往实践，提炼其中"和合共生"的智慧，以历史实证反驳"文明冲突论"的必然性；在实践层面，本书结合数字时代的传播生态、文化摩擦，以 TikTok 等平台的跨国互动、"一带一路"倡议中相关的文化合作项目为案例，分析文化间性范式在具体场景中的应用路径，回应现实挑战；在未来层面，本书从教育、文化产业、技术治理等多个维度，探索兼具伦理温度与技术锐度的解决方案。

本书在写作过程中，始终秉持三个基本原则：一是"理论接地气"，避免陷入纯思辨的空泛论述，而是将抽象的文化间性理论与鲜活的传播实践相结合，通过案例分析，让理论"看得见"；二是"视野跨学科"，跨文化传播本身就是一门交叉学科，因此本书不仅借鉴传播学的核心理论，还吸收了人类学的"深描"方法、社会学的"场域理论"等多学科成果，力求为读者呈现更立体、更全面的研究视角；三是保持"对话"的学术姿态，既不回避西方理论的合理成分，也不夸大中国经验的普适性，而是期待在"全球—本土"的互动中，为跨文化传播研究贡献一种"中间智慧"，它既反对文化霸权的独断，也拒绝文化相对主义的虚无；既强调文化的独特性，也重视文明的共通性。

需要说明的是，本书所探索的"中国经验"，并非一套可以直接复制的"标准答案"，而是一种可供借鉴的思维方式，它提醒我们，跨文化传播的核心不在于"说服"或"征服"，而在于"理解"与"共生"；不在于消除文化差异，而在于在差异中寻找共识，在共识中尊重差异。同样，文化间性理论也不是解决所有问题的"万能钥匙",它更像是一种方法论自觉,引导我们跳出自身的文化局限,以更开放、更包容的心态面对多元文明。

最后,期待本书能够为读者提供有益的参考。对于相关专业的学生与研究者,本书可作为理解跨文化传播前沿理论的入门读物;对于每一个在日常生活中接触多元文化的普通读者,本书希望能带来一种新的认知,即跨文化传播不仅是"技巧",更是"态度",一种以文化间性为桥梁,理解他人、丰盈自我的生活态度。

文化的相遇,从来不是终点,而是新的起点。愿本书能成为读者探索跨文化传播世界的一块"铺路石",与大家一同在文化间性的场域中,见证差异的魅力,创造融合的可能。

纪之文

2025 年 6 月 12 日

目录

导　论

　　人既是文化的产物，也是交往的产物。交往中的对话建立了人与人之间的互动关系，为他们分享彼此的智慧提供机遇。在全球化浪潮的持续冲击下，世界正处于深刻变革的关键时期，呈现出"逆全球化"与数字平台赋能并存的复杂格局。"逆全球化"思潮兴起，地缘政治冲突加剧，从文化保护主义理论角度分析，各国为维护本国文化主权与产业利益，强化文化保护策略。西方部分文化霸权国家宣扬"文明冲突论"，为其单边主义文化政策辩护，加剧了文化间的对立与隔阂，阻碍了文化资源的全球流通，严重违背了文化间性理论中文化平等、开放交流的原则。"逆全球化"思潮与文明冲突论的回潮，给跨文化传播带来了前所未有的挑战，使这一领域陷入理论与实践的双重困境。在此背景下，深入探究如何超越"文明冲突论"与"文化同质化"的二元对立，构建以文化间性为核心的跨文化传播新范式，成为当下学术研究与实践探索的重要课题。同时，挖掘中国经验在全球文明对话中的智慧与价值，对于推动全球文化交流与合作、构建人类命运共同体具有深远意义。

　　从理论层面来看，西方中心主义长期主导跨文化传播理论，其秉持的"文化霸权"逻辑根深蒂固。在亨廷顿"文明冲突论"的笼罩之下，跨文化传播研究陷入了本质主义陷阱、权力话语绑架和对

话语伦理缺失的三重困境,这些问题严重制约了跨文化传播研究的深入发展和有效实践。本质主义陷阱将文化简化为静态符号系统,例如霍夫斯泰德文化维度理论,该理论虽然在一定程度上为跨文化研究提供了分析框架,但却忽视了文化的动态生成性。文化并非一成不变的静态符号集合,而是一个不断发展、变化且充满活力的动态系统,这种简化导致我们对文化的理解过于片面,无法真正把握文化的复杂性和多样性,从而在跨文化传播实践中难以有效应对文化之间的动态互动和变化。权力话语绑架则体现在萨义德"东方主义"所揭示的知识生产不平等,在数字时代进一步演变为算法殖民主义。算法推荐系统在文化传播中起着举足轻重的作用,但其背后隐藏的权力结构和偏见却常常被忽视,从而加剧了文化间的不平等。哈贝马斯"理想言说情境"的乌托邦色彩在现实政治的冲击下也逐渐褪色,对话伦理的缺失使得跨文化对话难以真正实现有效的沟通与理解。在跨文化传播具象实践中,由于文化背景、价值观、利益诉求等多方面的差异,不同文化主体之间的对话往往面临着诸多障碍,如文化偏见、刻板印象、权力不对等等问题,这些问题使得跨文化对话难以达到理想的平等、开放和包容的状态,从而导致对话失效或流于形式,无法真正促进文化的交流与融合。东西文化交往中,西方传播者会不自觉地将集体主义、刻板木讷等标签贴在东方文化上,将个人主义、分析思考等标签贴在西方文化上,体现了西方文化优越于东方文化的隐喻。如果东方文化无法在策略上对等,整体的跨文化意义和有效沟通就难以实现,处于交往失衡状态。这种逻辑将西方文化视为具有普适性的标准,对其他文化存在偏见与忽视,导致跨文化传播呈现出单向度的"文化输出"模式。在这种模式下,西方文化凭借经济、政治和科技优势,向其他文化地区大量输出其价值观、文化产品和传播理念。以好莱坞电影产业为例，好莱坞电影在全球广泛传播，在带来视听享受的同时，也在潜移默化地传播西方的个人主义、消费主义等价值观。许多好莱坞电影塑造的超级英雄形象，往往强调个人凭借超凡能力拯救世界，这种叙事模式在西方文化语境中有其合理性，但在一些强调集体主义价值观的文化地区，可能会引发观众的理解障碍和价值冲突。西方媒体在国际传播中占据主导地位，对非西方文化国家的报道，往往聚焦于负面事件或具有猎奇性的文化现象，这种片面的呈现方式加剧了文化间的误解与隔阂，严重阻碍了多元文明间的平等对话与交流。

在实践领域，数字平台在新冠肺炎疫情期间展现出强大的文化传播能力与融合能力，重塑了文化传播的媒介生态环境，创造了"万物互联"的可能性。社交媒体平台、视频分享网站、在线教育平台、智能生成应用的普及，使信息能够在瞬间跨越国界，不同文化背景的人们交流互动更为便捷。与此同时，数字技术也衍生出一系列棘手的问题，引发认知过载与意义真空、算法霸权与文化失语以及数字原住民的身份撕裂等关键矛盾。在日均百亿次的跨文化短视频交互中，大部分内容停留于奇观化表征层面，观众在海量的信息中难以深入理解文化内涵，导致认知过载的同时，也造成了意义的真空，难以实现真正意义上的跨文化理解和交流。而 Meta 的跨语言算法模型存在显著的文化偏向性，对非拉丁语系文化的误译率高达 22%，这种算法霸权使得一些文化在传播过程中失去了其原有的表达和意义，导致文化失语现象，加剧文化之间的不平等和隔阂，阻碍了多元文化的交流与融合。在数字时代，虚拟身份的建构和文化认同的形成变得更加复杂和多样化，年轻人在接触和参与各种不同文化的交流互动中，容易产生文化认同的迷茫和焦虑，身份撕裂现象不仅影响个体的文化归属感和认同感，还可能对社会的文化稳定和文化传承产生潜在的负面影响。算法偏见与数字殖民主义尤为突出。算法推荐机制作为数字平台的核心技术之一，存在严重的价值偏向。部分主流社交媒体平台的算法倾向于推广符合西方主流价值观和文化偏好的内容，对其他文化的声音和表达关注不足。数字殖民主义问题也日益严重，部分西方国家凭借在数字技术领域的优势，掌控技术标准和数据资源，试图侵蚀其他国家的文化主权。跨国科技公司在全球范围内大量收集用户数据，这些数据不仅涉及个人隐私，更可能被用于影响他国的文化传播和价值观塑造。西方国家利用互联网平台，将本国的文化价值观和意识形态传播到其他国家，对他国的文化传统和价值观念构成威胁，由此产生的技术赋权与文化主权之间的矛盾亟待解决。

面对上述困境，本书聚焦两个核心问题展开深入研究：一是如何超越"文明冲突论"与"文化同质化"的二元对立，构建以文化间性为核心的跨文化传播新范式；二是中国经验能为全球文明对话贡献何种独特智慧。"文明冲突论"认为不同文明之间必然存在冲突与对抗，这种观点忽视了文明之间相互交流、借鉴和融合的可能性，容易引发文化对立和误解。"文化同质化"则担忧全球化进程中文化多样性的丧失，认为不同文化在交流过程中会逐渐趋同，失去自身特色。这两种观点都未能准确把握跨文化传播的本质和发展趋势。全球化语境下，跨文化传播关心的真正问题应该是如何回应全球化时代文明与文明之间、民族与民族之间、国家与国家之间、人与人之间的对话与和谐的问题。而要解决这些问题就要超越后殖民主义的文化批判，找到一种可以实现交往理性和增加对话协商可能性的新层面。跨文化传播研究不能仅仅依靠对比研究、平行研究，而应向文化间性研究转型。中国在长期的对外交往中积累了丰富的经验，从古代丝绸之路的友好通商到郑和下西洋的和平交流，再到当代"一带一路"倡议的共商共建共享，中国始终秉持开放、包容、平等的理念与世界各国开展交流合作，这些经验为解决当前的跨文化传播困境提供了新的思路和方向，值得深入挖掘和研究。

为深入剖析这些问题，区别于传统跨文化传播研究单纯从"文化差异"的视角出发，本书对文化间性这一核心概念进行了重新定义，强调文化间性具有三重维度，分别从本体论、方法论和技术哲学维度对其内涵进行深入阐释。

在本体论维度，文化身份并非固定不变，而是具有动态生成性。文化不是孤立存在的实体，而是在与其他文化的互动交流中不断演变和发展的。以丝绸之路上的粟特商人为例，他们作为波斯文化的重要载体，频繁往来于中亚、西亚与中国之间。在长期的贸易活动和文化交流中，粟特人不仅将波斯的音乐、舞蹈、宗教等文化元素带入中国，还积极吸收和融合中国的文化特色。服饰方面，他们的服饰风格逐渐受到唐朝服饰的影响，从传统的波斯服饰样式转变为兼具波斯与唐文化风格的样式；饮食方面，他们也开始接受并喜爱中国的食物，甚至将一些中国的饮食制作方法带回波斯。与此同时，粟特人的商业活动和文化传播对唐代长安的市井文化产生了深远影响。长安的商业布局因粟特商人的聚居和贸易活动而发生改变，形成了具有异域特色的商业街区。粟特人的音乐、舞蹈等艺术形式也融入了长安的文化生活，成为当时社会文化的一部分。这种文化身份的动态生成过程，充分体现了文化间性在本体论层面的特征，即不同文化在相互接触和交流中，不断塑造和改变着彼此的文化内涵和身份认同。

在方法论维度，文化间性强调对话伦理的互惠性原则，以"礼尚往来"替代"文化倾销"。在跨文化传播中，不同文化之间的交流应该是平等、互利的，而不是一方对另一方的单向输出或强加。

"礼尚往来"体现了中国传统文化中尊重他人、平等对待的价值观，要求在跨文化交流中充分尊重其他文化的差异和价值，以开放的心态去理解和接纳不同文化的观点和行为方式。在文化交流活动中，不仅要展示自身文化的魅力和价值，也要积极学习和借鉴其他文化的优秀成果，实现文化的相互促进和共同发展。与"文化倾销"不同，"礼尚往来"注重的是文化交流的双向性和互动性，通过平等的对话和交流，促进不同文化之间的相互理解和尊重，避免文化冲突和误解的产生。

在技术哲学维度，数字媒介在跨文化传播中扮演着"文化转译者"的角色，具有明显的双刃剑效应。以 AI 翻译技术为例，它在跨文化传播中发挥了重要作用，能够快速准确地翻译不同语言的文本，极大地消除了语言障碍，促进了不同文化之间的信息交流。在国际商务谈判、学术交流等场合，AI 翻译技术能够帮助人们及时理解对方的语言内容，提高交流效率。然而，AI 翻译也存在一些问题，它可能会简化文化语境。由于文化的复杂性和多样性，语言背后往往蕴含着丰富的文化内涵和语境信息，而 AI 翻译在处理这些内容时，可能无法准确理解和传达其中的文化意义。在翻译一些具有文化特色的词汇、成语或俗语时，AI 翻译可能只给出字面意思，无法传达其背后的文化隐喻和象征意义，从而导致文化信息的丢失或误解。因此，在利用数字媒介进行跨文化传播时，我们需要充分认识到其双刃剑效应，既要发挥其优势，又要警惕其可能带来的负面影响。

中国在历史上和当代的对外交往中，积累了丰富而独特的经验，这些经验为文化间性提供了有力的历史实证和当代创新样本。从郑和下西洋的"厚往薄来"到"一带一路"的共商共建，中国始终践行着"以义为利"的交往理性。郑和下西洋时期，中国船队远航至东南亚、南亚、西亚乃至非洲东海岸等地区。在与这些地区的交往中，中国秉持"厚往薄来"的原则，带去了大量的丝绸、瓷器、茶叶等中国特产，与当地进行贸易和文化交流。这种交往方式并非以追求经济利益为首要目的，而是更注重建立友好的国际关系，传播中国的文化和价值观。通过与当地人民的友好往来，中国增进了与各国的相互了解和信任，促进了不同文化之间的交流与融合。例如，郑和船队在访问东南亚国家时，与当地人民分享了中国的农业技术、建筑技艺和医学知识，同时也了解并学习了当地的文化和风俗习惯。这种"厚往薄来"的交往模式，体现了中国对其他文化的尊重和包容，为文化间性的实践提供了历史范例。

在当代，"一带一路"倡议继承和发展了中国传统的交往理念。"一带一路"坚持共商共建共享的原则，旨在促进沿线国家的经济合作和文化交流，实现共同发展。在文化交流方面，"一带一路"倡议推动了"一带一路"合作伙伴之间的文化合作项目，如文化展览、艺术演出、学术交流等。通过这些项目，不同国家的文化得以相互展示和交流，人们能够更加深入地了解彼此的文化内涵和价值观念。在"一带一路"文化交流活动中，中国与其他国家共同举办的文化展览，不仅让中国观众有机会欣赏到其他国家的优秀文化作品，也展示了中国的传统文化艺术，促进了文化的多元共生和共同发展。这种共商共建的模式，为文化间性在当代的实践提供了创新样本，彰显了中国在全球文化交流中的积极作用和独特贡献。

为深入研究文化间性视域下跨文化传播的理论与实践问题，本书采用跨学科的方法论，融合传播学、技术哲学、文化人类学与数字人文的研究方法，从多个角度对跨文化传播现象进行全面、深入的剖析。

在理论对话方面，本书将哈贝马斯"交往行为理论"与儒家

"恕道"思想进行批判性整合。哈贝马斯的"交往行为理论"强调在交往过程中，人们通过语言进行有效的沟通和理解，以达到相互认同和达成共识的目的。该理论注重交往的合理性和有效性，认为只有在理想的交往情境中，人们才能实现真正的沟通和理解。而儒家"恕道"思想则强调"己所不欲，勿施于人""己欲立而立人，己欲达而达人"，体现了一种推己及人、尊重他人的价值观。将这两种理论进行整合，旨在为跨文化传播提供更加全面和深入的理论基础。在跨文化传播中，借鉴哈贝马斯的理论，我们可以关注不同文化主体之间的语言交流和沟通方式，分析如何创造理想的交往情境，促进文化之间的理解和认同。同时，儒家"恕道"思想的融入，能够使我们更加尊重其他文化的差异和价值，以包容的心态对待不同文化的观点和行为，避免文化霸权和文化偏见的产生。

数字民族志方法，通过追踪 TikTok 等平台上的跨国文化互动痕迹，分析用户生成内容（UGC）中的文化协商策略。随着数字技术的发展，社交媒体平台成为跨文化传播的重要场所，大量的用户生成内容在这些平台上传播，其中蕴含着丰富的文化信息和文化协商策略。通过对 TikTok 上不同国家和地区用户发布的视频内容进行分析，可以观察到不同文化在数字空间中的碰撞与融合。一些具有地域特色的文化元素，通过 TikTok 平台传播到世界各地，引发了其他国家用户的关注和模仿。同时，外国用户也会对这些内容进行再创作和传播，在这个过程中，不同文化之间相互影响、相互借鉴，形成了独特的文化协商现象。数字民族志方法能够深入挖掘这些用户生成内容背后的文化意义和传播规律，为跨文化传播研究提供新的视角和实证依据。

计算传播学运用社会网络分析（SNA）方法，揭示全球文化传播网络中的"关键桥接节点"。社会网络分析通过对网络结构和节点关系的研究，可以发现那些在文化传播中起到关键连接作用的节点。在全球文化传播网络中，一些国家、地区或个人可能具有较高的中心性，他们在不同文化之间的交流和传播中扮演着重要的桥梁角色。一些国际知名的文化机构、社交媒体网红等，他们拥有广泛的社交网络和较高的影响力，能够将不同文化的信息传播到更广泛的受众群体中。了解这些"关键桥接节点"，有助于我们更好地理解全球文化传播的结构和动态，为制定有效的跨文化传播策略提供参考。

本书的研究在理论范畴一定程度突破了"中西二元论"的桎梏，体现出"技术中介的文化间性"（Technologically-Mediated Interculturality）概念，揭示数字时代跨文化传播的"再部落化"趋势。"中西二元论"在跨文化传播研究中长期存在，这种观点将世界文化简单地划分为西方文化和非西方文化，并认为两者之间存在着本质的差异和对立。二元对立的思维模式限制了我们对跨文化传播现象的全面理解，忽视了不同文化之间的相互联系和相互影响。本书通过深入研究，突破了这种传统的思维模式，强调文化间性的多元性和复杂性，认为不同文化之间并非简单的对立关系，而是在相互交流、相互融合的过程中共同发展。

本书遵循"理论建构—历史溯源—实践创新—未来展望"的逻辑，对跨文化传播领域的相关问题进行系统研究。在理论建构部分，第一章深入剖析跨文化传播的现实困境以及西方传统跨文化传播理论中"文化霸权"的形成机制，从历史、政治、经济等多方面追溯其根源。西方的殖民历史为文化霸权的形成奠定了基础，在殖民扩张过程中，西方列强将自己的文化强制推行到殖民地，打压当地文化，使得西方文化在全球范围内获得了优势地位。工业革命后，西方在经济和科技上的领先进一步巩固了其文化霸权，通过文化产品的输出和文化教育的渗透，将西方的价值观和文化观念传播到世界各地。这种文化霸权在当代跨文化传播中造成了诸多弊端，如文化话语权失衡，西方媒体在国际舆论场中占据主导地位，对其他文化的报道往往带有偏见和刻板印象；文化多样性受损，一些弱小文化在西方文化的冲击下逐渐失去生存空间。通过对这些问题的深入分析，详细阐述文化间性理论在本体论、方法论和技术哲学维度的具体内涵，结合哲学理论和实际案例，进一步说明文化身份动态生成性、对话伦理互惠性原则以及数字媒介双刃剑效应的实践意义，为跨文化传播理论的重构提供坚实的理论框架。同时，通过对比分析，明确文化间性理论相较于传统理论的优势，如更注重文化的平等交流、动态发展以及对技术影响的全面考量，为后续研究指明方向。

第二章从中华文明史中提炼"和合共生"的实践智慧，证伪"文明冲突论"的历史必然性。系统梳理丝绸之路、郑和下西洋等重要历史时期的跨文化交流活动，深入分析其交流的内容。在对丝绸之路等历史时期跨文化交流活动的深入剖析中，我们可以看到，这些交流并非基于冲突，而是以和平、友好、互利为基调。在丝绸之路的贸易往来中，中国的丝绸、瓷器、茶叶等商品输出到中亚、西亚乃至欧洲，不仅推动了经济的繁荣，更促进了文化的交流。中国的造纸术、印刷术、火药等发明通过丝绸之路传播到西方，对西方文明的发展产生了深远影响；同时，西方的音乐、舞蹈、宗教等文化元素也传入中国，丰富了中国的文化内涵。例如，佛教自印度经丝绸之路传入中国后，与中国本土的儒教、道教相互融合，形成了具有中国特色的佛教文化，深刻影响了中国人的思想观念、文学艺术和社会生活。这种文化的交流与融合是一种双向的、积极的互动，充分体现了"和合共生"的理念，有力地反驳了"文明冲突论"。

第三章至第四章结合数字技术与在地化案例，呈现文化间性范式的可操作性。在数字技术的推动下，跨文化传播的方式和内容发生了深刻变革。社交媒体平台成为跨文化传播的重要阵地，使得不同国家和地区的文化能够迅速传播并广泛交流。中国的许多传统文化元素形成了文化传播与创新的新态势。一些外国用户将中国文化元素融入自己的内容创作中，创作出兼具中西特色的信息产品，这种文化的融合与创新充分体现了文化间性范式在数字时代的活力。在地化实践方面，许多城市通过举办国际文化节、艺术展览、学术研讨会等活动，促进了不同文化之间的交流与合作，实现了文化的双向传播。这种在地化的文化交流实践，充分结合了当地的文化特色和资源，根据当地居民的需求和兴趣，开展具有针对性的文化活动，为文化间性范式的实践提供了丰富的经验和范例。

第五章至第六章直面现实挑战，提出兼具伦理温度与技术锐度的解决方案，最终指向"全球文明共同体"的愿景。当前，跨文化传播面临着诸多严峻挑战，如文化霸权、数字殖民主义、文化冲突等。文化霸权导致一些西方国家凭借其文化优势，试图将自己的价值观和文化模式强加给其他国家，破坏了文化的多样性和公平性；数字殖民主义则利用数字技术的优势，对其他国家进行数据掠夺和文化渗透，威胁到他国的文化主权；文化冲突在一些地区时有发生，严重影响了不同国家和民族之间的和谐关系。

针对这些挑战，本书从理论和实践两个层面提出应对策略。在理论层面，进一步完善文化间性理论，强调文化的多元共生和相互尊重，倡导建立平等、公正、包容的全球文化秩序。在实践层面，提出加强国际合作，建立多边文化交流机制，促进不同国家之间的文化对话与合作；推动文化产业的健康发展，鼓励创作具有多元文化特色的文化产品，增强文化的吸引力和影响力；培养跨文化传播人才，提高人们的跨文化交流能力和文化素养，以减少文化误解和冲突。通过这些努力，推动全球文明之间的平等对话和相互理解，构建"全球文明共同体"。"全球文明共同体"旨在打破文化隔阂，促进不同文明之间的交流、融合与共同发展，实现人类文明的繁荣与进步。这一愿景的实现需要各国共同努力，秉持文化间性的理念，尊重文化差异，通过平等的对话、交流与合作，共同推动全球文化的发展。

构建"全球文明共同体"，不仅是一种美好的愿景，更是应对当下全球文化挑战的必然选择。在这一过程中，教育的作用至关重要。各国应加强教育领域的合作，推动跨文化教育的发展。在学校教育中，增加跨文化课程的设置，培养学生对不同文化的理解和尊重。通过学习不同国家的历史、文化、艺术等知识，学生能够拓宽视野，增强文化包容意识，提升跨文化交流能力。可以开展国际学生交换项目，让学生亲身感受不同文化的氛围，在实践中提高跨文化交流技巧。同时，社会教育也应发挥重要作用，通过举办各类文化活动、讲座等，向公众普及跨文化知识，提高社会整体的文化素养，营造包容多元文化的社会环境。

从文化产业角度来看，要鼓励创新，推动文化产业的多元化发展。文化产业作为文化传播的重要载体，应充分挖掘不同文化的特色和价值，创作出更多具有全球影响力的文化产品。电影、音乐、文学等领域可以加强国际合作，融合多元文化元素，打造出既具有本土特色又能被全球观众接受的作品。一些国际合拍电影，将不同国家的文化元素巧妙融合，在全球范围内取得了良好的口碑和票房成绩，不仅促进了文化的传播，也增进了不同国家人民之间的情感联系。政府应加大对文化产业的支持力度，制定相关政策，鼓励文化企业开展国际合作，提升文化产业的国际竞争力。

在技术层面，要加强对数字技术的监管和引导，充分发挥其在跨文化传播中的积极作用，规避负面影响。针对算法偏见问题，应建立更加科学合理的算法评估机制，确保算法的公正性和客观性。将技术手段和人工干预相结合，避免算法对特定文化的歧视和边缘化，让不同文化的内容都能在数字平台上得到公平的展示机会。加强对数据隐私的保护，制定严格的数据保护法规，防止数字殖民主义的侵害，保障各国的文化主权和公民的个人隐私。

在国际合作方面，各国政府应积极推动多边文化交流机制的建设。联合国教科文组织等国际组织在促进全球文化交流与合作方面发挥着重要作用，各国应加强在这些组织框架下的合作，共同制定文化交流的规则和标准，推动全球文化的健康发展。可以开展文化交流年、文化合作项目等活动，为不同国家的文化交流提供平台和机会。同时，民间组织和非政府机构也应积极参与跨文化交流，发挥其灵活性和创新性的优势，开展形式多样的文化交流活动，增进民间的相互了解和友谊。

虽然对文化间性的宏观理论进行了探讨，但对不同文化群体在跨文化传播中的微观行为和心理机制的研究也不容忽视。未来可以通过心理学实验、田野调查等方法，深入了解不同文化群体在跨文化传播中的行为模式和心理需求，为提高跨文化传播的效果提供更具针对性的建议。还需要进一步研究不同文化背景的个体在面对文化差异时的心理调适机制，以及如何通过教育和培训提高个体的跨文化适应能力。此外，跨文化传播与社会、政治、经济等领域的互动关系也有待进一步深化研究。文化传播不仅受到社会、政治、经济等因素的影响，也会对这些领域产生反作用。因而需要进一步研究跨文化传播如何影响国际关系的演变，如何促进不同国家之间的经济合作；分析社会文化变迁对跨文化传播的需求和影响，以及不同政治制度和政策对跨文化传播的支持或限制。通过深入研究这些互动关系，可以为制定更加科学合理的跨文化传播策略提供依据。在未来的研究中，随着科技的不断进步，新的传播技术如虚拟现实（VR）、增强现实（AR）、区块链等已不断涌现，这些技术将为跨文化传播带来新的机遇和挑战。可以深入研究这些新技术在跨文化传播中的应用，分析它们对文化传播方式、传播效果以及文化认同的影响。研究如何利用 VR 技术创建沉浸式的跨文化体验场景，让人们更加身临其境地感受不同文化的魅力；探讨区块链技术在保障文化传播内容的真实性和版权方面的作用。

本书围绕全球传播秩序的重构与中国话语的范式突破展开研究，通过对跨文化传播面临的理论困境和实践困境的分析，提出以文化间性为核心的跨文化传播新范式，并深入挖掘中国经验在全球文明对话中贡献智慧。通过跨学科的研究方法和系统的结构逻辑，为跨文化传播领域提供了一定的理论视角和实践策略，希冀对推动全球文化交流与合作、构建"全球文明共同体"做出贡献。期待更多的学者能够在这一领域深入探索，共同推动跨文化传播研究的发展和进步。

第一章 │ 文化间性的哲学溯源与传播学转译

　　文化间的交往开拓了人们的视野，为他们分享彼此的智慧提供机遇。回顾过往，跨文化交往事例俯拾即是：古希腊、古罗马文化的交汇与基督教文化的形成；印度佛教在中国的传播以及随后的三教合一；近代以来日益高涨的西学东渐的浪潮以及近年来勃然兴起的汉语热、中国文化热等皆令人瞩目。当今，全球化进程的深入推进和现代技术的强大力量使世界变得更加开放。我们有机会与不同文化背景的国家、地区、族群的人进行接触、合作。对话、交流和传播正以这样或那样的形式将世界连为一体。东西方文化也在经历前所未有的整合与分化，文化间交往愈发活跃，跨文化传播实践频繁发生。

　　文化间交往大体导致三种结果：一是正面结果，即文化沟通、理解和文化间相得益彰；二是负面结果，即文化的误读、偏见与冲突；三是二者兼而有之。历史上，由于地理的屏障以及松散的世界联系，人们在面临交往的失败或挫折时，可以选择退缩和回避。但在当下技术革命压缩时空的全球化的语境中，没有一种文明、没有一个国家可以独善其身，因此跨文化传播研究的深入推进具有重要意义。

　　面对纷繁复杂的跨文化交往，"我们"与"他者"如何交流？

交流中如何跨越性别、国籍、种族、民族、语言与文化的鸿沟？该如何把缺乏秩序或琐碎的种种事物系统组织起来，使其呈现可理解的逻辑关系？又如何对已有的跨文化交往作出合理解释，从而实施有效的控制？最可靠的途径便是求助于理论。Richard L. Wiseman 指出理论的建构应该成为跨文化传播研究的中心议题[1]。任何观察与研究都需要理论的导向，没有理论，就无法确立研究方向，无法检验研究成果，也不能对研究加以比较整合。回顾跨文化传播理论发展，数十年间涌现出一大批理论，百家争鸣。但值得注意的是，尽管其中不乏经典理论，但它们尚未形成范式，尚未在学界建立起高度认同[2]。跨文化传播理论的研究起点，多从西方中心主义视角出发，存在着东西方发声不平衡现象。在跨文化交往中，西方传播者会不自觉地将集体主义、刻板木讷等标签贴在东方文化上，将个人主义、分析思考等标签贴在西方文化上，体现了西方文化优越于东方文化的隐喻。巴勒斯坦裔美国学者萨义德对所谓的"东方学"（Orientalism）进行研究，以西方为中心，将东方形象加以固化、典型化，塑造出一个"他者"的形象，进而将西方和东方置于"文明—野蛮""优越—低劣"的二元对立之中[3]，塑造了"我们"与"他者"的对立。

他者化的难题使东西方文化交往处于失衡状态。跨文化传播也在这种"他者"文化冲突的裹挟下，进一步强化了排他性认同。且近年，跨文化传播理论建设多局限在对原有层面进行修补，而对全球化历史语境的回应变得乏力，着重解释旅居者（sojourners）如何

---

〔1〕 Robert L. Wiseman (ED.), *Intercultural Communication Theory* (*International and Intercultural Communication Annual*, *Vol*. 1), Sage Publications, 1995, p. 5.

〔2〕 戴晓东编：《跨文化交际理论》，上海外语教育出版社 2011 年版，第 30 页。

〔3〕 ［美］爱德华·W. 萨义德：《东方学》，王宇根译，生活·读书·新知三联书店 1999 年版，第 23~25 页。

管理焦虑与不确定性，适应东道国文化的问题[1]；汀-图梅将原有的面子理论进一步扩充为面子矩阵，等等。这种逐渐失去创新发展的趋势一定程度上与学科诞生的历史背景和其深受实证主义及后实证主义的影响相关。除了缺乏诠释性和批判性视角，传播理论研究还缺乏多元视角，仅仅依靠某一特定文化的实证研究是难以全面有效地揭示其内在逻辑和规律。纵观跨文化传播理论发展，以往西方跨文化传播研究缺乏元理论基础，忽略文化间性。跨文化传播关心的真正问题应该是如何回应全球化时代文明与文明之间、民族与民族之间、国家与国家之间、人与人之间的对话与和谐的问题。而要解决这些问题就要超越后殖民主义的文化批判，找到一种可以实现交往理性和增加对话协商可能性的新层面。反思认同，超越认同。回到主体间、文化间的平等交流对话上，建立人类交流共同体。每一种文化都有自己运行的轨道，有其存在的合理性。差异不是跨文化传播不可逾越的障碍，关键在于如何看待差异，文化差异与文化共识之间有着广阔的跨文化对话空间。成中英指出，文明对话中，必须具备哲学层面的深刻认识，且这种认识最好能做到知己知彼[2]。即使已有实质冲突的两个文明传统，透过彼此间哲学层面的沟通，找到共同出发点与共同理想，找出它们根源的一致性和未来目的的统一性，是有助于实质冲突的逐渐消除，或使双方的实质利益冲突在较客观公正的原则上得到解决。这种建立在平等主体间基础上的对话有别于"我们"与"他者"的二元对立，而是互为主体并构建多元主体之间的对话空间。这就需要跨文化传播理论研究不能仅依靠对比研究、平行研究，而是向文化间性研究转型。

---

〔1〕　William B. Gudykunst, "Theories of Intercultural Communication Ⅱ", *China Media Research*, *Vol.* 1, *No.* 1, 2005, pp. 76–89.

〔2〕　成中英：《文明对话中的哲学认知》，载《哲学研究》2017 年第 5 期。

第一节　概念溯源：文化间性的哲学基础

一、主体间性的西方哲学奠基

西方哲学对主体间性的探索历经三个范式转型：从笛卡尔式的主体性哲学到现象学的主体间性转向，再到后结构主义的差异哲学。这种演进轨迹为理解文化间性提供了重要启示。笛卡尔开启的主体性哲学，以"我思故我在"确立了主体的绝对地位，强调主体对客体的认知与掌控[1]。然而，这种哲学范式在面对文化间的复杂关系时，暴露出明显的局限性，它将不同文化主体视为孤立的存在，忽视了文化间的相互影响与交流。胡塞尔在《笛卡尔式的沉思》中首次系统阐述主体间性概念，指出意识活动具有"原初的共同体性"，这种交互主体性构成意义世界的根基[2]。在现象学视角下，文化间性不再是简单的文化接触现象，而是人类意识活动的本质特征。每个文化主体的认知图式都蕴含着他者的意向性结构，这意味着不同文化主体在认知过程中并非独立存在，而是相互交织、相互影响。例如，当西方文化主体接触东方文化时，其对东方文化的理解并非完全基于自身的文化预设，而是在与东方文化主体的意向性互动中逐渐形成，这种互动使得文化间的界限变得模糊，呈现出一种相互渗透的状态。

海德格尔进一步将这种关系本体论化，提出"共在"（Mitsein）

---

〔1〕〔法〕勒内·笛卡尔：《第一哲学沉思集》，庞景仁译，商务印书馆 1986 年版，第 27 页。

〔2〕〔德〕埃德蒙德·胡塞尔：《笛卡尔式的沉思》，张廷国译，中国城市出版社 2002 年版，第 56 页。

概念，认为文化存在的本质就是在世界之中的共同筹划。他强调人是"此在"，存在于与他人共在的世界中，文化也同样如此[1]。不同文化在世界中共同存在、相互影响，通过共同的实践活动和交流，不断塑造和改变着彼此。这种哲学突破为跨文化传播研究提供了重要范式：传播的本质不是信息的机械传递，而是不同文化主体在存在论层面的意义共建。福柯的权力话语理论为文化间性研究注入批判性维度。在《词与物》中揭示的"知识型"（episteme）更迭现象，解释了跨文化传播中的认知不对称问题[2]。福柯认为，不同时期存在着不同的"知识型"，它是一种无意识的深层结构，决定了人们的思维方式和知识生产方式。当西方人类学家以 19 世纪生物分类学知识解读非洲部落文化时，必然产生话语暴力。因为 19 世纪生物分类学"知识型"是西方文化特定历史时期的产物，其分类标准和思维方式与非洲部落文化有着巨大差异。西方人类学家将这种知识型强加于非洲部落文化，按照自己的标准对非洲部落文化进行分类和解读，忽视了非洲部落文化自身的独特性和内在逻辑，从而导致对非洲部落文化的误解和歪曲，这就是一种典型的话语暴力。这种分析框架有助于我们理解东方学批判的深层机理——文化间性困境本质上是知识权力不对等的症候。伽达默尔在此基础上，在《真理与方法》一书中阐释了互相渗透、互相依赖的经验和历史、我你关系、对话和语言、解释循环的辩证法体系结构[3]。

　　哈贝马斯的交往行为理论的补充提出了解决方案：通过建立

---

〔1〕 ［德］马丁·海德格尔：《存在与时间》，陈嘉映、王庆节译，生活·读书·新知三联书店 2012 年版，第 149 页。.

〔2〕 Michel Foucault, *The Order of Things: An Archaeology of the Human Sciences*, Vintage Books, 1973, pp. 239-240.

〔3〕 ［德］汉斯-格奥尔格·伽达默尔：《真理与方法》，王才勇译，辽宁人民出版社 1987 年版，第 105 页。

"理想言说情境"，使文化主体在平等对话中达成理解。"理想言说情境"要求所有参与者具有平等的话语权，不受权力、地位等因素的干扰，能够自由、真实地表达自己的观点和意见[1]。在这种情境下，不同文化主体可以充分交流，通过理性的讨论和协商，逐渐消除误解，达成相互理解。例如，在国际文化交流会议中，如果能够遵循"理想言说情境"的原则，来自不同国家和文化背景的代表们都能平等地阐述自己文化的特点和价值观，倾听他人的观点，那么就有可能在文化间性的困境中找到出路，实现文化间的平等交流与合作。这种"双重建构"视角（批判+建设）为文化间性理论提供了完整的分析工具，既揭示了文化间性困境的根源，又提出了可行的解决办法。

西方哲学主体间性思想的确立，变革了"主体-主体"的关系，促进了只有他者才有我者的理性思考，更重要的是确立了主体间平等对话的间性思维，巴赫金诠释道：人要通过观察别人的眼睛或依凭别人的眼睛才能看到自己，没有他者就没有自我[2]。文化间性倡导对话精神，没有他者，只能是独白。

间性意识的关键之一是如何看待差异。差异哲学有着悠久历史，尼采、福柯、德里达等都认同差异存在。德里达通过"延异"（différance）而非差异（différence）阐释文本的无限不确定性，通过运动和因果关系来描述延异的特性。颠覆了二元对立的延异比差异更有助于理解文化间性[3]。霍尔在《表征》一书中对差异作出阐释，认为差异是意义的根本；意义只有在与他者对话中生成；文

〔1〕 ［德］尤尔根·哈贝马斯：《交往行为理论：行为合理性与社会合理化》，曹卫东译，上海人民出版社 2004 年版，第 234~235 页。

〔2〕 ［俄］米哈伊尔·巴赫金：《巴赫金全集（第五卷）》，钱中文等译，河北教育出版社 1998 年版，第 340 页。

〔3〕 蔡熙：《关于文化间性的理论思考》，载《大连大学学报》2009 年第 1 期。

化取决于给予事物以意义，他者是根本性的，无论对自我的构造，还是对身份的认同都离不开他者[1]。

二、东方间性哲学的原创贡献

间性是具有东西方哲学基础的概念。间性问题是"所有跨文化研究中的一个至关重要的元理论问题"[2]。"间性"具有"居间、中间、中介、离间"等多重象征意蕴[3]。作为一种哲学范畴，间性智慧可追溯至《周易》的"交感"概念。《系辞传》"天地氤氲，万物化醇"揭示的阴阳交感原理，与当代文化间性理论存在深刻契合[4]。《易经》《易传》《庄子》等中国先秦经典，将间性指称存在、实体、语词及概念组成之内、之外和之间的时空、变化、关系等非实体因素、性质和作用的总和。宋代张载提出"仇必和而解"的辩证法，强调差异双方的互动转化而非对立消解，这为处理文化冲突提供了独特思路。中国传统文化中儒家和道家思想中关于人与世界之间、人与人之间的理性和情感建构都与"间性"有着密切联系。儒家"和而不同"提供了本体论阐释，《论语·子路》"君子和而不同"的命题，蕴含着"差异-和谐"的辩证关系。朱熹在《四书章句集注》中注"和者，无乖戾之心；同者，有阿比之意"，区分了机械同一与有机和谐。王阳明心学体系中的"万物一体"观，突破主客二分思维，将文化间性提升到本体论高度。新儒家代表杜维明提出的"精神人文主义"，在文化间性维度实现创造性转化。其"存有的连续性"（continuity of being）概念突破西方主体性

---

〔1〕［英］斯图尔特·霍尔：《表征——文化表象与意指实践》，徐亮、陆兴华译，商务印书馆 2003 年版，第 2 页。

〔2〕王才勇：《文化间性问题论要》，载《江西社会科学》2007 年第 4 期。

〔3〕鹿国治：《间性思维与比较文学——谈比较文学研究主体的思维基础》，载《山东师范大学学报（人文社会科学版）》2002 年第 4 期。

〔4〕王弼注，孔颖达疏：《周易正义：卷八》，中华书局 2022 年版，第 81 页。

哲学的孤立预设，强调文化主体在交往中的相互构成性[1]。在
"文明对话"实践中发展出的"听德"概念，要求对话者悬置文化
前见，通过"同情式倾听"实现视域融合。这种理论创新既保持中
国哲学特质，又与伽达默尔解释学形成对话，展现出文化间性理论
建设的中国路径。道家"齐物论"启示解构主义。《庄子·齐物论》
"天地与我并生，而万物与我为一"的本体论框架，消解了文化中
心主义的二元对立。郭象注"万物万情，趣舍不同，若有真宰使之
然也"，揭示文化差异的本然性。德里达在《书写与差异》中对
"逻各斯中心主义"的批判，与庄子"吾生也有涯，而知也无涯"
的认识论形成跨时空共鸣[2]。这种"不齐之齐"的智慧，为处理
文化差异提供了"去本质化"的思维范式。此外，郑和下西洋的跨
文化实践为理论验证提供历史范本。永乐年间船队在东南亚建立的
"文化驿站"，既非殖民据点也非贸易前哨，而是遵循"和而不同"
原则的文化间性空间。马六甲海峡出土的"三语碑刻"（中文、马
来文、阿拉伯文），呈现了文化符号的共生形态。这种 15 世纪的实
践智慧，与当代第三空间理论形成跨越时空的呼应，证明中国传统
文化蕴藏着丰富的间性智慧。综上，间性是在双方平等的基础上，
具有包容与互动特质。对话精神应是间性理论的核心精神[3]。间
性理论专注于间性研究，是探寻实体怎样生成和如何存在的哲学范
式。通过间性来认识实体，还是通过实体来认识间性，可以导致两
种不同的哲学导向或认识路径。

---

〔1〕 ［美］杜维明：《儒家传统与文明对话》，彭国翔编译，人民出版社 2010 年
版，第 45~47 页。

〔2〕 ［法］雅克·德里达：《书写与差异》，张宁译，生活·读书·新知三联书店
2001 年版，第 279~294 页。

〔3〕 陈涵平：《间性理论与比较文学》，载《学术研究》2005 年第 12 期。

学者从不同角度对主体间性进行阐释。虽观点有所差异，但哲学立足点却共通。在对主体间性的探索过程中，主体间的对话与交流关系得以彰显。近年，有关于从主体间性到跨主体间性概念的转向，中国学者赵汀阳认为主体性是文明的既定现状，并不是现代哲学的产物，在实践中的主体间困难并不是主体间性本身所造成的，而是由排他的主体性和跨主体性缺失造成的[1]。跨主体性对于推动跨文化传播中的间性理解有着一定启示，主体间通过交流达到自识与互识，相互影响、相互融合，从而形成互补互动的作用。主体间性、他者理论、差异哲学、交往理论等为文化间性提供哲学逻辑，体现了关联、差异和融合的视角。

　　三、从间性到文化间性的范式延伸

　　文化间性是间性理论在文化问题上的表现，主体间性哲学推动了文化间性理论的生成和发展。20 世纪以来，文化间性理论在学术研究中逐渐确立和发展。美国人类学家霍尔（Edward T. Hall）首次提出了跨文化传播（Intercultural Communication）的概念，强调不同文化之间的信息传递和互动过程[2]。霍尔的研究为文化间性理论的发展提供了重要的理论基础，他提出了“高低语境文化”等概念，分析了不同文化背景下的交流方式和特点。20 世纪中叶，随着全球化进程的加速，文化间性理论得到了进一步的发展。哈贝马斯将间性思想引入文化领域，在论述人权中的文化冲突和抗衡问题时，他从交往行为理论和话语理论出发，阐述了在跨文化交流语境下以文化间平等交流的途径讨论人权的问题：“通过争论，可以让我们认识到我们的盲点。来自不同文化的人们参与到了人权的话

---

　　〔1〕　赵汀阳等：《你是利玛窦那样的人吗——关于一神论的系列通信之一》，载《江海学刊》2017 年第 2 期。

　　〔2〕　Edward · Hall, *The Silent Language*, Doubleday, 1959, p. 119.

语当中；解释学对于跨文化人权话语的反思，使我们注意到了沟通话语前提中所埋藏着的规范内涵"[1]。后殖民主义和后现代主义思潮的兴起为文化间性理论带来了新的视角。霍米·巴巴（Homi Bhabha）的"第三空间"理论和"混杂性"概念，强调文化之间的动态互动和重构。巴巴认为，文化间性不仅仅是文化的简单融合，而是一种新的文化形态和认知框架的生成[2]。他的理论为文化间性研究提供了新的理论框架，使文化间性理论更加关注文化之间的权力关系和文化霸权问题。在不同文化之间的接触和碰撞中，会产生一个不属于任何一方的"第三空间"。在这个空间中，文化身份不再是固定的、单一的，而是流动的、可协商的。这种"第三空间"为文化间的对话和融合提供了可能性，它打破了传统文化边界的概念，强调文化之间的杂糅和重构。巴巴的理论为理解全球化背景下的文化现象提供了有力依据，特别是在分析跨国文化流动、文化翻译和文化身份建构等方面具有重要意义。

第二节 跨文化传播理论的文化间性转向

跨文化传播的理论的兴起与世界文化交流的不断深入以及随之而来的各种交往问题密切相关。纵观跨文化传播理论发展的半个多世纪，学者们对众多论题作出较为系统、深入的探讨，建立了数量不菲的理论，理论的发展从最为尖锐的文化差异问题扩展到跨文化适应、面子与身份认同、跨文化能力、意义建构、文化图式、价值

---

[1] 阮红梅：《文化间性视域下中国大学校史对外翻译探析——以西北工业大学校史英译为个案》，上海外国语大学 2014 年硕士学位论文。

[2] Homi K. Bhabha, *The Location of Culture*, Routledge, 1994, pp. 36-37.

取向等方面的问题。

一、跨文化传播理论回溯

跨文化传播理论研究在局部探索中起步，首先针对的是文化差异问题。二战之后，美国成为超级大国，国际交流范围扩大，由文化差异造成的交往障碍问题突出。

20 世纪 50 年代，爱德华·霍尔在其《无声的语言》中首先运用了跨文化传播概念。霍尔着力研究文化差异对非言语交往行为的影响，高低语境文化论昭示东西方文化交往困境所在，为跨越文化障碍提供有力视角，但其理论有鲜明的文化决定论倾向。

20 世纪 60 年代至 70 年代，围绕如何解决文化差异问题，跨文化传播学者提出一系列理论，代表成果包括 K. Oberg 的文化休克论，描述海外旅者对陌生文化的不适应症状[1]；J. T. Gullaborn 和 J. E. Gullahorn 的文化适应周期论以 U 模型和 W 模型揭示跨文化交际者适应异国文化的各阶段及调整过程[2]；J. W. Berry 和金荣渊的文化适应理论分析移民群体为适应主流社会所采取的不同策略及背后动因[3]。这期间，跨文化传播学者除分析如何消除文化差异问题外，还就文化与交际的关系，文化价值取向，语言与修辞对跨文化交往的影响等方面展开讨论（R. T. Oliver，1962，L. Samovar，1972，J. C. Condon，1975）。

我国的跨文化传播研究始于 20 世纪 80 年代，一般认为，许国璋在《现代外语》发表的 "Culturally Loaded Words and English Lan-

---

〔1〕　Kalervo Oberg, "Cultural Shock: Adjustment to New Cultural Environments", *Practical Anthropology*, *Vol.* 7, 1960, *pp.* 177–182.

〔2〕　John T. Gullahorn & Jean E. Gullahorn, "An Extension of Ucurve Hypothesis", *Journal of Social Issues*, *Vol.* 19, 1963, *pp.* 33–47.

〔3〕　John W. Berry, *Human Ecology and Cognitive Style: Comparative Studies in Cultural and Psychological Adaptation*, Sage/Halsted, 1976, p. 142.

guage Teaching"一文标志着跨文化传播研究在中国的起步[1]。之后 10 年，国内的研究者主要关注文化差异对语言交际的影响，成果集中在对国外教科书的翻译与引进，以及对学术论著的评价上。

此后，跨文化传播研究在各种议题与视角的拓展、整合与更新中走向成熟，20 世纪 80 年代起，研究问题日趋丰富，涉及文化价值取向、跨文化能力、面子维护、文化身份与认同、冲突管理、文化图式、意义建构、交际伦理、文化语境、全球化语境和理论视角等问题。代表性理论有威廉·古迪孔斯特（William B. Gudykunst）的焦虑与不确定性管理理论（The theory of Anxiety and Uncertainty Management）、汀-图梅（Stella Ting-Toomey）的面子协商理论（The Face Negotiation Theory）、盖洛斯（Cynthia Gallois）等人的跨文化通融理论（Intercultural Accommodation Theory）、金荣渊的跨文化调整理论（Intercultural Adaptation Theory）、霍夫斯泰德的文化价值取向论（Cultural Value Orientation Theory）、Judee K. Burgoon 的预期违背理论（Expectancy Violation Theory）、克罗南与皮尔斯的意义协同处理理论（Coordinate Management of Meaning—CMM）、陈国明的跨文化交际能力理论等。这些理论汲取心理学、社会学、语言学等学科思想对跨文化传播行为与观念作学理分析与解释，拓展了研究领域，引发大量实证研究和学术争鸣。与此同时，跨文化理论还在新视角上进行拓展，金荣渊、汀-图梅等人运用亚洲的价值观充实和补充西方理论，陈国明以中国文化核心价值之一——和谐为主线，阐述亚洲范式的可能性，并倡导以面子、关系、回报、因果等概念构建亚洲视角的跨文化交往理论，贾文山、肖小穗和三池贤孝等人也做出了有益尝试。

---

〔1〕 王才勇：《文化间性问题论要》，载《江西社会科学》2007 年第 4 期。

近年，意义协同理论（CMM）受到学者广泛关注，他们在社会建构主义的视角下展开研究，但 CMM 理论主要关注人际交往，各个理论之间缺乏对话和共识。上述经典理论仍未在学界建立高度的认同，发展多为在原有理论上的修补和扩充，缺乏原创性发展，这与实证研究占据跨文化传播研究主流的局面有关，同时也说明仅仅依赖具体行为或观念的实证考察难以全面揭示跨文化传播的内在逻辑，跨文化交往的本质是文化价值观的交流与碰撞，这就需要从历史学、哲学、社会学等源头去创建更有解释力的理论，促进理论与实证研究的互动。

跨文化交往理论存在不足项，主要表现为：一是东西方发声的不平衡，跨文化传播的研究始于美国，大部分理论为美国学者所创立，欧洲学者虽然较少直接创建跨文化交往理论，但在哲学思想和基础理论上有突出贡献，哈贝马斯的交往行为理论、福柯的话语分析、吉登斯的现代性研究都被美国学者运用或借鉴，东方学者对东西跨文化交往研究的理论贡献较为单薄无力；二是存在对跨文化理论生硬移植现象，例如焦虑不确定管理理论仅在人际交往中加入文化变异性就应用于跨文化交际情境，存在机械痕迹；三是现有跨文化传播理论对全球化历史语境回应乏力，在全球化新的语境下，应重新审视既往研究成果，提出新的理论议题，解释新的历史规律。这也为发展具有中国本土化特色的跨文化交往理论带来机遇与挑战，即根植于中国文化，同时找到中西对话的哲学基础，发掘为世界所理解的概念与命题。

二、跨文化传播的现代性困境

在逆全球化语境下，全球传播实践陷入深刻的现代性危机。这种理论与现实的撕裂，根源于启蒙现代性预设的"文明等级论"——西方文化被赋予"普遍性"的特权地位，非西方文化则被规训为"特殊性"的他者。哈贝马斯所倡导的"交往理性"在国际传播场域遭遇系统性扭曲：主体间性蜕变为"主-客"间性，对话协商异化为单向灌输，意义共创让位于文化霸权。这种范式危机在数字资本主义时代呈现新形态：算法权力重构文化传播的"注意力经济"，数据殖民加剧"认知不平等"（Cognitive Inequality）。从本体论视角审视，西方中心主义实质上是"主体性哲学"的全球化扩张——将"自我文化"（Self-culture）确立为绝对主体，将"他者文化"（Other-culture）"贬黜"为客体化的认知对象。这种主客二分的思维模式，从根本上解构了文化间性得以成立的本体论前提 ——文化主体的平等共在。

一是西方中心主义困境，文化霸权与单向输出。西方中心主义主导下的跨文化传播秩序暴露出诸多困境，其中文化霸权与单向输出成为阻碍文化间平等交流与共同发展的主要障碍。这种传播模式不仅破坏了世界文化的多样性，也加剧了不同文化之间的矛盾与冲突。

西方中心主义的形成有着深厚的历史、经济和政治根源。自近代以来，西方国家凭借其在科技、经济和军事上的优势，逐渐在全球范围内确立了主导地位。这种优势地位使得西方国家在跨文化传播中占据了绝对的话语权，他们将自己的文化价值观、政治理念和生活方式视为普世标准，通过各种传播渠道向世界其他地区进行单向输出，形成了一种文化霸权。这种文化霸权的表现形式多种多样，其中媒体垄断和文化产品输出是最为突出的两个方面。

以美国为首的西方国家在全球媒体领域占据着垄断地位。全球主要的通讯社、电视台、广播电台和互联网平台大多来自西方国家，他们控制着全球信息的生产、传播和解读。这些媒体在报道国际事件时，往往带有强烈的西方中心主义色彩，从西方的视角出发，对其他国家和地区的文化、政治和社会现象进行片面的、歪曲的报道。这种报道方式不仅误导了西方民众对其他文化的认知，也在一定程度上影响了其他国家和地区民众对自身文化的认同。例如，在一些国际新闻报道中，西方媒体常常将非西方文化中的一些传统习俗和价值观描绘为落后、愚昧的象征，而将西方的文化价值观视为先进、文明的代表。这种片面的报道方式加深了不同文化之间的误解和偏见，阻碍了跨文化传播的健康发展。

西方国家还通过大量输出文化产品，如电影、电视剧、音乐、动漫等，将西方的文化价值观渗透到世界各个角落。这些文化产品往往以娱乐的形式出现，具有很强的吸引力和传播力。在全球电影市场中，好莱坞电影占据了主导地位。好莱坞电影以其精美的制作、精彩的剧情和强大的明星阵容吸引了全球观众的目光。然而，在这些电影中，往往蕴含着西方的个人主义、消费主义和霸权主义等价值观。这些价值观通过电影的传播，潜在地影响着观众的思想和行为。例如，一些好莱坞电影中宣扬的个人英雄主义，强调个人的力量和价值，忽视了集体的作用和价值；而一些电影中对物质享受的过度追求，也容易引发观众的消费主义思潮。这种文化产品的单向输出，使得其他国家和地区的本土文化受到了严重的冲击，许多本土文化产业面临着生存困境。

这种由西方中心主义主导的单向传播模式，严重忽视了非西方文化的主体性，导致了文化间性的失衡。在这种传播模式下，非西方文化往往被边缘化、被忽视，其独特的价值和魅力无法得到充分的展现和认可。非西方文化在与西方文化的交流中，往往处于被动接受的地位，缺乏平等对话和交流的机会。这种文化间性的失衡，引发了许多文化认同危机和文化抵抗运动。在一些非西方国家和地区，人们对西方文化的入侵感到担忧和不满，他们开始重新审视和保护自己的本土文化，通过各种方式抵制西方文化的影响。例如，一些国家加强了对本土文化产业的扶持和保护，限制西方文化产品的进口；一些地区开展了文化复兴运动，弘扬和传承本土文化的精髓。这些文化抵抗运动虽然在一定程度上保护了本土文化的独立性和独特性，但也加剧了文化间的对立和冲突，不利于跨文化传播的和谐发展。

二是全球传播新秩序，去中心化、多极化与对话性。在全球化的时代背景下，构建一个公正、平等、包容的全球传播新秩序已成为当务之急。这一新秩序的核心在于打破西方中心主义的垄断，实现传播权力的去中心化和多极化，同时强调传播过程中的对话性，促进不同文化之间的平等交流与相互理解。

西方中心主义主导的全球传播秩序使得传播权力高度集中于西方国家，导致了信息传播的不平衡和不公平。这种不平衡不仅体现在信息的流量和流向方面，还体现在信息的内容和解读上。西方国家凭借其强大的传播实力，能够将自己的价值观、意识形态和文化产品广泛传播到世界各地，而其他国家和地区的声音则往往被忽视或边缘化。为了改变这种局面，需要推动传播权力的去中心化，让更多的国家和地区能够在全球传播舞台上发出自己的声音。

新兴媒体技术的发展为传播权力的去中心化和多极化提供了可能。随着互联网、社交媒体、移动通信等技术的普及，信息传播的门槛大大降低，普通民众和非西方媒体也能够更加便捷地参与到全球传播中来。社交媒体平台的兴起，使得个人和民间组织可以绕过传统媒体的控制，直接发布和传播信息。在一些国际事件中，来自不同国家和地区的网民通过社交媒体分享自己的观点和看法，形成了多元化的舆论场。这种多元化的传播格局打破了西方媒体的垄断，使传播权力逐渐分散到全球各个角落。一些发展中国家的媒体也通过利用新兴技术，提升了自身的传播能力和影响力，在国际传播中发挥着越来越重要的作用。例如，一些非洲国家的媒体通过数字化转型，推出了在线新闻平台和移动应用程序，向全球观众传播非洲的声音和故事，改变了过去非洲在国际传播中"失语"的状态。

对话性是全球传播新秩序的重要原则。在跨文化传播中，对话性要求传播各方尊重彼此的文化逻辑和价值观，以平等、开放的态度进行交流和互动。只有通过对话，才能消除误解、增进理解，实现文化的交流与融合。李子柒的短视频就是一个很好的例子，她通过展现中国乡村生活的美好画面，以非对抗的方式传递了中国的文化价值。在她的视频中，没有刻意的宣传和说教，而是通过真实、自然的生活场景，让外国观众感受到中国传统文化的魅力。这些视频在 YouTube 等国际社交媒体平台上获得了广泛的关注和喜爱，实现了跨文化的共鸣。李子柒的成功表明在跨文化传播中，以对话性为原则，尊重他者文化，用生动、形象的方式传递文化价值，能够有效地促进不同文化之间的交流与理解。

构建基于文化间性的"传播共同体"是全球传播新秩序的重要目标。在这个共同体中，不同国家和地区的人们能够通过共享叙事，共同创造和传播文化意义，促进人类共同价值的形成。共享叙事是指不同文化主体基于共同的经历、情感和价值追求，共同讲述和传播故事。通过共享叙事，人们能够超越文化差异，找到彼此之间的连接点，增进相互之间的认同感和归属感。在国际合作中，各国可以围绕全球性问题，如环境保护、气候变化、公共卫生等，共同开展传播活动，讲述共同应对挑战的故事。这些故事能够激发人们的共同情感和责任感，促进全球范围内的合作与交流。共享叙事还可以传播人类共同的价值观念，如和平、正义、公平、包容等，增强人类的凝聚力和向心力。

三、跨文化传播理论的文化间性转向

正是基于现代危机，跨文化传播的转型亟须超越启蒙现代性的认知框架，在文明对话的实践中重建文化间性的本体论基础。跨文化传播研究的新视野不能局限于平行研究或者对比研究，而是找到间性研究的突破点。社会学与文化研究等学科对第三种文化的探讨，语言学对克里奥语的分析较早触及文化间性（Interculturality）的问题，文化调整理论、身份管理理论曾注意到跨文化身份问题，但并未对文化间性作出系统研究，随着跨文化交往视野逐步从种族中心主义（ethnocentrism）迈向族群相对主义（ethnorelativism），文化间性的意义愈发突出，杜维明曾指出，在民族沙文主义和毫无个性的世界主义之间有着广阔的跨文化对话空间，这个空间乃是文化维护自我活力和推陈出新的沃土[1]。文化间性的系统讨论和阐述或许能为跨文化交往带来更加具有创造潜力的理论和实践空间。

在跨文化传播中，文化间性是间性理论的主要体现[2]。传播学者从不同角度就文化间性进行论述。对于文化间性的概念，有学者指出是文化成员通过协商和合作实现互惠互动的文化间的复杂结合，是不同文化视角之间相遇的空间[3]。文化间性是学者陈国明对跨文化传播研究的核心概念之一，他将"intercultural communication"的界定体现在其著作《文化间传播学》中，对文化间性思想

---

〔1〕 杜维明：《儒家心性之学——论中国哲学和宗教的途径问题》，载《杜维明文集（第一卷）》，武汉出版社 2002 年版，第 162~163 页。

〔2〕 杨石华：《跨文化对话间性空间的建构与完善》，载《传播与社会学刊》2017年第 41 期。

〔3〕 X. D. Dai, "Intersubjectivity and Interculturality：A Conceptual Link", *China Media Research*, *Vol.* 6, *No.* 1, 2010, pp. 12~19.

进行阐释[1]。他认为文化间性（interculturality）在跨文化传播中开启了可持续性空间，缓和文化紧张，加强不同文化的思想融合[2]。学者单波在"他者"立场上，认为传统多元主义过分强调差异和文化群体主体性，而忽略文化间性[3]。王才勇、郑德聘等学者认为一种文化只有在与它的接收者处于某种关联时才实现其意义，文化间性体现了从属两种不同文化主体之间及其生成文本之间的对话关系，并就此论述东西文化间性[4]。在跨文化传播实践中，学者从不同民族跨文化对话、文化间性对旅游研究、文化间性与国内外跨文化语用学对比、留学生教育等方面探讨文化间性视角下的跨文化传播实践。

"第三空间理论"和"第三文化"对跨文化间性对话空间的研究具有较大影响。第三空间概念在美国社会学家 Ray Oldenburg 的著作（The Great Good Place）中得到深入的阐释。社会学研究中的"第三空间"指的是介于家和工作单位（第一、第二空间）之间的一个中性平等的社交空间[5]。Edward W. Soja 在其《第三空间》中提出了区别于第一空间（客观的、物理的空间）与第二空间（主观的、精神的空间）的第三空间（超越所有空间的混合物）的

---

〔1〕 陈国明：《文化间传播学》，五南图书出版股份有限公司 2003 年版，第 14~16 页。

〔2〕 陈国明、余彤：《跨文化适应理论构建》，载《学术研究》2012 年第 1 期。

〔3〕 单波：《平等权力与主体间性：跨文化传播的政治基础》，第九届跨文化传播国际学术会议主题发言，武汉，2017 年 11 月。

〔4〕 综合以下学者观点：邱国红：《文化间性的例证：中国诗歌审美范式对美国诗歌创作的影响》，载《云梦学刊》2005 年第 1 期；王才勇：《文化间性问题论要》，载《江西社会科学》2007 年第 4 期；郑德聘：《间性理论与文化间性》，载《广东广播电视大学学报》2008 年第 4 期。

〔5〕 叶洪、王克非：《探索跨文化传播的"第三空间"》，载《求索》2016 年第 5 期。

概念。Soja 认为"第三空间既是生活空间又是想象空间，它是作为
经验或感知的空间的第一空间和作为表征的意识形态或乌托邦空间
的第二空间的本体论前提"[1]。因此，第三空间可以看作发端于传
统二元的物质和精神空间，是在真实和想象之外，又糅合真实和想
象的，多方因素共同参与的差异空间，是"他者化"空间。在跨文
化传播研究中，跨文化传播对话空间较多应用在国际汉语教学中，
在国际汉语教学与传播的第三空间模式中，双语教学与文化传播不
是孤立地发生在目的语文化空间中的，而是在第一空间（学生母语
文化）和第二空间（目的语文化）共同作用下的第三空间中发生
的一个渐进的过程[2]。此外，有传播学者还关注到在跨文化交际
和交流过程中产生的作为第三空间文化的"文化混生物"（hybrid
culture）或"混生文化现象"[3]。第三文化建构理论是由多位学者
持续研究所组成的跨文化传播理论分支。其中 Casmir 在 Starosta 和
Olorunnisola 的研究基础上给互动者建构了一个具有文化间性的第三
文化空间，并指出该空间是一种"长期的，可以最大化的适应和生
存在所有设计和使用此形式的参与者中的框架"[4]。此外 Shuter 将
第三文化建构理论运用于跨文化传播中时指出，在跨文化关系中基

---

〔1〕 Edward W. Soja, *Thirdspace: Journeys to Los Angeles and Other Real-and-Imagined Places*, Wiley, 1996, p. 125.

〔2〕 王永阳：《国际汉语教学传播与跨文化交际第三空间模式》，载《云南师范大学学报（对外汉语教学与研究版）》2013 年第 1 期。

〔3〕 综合以下学者观点：Nawal Alsayyad, *Hybrid Urbanism: On the Identity Discourse and the Built Environment*, Praeger, 2001, pp. 46. Yoshihiko Mitsukuni, Ikko Takeuchi, & Tsuneo Sunaga, *The Hybrid Culture: What Happened When East and West Met*, Mazda, 1984, p. 67.

〔4〕 William J. Starosta & Akinrinade A. Olorunnisola, "A Meta-Model for Third Culture Development", 1995 Eastern Communication Association Annual Conference Proceedings, *Eastern Communication Association*, 1995, p. 167.

于互动双方彼此文化差异建构的第三文化是以互动双方共同欲望为基础，并对双方是一个互动和互益过程；同时对于个人认同的重构是跨文化关系中必要的副产品[1]。单波在其《跨文化传播的问题与可能性》结语中指出，跨文化团体应着眼建构第三文化空间，使有着不同文化背景和精神需要的人们可以积极建构他们的共同基础，最终融合不同文化的规范指导跨文化情形中的个人交往[2]。学者陈国明关注文化间性开启跨文化传播中的可持续适应空间，认为间性对话空间是交际者在跨文化适应过程中创建的从边际线到边境的空间[3]。

第三节　跨文化传播文化间性理论要义

基于上述关于文化间性及间性对话空间的研究，可以发现，跨文化传播中文化间性的理论要义有待进一步发掘，不同学者对跨文化传播中文化间性的理论阐释和实践应用不同，跨文化传播中文化间性可以理解为各个文化在跨界流动的过程中，承认文化间关联性和差异性的共在，在不同文化视角相遇的空间中，透过不同文化间的经验、体验、对话和沟通，将本己陌生孤独的交际者转变为与文化相关的人，通过双方的结合，实现了一定程度的统一和相互认同，从而建构共体化的"话语流"（discursus），"话语流"构造了一个由各种文化交织在一起、跨边界的"文化间性空间"。

---

〔1〕　Richard Shuter, "On Third-Culture Building", *Communication Yearbook* 16, Sage, 1993, pp. 429-436.

〔2〕　单波：《跨文化传播的问题与可能性》，武汉大学出版社 2010 年版，第 27 页。

〔3〕　陈国明、余彤：《跨文化适应理论构建》，载《学术研究》2012 年第 1 期。

一、文化间性理论内核

文化间性化是同化和分化的中间选择路径，是强调平衡和公平的模型。根据跨文化传播中文化间性的特点，文化间性包含主体、文本、话语三个层面。如图 1-1 所示，文化间性体现不同主体的交流联系，文化间性聚焦交往文本，以此展现社会、历史、文化的相互关照，文化间性的精神体现在对话层面，因此与话语间性紧密相连。文化间性秉持文化间的开放性意识，通过语言及非语言的行为和他者之间的相互作用的间性关联和制度性安排通向长期变化。

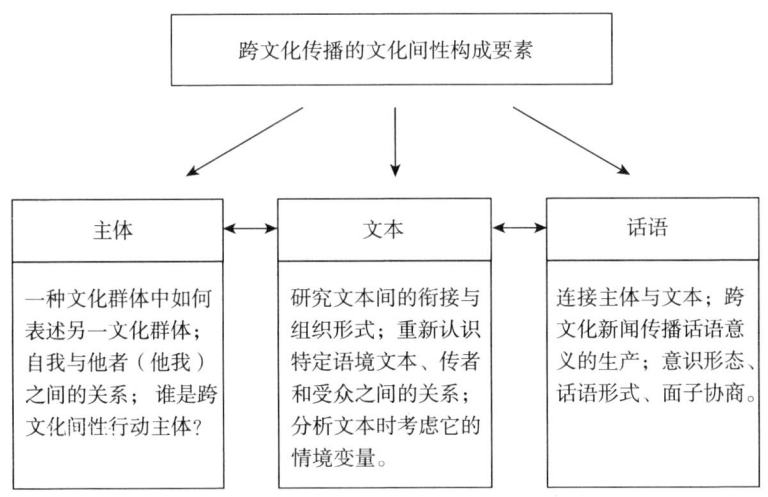

图 1-1 跨文化传播的文化间性构成要素

文化间性不同于多元文化、文化融合、文化杂合[1]。文化间性既涵盖文化的相似性，也包括文化的差异性，甚至是似是而非的灰色地带，体现跨文化交往中，不同文化的共生互补以及矛盾和张

---

[1] 蔡熙:《关于文化间性的理论思考》，载《大连大学学报》2009 年第 1 期。

力。文化间性看到每一种文化都有其间性特质，跨文化交往是一个动态的双向过程，一种文化间性特质体现在与另一种文化的联系中。在相异文化中，文化间性缓和了文化的紧张状态，加强了不同文化思想的融合，并将文化差异转化为创造的动力。

跨文化传播对文化间性的重视是对后殖民主义文化批判和文化多元主义道德的超越。萨义德的《东方学》开创的后殖民主义文化批判，揭示了东方学中隐藏的文化帝国主义阴谋[1]。东方学将东方形象建构为被动、低劣、邪恶。东方主义使东方与西方处于二元对立，营造出一种文化霸权与文化敌视。这种判断是间性思维的缺乏，单纯的将东西方分割、对峙。而文化多元主义尽管提供了宽容的政治氛围，但过分强调差异，常常变为"多元单一文化主义"。事实上，每个文化都有其独特的核心价值，在跨文化传播中，交往主体往往借助于经验范畴，赋予事物不同价值，因此，对待同一个事物，不同背景的交往主体常常出现不同理解。而文化间性的发展不仅局限于跨文化关系的建立，而且还能提高文化的通约性，跨文化兼容是实现跨文化认同的关键。

文化间性理论和间性思维视角对文化间的差异、联系、融合有着元理论的意义。但是跨文化交往不仅要解释交流者的文化差异问题，还要解释如何进行调整，降低沟通中的误解，实现有效交流，进而实现相互适应、相互理解并达成共识、意义整合和协同共进的文化间认同，这是一种"在之间"的文化归属。这就需要跨文化交际双方在间性空间中展开对话。不同于学者陈国明所述，不同文化的对话的间性空间不应只局限于跨文化适应阶段，其建构于并贯穿整个跨文化传播过程。间性对话空间中具有不同文化背景、社会及

---

〔1〕　周宁：《走向"间性哲学"的跨文化研究》，载《社会科学》2007 年第 10 期。

心理距离的交际双方进行对话、交流、沟通、理解等行为，目的在于克服孤独、自我认识、环境认知、社会选择等需要，传播在一段时间后变得相对稳定，由此表现了某种文化与社会结构，形成文化意义的分享和文化创造形式；在应对环境、群体间竞争、内在发展需要等问题的过程中，人们又不断进行共享文化的创造、修改和转变，使文化具有流变的特点[1]。跨文化交往从来不是发生在真空中，而是产生于特定的社会语境。历史上两个交际群体之间的关系，各自的活力以及开放性等因素都会影响交际的进程和效果，交往不仅有认知功能还有情感功能，人们在相互协商中寻求意义，建构自己和社会的认同。因此，间性可能包括了交际双方最初定位、心理层面通融、通融焦点、策略和行为归因、背后动机等。假设文化间性可行性需要在特定社会语境发挥主体、文本、话语的作用，那么影响文化间性实现的动因可能包括以下几方面：不管是以群体交往还是以人际交往为定位，正面的历史交往以及交际主体感受到的善意是文化间性实现的条件；群体的文本、媒体形象和文化认同是促进文化间性的显要因素；当群体认同淡漠，愿意以人际交往为定位的交际主体比较容易实现间性；当认知和理智占据主导地位，交际主体侧重理解，但当身份和情感占据主导，交际主体侧重认同，轻视理解；弱势群体更容易对强势群体通融。简言之，友好的交往历史、媒体形象和相互认同、善意、群体间地位差异都是影响间性的因素。文化间性体现在自我与他者相互对立而又建立联系的不断互动过程中。在互动中不排斥也不兼并对方，而是介于分离和统一中。

----

　　〔1〕　单波：《跨文化传播的基本理论命题》，载《华中师范大学学报（人文社会科学版）》2011 年第 1 期。

二、文化间性多维内涵

"文化间性"这一术语在西方学术语境中经历了较为复杂的发展过程。最早提出与"文化间性"相关的概念之一是古巴社会学家费尔南多·奥尔蒂斯（Fernando Ortiz）在 1940 年提出的"文化泯化"（transculturation）。他在其著作《烟草与蔗糖在古巴的对奏》中指出，文化的变迁过程非常复杂，呈现出高度多样化现象。他批评当时流行的术语"文化濡化"（acculturation）和"文化萎化"（deculturation）都不足以描述复杂的文化变迁过程，因此首次提出"transculturation"以及与之相关的"neoculturation"（文化更新）两个术语。奥尔蒂斯认为，"transculturation"能够更好地表达一个文化过渡到另一个文化的演变过程及其所经历的不同阶段，它不仅涉及文化濡化，即从一种文化逐渐变成另一种文化，也涉及文化萎化，即原有文化的丧失或根除，同时还包含了一种新文化出现的含义[1]。这一概念的提出，为后来文化间性理论的发展奠定了基础。在 20 世纪 90 年代，德国哲学家沃尔夫冈·韦尔施（Wolfgang Welsch）提出了"超文化性"（transculturality）概念，对传统文化研究模式以及跨文化性（interculturality）和多元文化性（multiculturality）理论进行了批评。韦尔施认为，传统文化研究模式将文化视为单一民族的、静止不变的实体，而"超文化性"则强调不同文化间的复杂关联，由于当今社会前所未有的流动性和社交媒介的发展，文化间的关联性已成为文化发展的大趋势[2]。韦尔施的这一理论进一步拓展了文化间性的内涵，使其不仅关注文化之间的交流

---

〔1〕　Fernando Ortiz, *Contrapunteo Cubano del Tabaco y el Azúcar*, Biblioteca Ayacucho, 1940.

〔2〕　Wolfgang Welsch, "Transculturality: The Puzzling Form of Cultures Today", *in* M. Featherstone & S. Lash eds. , *Spaces of Culture City, Nation, World*, Sage, 1999, pp. 194-213.

和互动，还关注文化的超越性和融合性。赵月枝在《跨文化传播政治经济研究中的"跨文化"涵义》一文中指出，在跨文化传播政治经济研究（transcultural political economy of communication）的语境下，"transcultural"可以翻译为"跨文化"，这既包含了中文语境中"文化"的本质——混杂性和生成性，又符合单波教授对"transcultural"一词的"超越文化"的定义[1]。这种翻译不仅体现了文化间性的动态性和开放性，还强调了文化之间的平等对话和互动。

从词源上看，"文化间性"（Interculturality）由"文化"（Culture）和"间性"（Inter-）组合而成，其中"间性"一词源自拉丁语"Inter"，意为"在……之间""相互的""彼此的"。这一词源本身就暗示了文化间性所关注的核心内容，即不同文化之间的相互关系、相互作用以及相互影响。在不同语境中，"文化间性"的含义和侧重点也有所不同。在哲学和文化研究领域，文化间性通常被理解为不同文化之间相互渗透、相互交融的过程，强调文化的动态性和开放性。如约斯·德·穆尔（Jos de Mul）从文化传播的角度提出了文化间性的概念，认为文化间性是文化之间的可沟通性，是主体间性在文化上的表现形式。他强调，尽管不同文化之间存在着差异，但文化之间仍然存在着沟通和理解的可能性，这种可能性正是文化间性的重要内涵之一[2]。为与"多文化性"（multiculturality）"多元文化主义"（multiculturalism）并列使用，佩茨沃德提出文化间性概念。他仅对"文化间性"正反两面进行区分，"反面"是

---

〔1〕 赵月枝:《跨文化传播政治经济研究中的"跨文化"涵义》，载《全球传媒学刊》2019 年第 2 期。

〔2〕 Jos De Mul, "Horizons of Hermeneutics: Intercultural Hermeneutics in a Globalizing World", *Frontiers of Philosophy in China*, *Vol.* 6, *No.* 4, 2011, pp. 628-655.

以萨义德"东方主义"所描述的场景，处在霸权地位上的西方文化
描黑其他文化；正面则是建立在相互文化、政治承认的基础上[1]；
联合国教科文组织在《保护和促进文化表现形式多样性公约》中将
"文化间性"定义为：不同文化的存在与平等互动，以及通过对话
和相互尊重产生共同文化表现形式的可能性[2]。

文化间性与文化相对性、文化多样性、文化融合等概念既有相
似之处，也存在关键差异。与文化相对性对比，文化相对性强调每
一种文化都有其自身的价值和合理性，反对以一种文化的标准来评
判另一种文化。文化相对性关注的是文化的独特性和差异性，认为
不同文化之间不存在绝对的优劣之分。文化间性则更侧重于文化之
间的互动和交流，强调在文化差异的基础上，通过对话和协商实现
文化的共存和融合。例如，文化相对性可能会强调某一特定文化中
独特的宗教信仰或传统习俗的价值，而文化间性则会关注这些信仰
和习俗如何在与其他文化的交流中被理解和接受，以及如何在多元
文化的环境中找到自己的位置。

与文化多样性相对比，文化多样性是指世界上存在着多种不同
的文化形式和文化表达，每一种文化都有其独特的特点和内涵。文
化间性与文化多样性密切相关，文化多样性为文化间性提供了丰富
的素材和基础，而文化间性则是文化多样性在交流和互动中的体
现。文化间性强调在文化多样性的基础上，通过文化的交流和融
合，创造出新的文化意义和价值。例如，全球化背景下的文化交流
使得不同国家和地区的文化得以相互展示和借鉴，这种文化多样性

---

〔1〕　Herbert Petzold, "The Dialectical Structure of Interculturalität: Critique of Orientalism and The Possibility of Mutual recognition", *zeitschrift für Soziologie*, *Vol.* 28, *No.* 3, 1999, pp. 45–60.

〔2〕　联合国教科文组织：《保护和促进文化表现形式多样性公约》，2005 年 10 月
20 日联合国教科文组织第三十三届会议通过第 4 条。

的展现正是文化间性发挥作用的前提条件。

与文化融合相对比，文化融合是指不同文化之间相互影响、相互渗透，最终形成一种新的文化形态。文化间性与文化融合有着密切的联系，文化间性是文化融合的前提和基础，而文化融合则是文化间性发展的结果和目标。文化间性强调文化之间的动态互动和协商过程，而文化融合则更关注文化融合后的最终结果。例如，在全球化过程中，许多城市形成了多元文化融合的社区，不同文化背景的居民在日常生活中相互交流、相互影响，这种文化间的互动和协商过程就是文化间性的体现，而最终形成的具有多元文化特色的社区文化则是文化融合的结果。

与文化同化相对比，文化同化是指一种文化在与另一种文化接触后，逐渐被对方文化所取代或吸收的现象。文化同化通常发生在文化之间存在明显强弱之分的情况下，强势文化对弱势文化施加影响，导致弱势文化的逐渐消失。文化间性与文化同化截然不同，文化间性强调文化的平等对话和互动，尊重每一种文化的独特性和价值，反对任何一种文化对其他文化的单向同化。文化间性追求的是不同文化之间的共存、共融和共同发展，而不是一种文化的主导和另一种文化的从属。

三、文化间性视域下跨文化传播整合

研究从本体层（差异共存）、价值层（动态协商）、实践层（意义共创）三个维度，揭示主体、文本、话语三大要素的互动机制。文化间性视域下跨文化传播的运行逻辑遵循"差异共存-动态协商-意义共创"的螺旋上升路径。通过整合巴赫金对话理论、福柯话语权力理论、德勒兹生成哲学等 20 余种理论资源，提出"三维整合模型"。

（一）文化间性视域下的跨文化传播核心维度

文化间性视域下跨文化传播动态过程包括本体层、认知层、实践层。

一是本体层，即文化间域性差异共存的场域，文化间性的本体论基础是差异共存，即异质文化主体通过互动形成动态关系网络，文化身份与意义在差异碰撞中生成，而非预先存在的静态实体。文化间性强调文化是一个"未完成的对话"，反对将文化视为固定不变的本质。文化并非某种静态的、确定不移的存在，而是一个动态的、不断生成的过程。在这个过程中，不同文化主体通过交流、互动和协商，共同构建和重塑文化的意义和形式。以敦煌壁画中的佛教中国化为例，这一过程充分体现了文化作为"未完成的对话"的特性。佛教起源于印度，随着其传播到中国，与中国本土的儒家文化、道家文化等发生了深刻的对话和融合。在敦煌壁画中，我们可以看到佛教艺术元素与中国传统艺术风格的有机结合。例如，在壁画的色彩运用、人物造型、构图方式等方面，既保留了佛教艺术的独特风格，又融入了中国文化的审美观念和表现手法。这种融合并非一蹴而就的，而是在漫长的历史进程中，通过不同文化主体之间的交流、互动和协商逐渐形成。它体现了文化在对话中不断发展和变化的动态过程，证明了文化并非固定不变的本质，而是一个开放的、未完成的系统。

二是认知层，即动态协商的跨文化框架。跨文化互动需通过认知框架转换实现动态协商，即从单一文化视角转向多元文化协同视角。在认知层，文化间性强调双向阐释的"视域融合"。这一观点借鉴了伽达默尔的诠释学理论，认为不同文化主体在交流过程中，应通过相互理解和阐释，实现视域的融合和意义的共建。伽达默尔认为，理解是一个对话的过程，每个理解者都带有自己的"视域"，即由其文化背景、知识结构、价值观念等构成的理解视角[1]。在对话中,不同的视域相互碰撞、交融,从而产生新的理解和意义。在跨文化传播中,这种双向阐释的"视域融合"尤为重要。以国际新闻报道为例,不同国家和地区的媒体在报道同一事件时,往往会从各自的文化视域出发,赋予事件不同的意义和解读。通过相互借鉴和融合,可以更全面、客观地呈现事件的全貌,促进不同文化主体之间的相互理解和沟通。这种视域融合的过程并非简单的妥协或让步,而是一个积极的对话和协商过程,在其中,不同文化主体都能够在保持自身特色的基础上,吸收和借鉴其他文化的优点,共同创造出新的意义和理解。

三是实践层,即意义共创的共生行动。文化间性关注权力协商中的"临界身份"。在跨文化传播中,权力关系往往影响着文化的交流和互动。某些文化可能由于其在经济、政治、技术等方面的优势,在传播过程中占据主导地位,而其他文化则可能处于相对弱势的地位。这种权力不平衡可能导致文化的不平等交流和文化霸权现象的出现。文化间性视域下的跨文化传播就是通过符号调适与权力再平衡来解决冲突。以海外华人为例,他们在跨文化传播中常常面临身份的流动性。在不同的社会和文化环境中,海外华人的身份可能会发生变化,他们在保持自身文化特色的同时,也需要适应和融入当地文化。这种身份的流动性使得海外华人在跨文化传播中具有独特的视角和经验,他们能够在不同文化之间进行协商和调解,促进文化的交流和融合。通过这种权力协商和身份的动态调整,文化间性在实践中得以体现和实现。

---

〔1〕 〔德〕汉斯-格奥尔格·伽达默尔:《真理与方法》,王才勇译,辽宁人民出版社 1987 年版,第 620 页。

（二）文化间性视域下的跨文化传播内容维度

主体、文本、话语作为内容三大要素，在本体层相互作用和互动。主体是行动者，文本是符号载体，话语是权力表达。差异共存作为本体层的核心，强调不同文化如何在互动中共存。

在跨文化传播中，主体包括不同文化背景的个体、群体、组织和国家等。这些主体在跨文化传播中扮演着不同的角色，具有不同的传播动机和目的，影响跨文化传播的效果。不同主体在传播过程中会运用不同的传播策略和方式，以适应目标文化的特点和受众的需求。主体的多样性体现了文化间性的差异共存。不同文化背景的主体在跨文化传播中相互交流、互动，能够促进文化的多样性和丰富性。同时，主体之间的平等对话和协商也是文化间性的重要体现，有助于打破文化中心主义，构建多元文化共存的传播环境。

文本是跨文化传播的重要载体，包括文学作品、影视作品、新闻报道、广告等各种形式的文化产品。这些文本通过语言、图像、声音等多种符号系统，传递着特定的文化信息和价值观念。跨文化传播学中的文本分析理论强调，文本是文化的产物，承载着特定的文化内涵和价值观念。通过对文本的分析，可以深入了解不同文化的特征和传播策略，揭示跨文化传播中的文化差异和共性。文本的跨文化传播体现了文化间性的动态协商和意义共创。不同文化背景的受众在解读文本时，会根据自己的文化经验和知识结构，对文本中的文化信息进行差异化的解读，从而在差异中产生新的文化意义。这种文本的跨文化传播有助于促进文化的交流与创新，丰富全球文化的内容和形式。

话语是指在跨文化传播中使用的语言和非语言符号系统，包括口头语言、书面语言、肢体语言、空间语言等。话语不仅是传播的工具，也是表达文化身份的重要手段。跨文化传播学中的语言学和符号学理论为话语研究提供了基础。语言不仅是文化的载体，也是传播文化的工具，不同文化对语言的理解和使用存在差异。符号学则强调了符号在传播中的重要作用，认为符号不仅是信息的传递者，也是意义的创造者。话语的跨文化传播体现了文化间性的差异共存和动态协商。不同文化背景的主体在使用话语进行传播时，会受到各自文化的影响，产生不同的表达方式和理解方式。通过跨文化传播中的互动和协商，不同文化主体能够逐渐适应彼此的话语风格和符号系统，从而在差异中实现有效的沟通和理解。这种话语的跨文化传播有助于促进文化的交流与融合，构建多元文化共存的传播环境。

（三）文化间性视域下的跨文化传播动态维度

文化间性作为跨文化传播领域的重要理论，其核心命题体现了对文化多样性和交流互动本质的深刻理解。差异共存、动态协商、意义共创构成了文化间性的动态传播内涵，为我们理解和促进跨文化传播提供了关键的理论框架。

差异共存是文化间性的基础。文化差异是人类社会的客观存在，它源于不同的历史、地理、社会和文化背景。每个文化都有其独特的价值观、信仰、习俗和行为方式，这些差异构成了世界文化的多样性。文化间性承认并尊重这种差异，认为差异是文化发展的动力和源泉。不同文化之间的差异并非对立和冲突的根源，而是相互学习、相互借鉴的宝贵资源。例如，西方文化注重个人主义和竞争意识，而东方文化则强调集体主义和和谐观念。这种差异在跨文化交流过程中可能会引发一些误解和冲突，但同时也为双方提供了反思和发展自身文化的机会。通过认识和理解对方文化的差异，人们可以拓宽自己的视野，丰富自己的思维方式，从而促进文化的创新和进步。

动态协商是文化间性的关键过程。在跨文化传播中，不同文化主体之间的交流并不是一次性的、静态的，而是一个持续的、动态的过程，包括主体协商、文本协商、话语协商。由于文化差异的存在，不同文化主体在交流过程中难免会产生分歧和误解。这就需要通过动态协商来解决问题，即双方在平等、尊重的基础上，通过对话、沟通和协商，不断调整彼此的认知和行为，以达成相互理解和共识。动态协商强调的是交流的过程性和灵活性，要求各方保持开放的心态，积极倾听对方的意见和建议，不断寻求妥协和合作的空间。例如，在国际贸易谈判中，不同国家的代表需要就贸易政策、市场准入等问题进行协商。由于各国的利益诉求和文化背景不同，谈判过程中可能会出现激烈的争论。但通过持续的沟通和协商，双方可以逐渐找到共同的利益点，达成互利共赢的协议。在文化交流中，动态协商同样重要。不同文化之间的交流需要不断地磨合和调整，通过相互学习和适应，才能实现真正的文化融合。

　　意义共创是文化间性的最终目标。在跨文化传播中，不同文化主体之间的交流不仅仅是信息的传递，更是意义的建构和创造过程。当不同文化相互接触时，它们会相互影响、相互渗透，从而产生新的意义和价值。这种新的意义和价值既不是原有文化意义的简单叠加，也不是一方文化对另一方文化的强加，而是在双方互动过程中共同创造出来的。例如，李安导演的电影《卧虎藏龙》将中国武侠文化与西方的个人主义、冒险精神相结合，创造出了一种全新的审美体验和文化内涵。影片中的人物形象、情节设置以及对人性的探讨，既体现了中国传统文化的价值观，又融入了西方文化的元素，使观众在欣赏电影的过程中感受到了跨文化的魅力。这种意义共创不仅丰富了文化的内涵，也促进了不同文化之间的相互理解和认同。

（四）文化间性视域下的跨文化传播整合模型

文化间性理论和间性思维视角对文化间的差异、联系、融合有着元理论的意义。但是跨文化交往不仅要解释交流者的文化差异问题，还要解释如何进行调整，以降低沟通中的误解，实现有效交流，进而实现相互适应、相互理解并达成共识、意义整合和协同共进的文化间认同。认同的形成取决于自我内在价值的一致性、稳定性以及相对于他人的差异性。它的主要功能有两个：自身的整合和对他者的识别。而跨文化认同表达了一种"非一非二"（not-one，not-two）的理念。这是一种"在之间"的文化归属。自我与他者既相互对立而又建立联系，处于不断互动中。在互动中不排斥也不兼并对方，而是介于分离和统一中。文化间认同是一个动态、渐进的跨文化适应过程。

为了更全面、系统地理解和分析文化间性，本研究构建了文化间性跨文化传播模型。该模型将文化间性视为一个"差异-协商-共生"的动态连续体，强调文化间性在不同阶段和情境下的动态变化。在这一模型中，文化间性并非简单的二元对立，而是一个复杂多样的连续过程。

在冲突阶段，不同文化之间由于差异和误解，可能会产生矛盾和对立。例如，在一些跨国合作中，由于不同国家员工的文化背景和工作方式不同，可能会在团队合作中出现冲突。然而，这种冲突并非不可调和，通过有效的沟通和协商，可以逐渐缓解矛盾，进入协商阶段。

在协商阶段，不同文化主体开始进行对话和交流，试图找到共同点和解决方案。这一阶段是一个相互理解和妥协的过程，各方都在努力调整自己的立场和观点，以实现更好的合作。例如，在国际文化交流活动中，不同国家的艺术家通过合作创作，共同探讨如何

将各自的艺术元素融合在一起，这一过程就需要进行大量的协商和
沟通。

最终，在协商的基础上，不同文化之间可能会进入共生阶段，
实现共同发展和繁荣。在共生阶段，不同文化相互借鉴、融合，形
成一种新的文化生态。例如，在一些多元文化社区中，不同文化背
景的居民共同生活，相互学习和交流，形成了和谐共处的文化氛
围。这种共生状态并非静态的，而是一个动态的平衡过程，需要不
断通过对话和协商来维持和发展。

文化间性是一个动态、渐进的跨文化通融过程，是跨文化传播
的理想过程，但现实中两种文化相遇，涉及文化间性对话失败的情
形。文化与传播的同构，其互动结果还存在多种倾向，包括同质与
异质的同构，需要通过具体案例分析探讨文化间性理论及实践可能
性问题，并就案例分析反哺间性理论。例如，在异质同构中，"濡
化（涵化）"则是透过文化间性的灰色地带，实现对话交往的黏
合。"濡化"黏合效应尤以佛教由印度传入中国并实现三教合一为
代表，在承认差异的基础上，发挥间性作用，对"一带一路"跨文
化对话的展开具有借鉴意义。

第二章 │ 中国经验的文化间性实践的历史维度

文化间性是一个动态、渐进的跨文化通融过程，是跨文化传播的理想过程，但现实中两种文化相遇，涉及文化间性对话失败的情形。文化与传播的同构，其互动结果还存在多种倾向，包括同质与异质的同构，需要通过具体案例分析探讨文化间性理论及实践可能性问题，并就案例分析反哺间性理论。跨文化传播理论的文化间性实践致力于打破单一文化的狭隘视角，倡导在多元文化的碰撞交融中，探寻不同文化相互理解、共生共荣的路径。中国凭借其源远流长的历史和博大精深的文化，在数千年的发展进程中，持续与世界其他文化开展广泛而深入的互动交流。这些宝贵的交流实践，不仅为文化间性理论提供了丰富的实证，更塑造了具有中国特色的跨文化传播模式，在历史与当代的维度上，展现出强大的生命力与影响力。

回溯古代，中国与外部世界的交流起步甚早。先秦时期，华夏大地与周边民族的经济和文化往来，拉开了中国跨文化交流的序幕。尽管彼时交流的范围和深度有限，但这些早期互动，如同星星之火，为日后大规模的交流活动埋下了伏笔。

秦汉时期，国家的统一和政治的稳定，为对外交流创造了良好的环境。随着生产力的显著提升，中国的物质文化产品愈发丰富，不仅满足了国内民众的生活需求，还具备了对外输出的能力。

丝绸之路的开辟，成为中国跨文化交流的重要里程碑，标志着中国与外部世界的联系进入了全新阶段。丝绸之路的兴起，源于经济利益的驱动。中国的丝绸、瓷器等商品在西方市场备受追捧，而西方的香料、珠宝等也深受中国消费者喜爱。这种经济上的互补性，促使商人们克服重重困难，开辟了连接东西方的贸易通道。但丝绸之路的意义远不止于经济层面，它更是不同文化相互碰撞、融合的大舞台。中国丝绸传入波斯后，当地工匠巧妙地将本土图腾纹样融入其中，创造出独具特色的丝绸制品，实现了文化符号的转译与创新，生动体现了文化间性中"差异共存"的原则。

佛教自印度传入中国，是中国跨文化交流史上的重大事件。魏晋南北朝时期，社会动荡不安，人们对精神寄托的需求极为迫切，佛教教义为人们提供了新的精神慰藉，因而受到广泛关注。然而，佛教若要在中国落地生根，就必须适应中国本土文化。在异质同构中，"濡化（涵化）"则是透过文化间性的灰色地带，实现对话交往的黏合。濡化黏合效应尤以佛教由印度传入中国并实现三教合一为代表，在承认差异的基础上，发挥间性作用。如早期佛经翻译者采用"格义"方法，借助中国传统哲学概念阐释佛教教义，同时将佛教伦理与儒家"孝悌"观念相结合，化解了佛教与儒家价值观的冲突。在地域化发展过程中，天台宗依托浙江山水文化，创立"一念三千"哲学体系；禅宗在江南市井倡导"生活禅"，将修行融入日常生活。佛教与中国本土文化的双向互动，不仅丰富了中国文化的内涵，也推动了佛教在全球的传播。

朝贡体系作为中国古代对外交往的重要模式，以"华夷秩序"为框架，通过仪式化互动实现文化互鉴。在朝贡过程中，中国向周边国家传播先进的技术和文化，同时，周边国家进贡的珍稀物品和独特文化，也丰富了中国的文化生活。朝鲜使臣在觐见清朝皇帝时，在遵循"三跪九叩"礼制的同时，与中国文人进行诗赋唱和、典籍交流，这种"仪式性对话"有效促进了不同文化间的平等交流。

　　古代中国在丝绸之路贸易、佛教中国化以及朝贡体系构建过程中，积累了丰富且影响深远的文化间性实践经验，展现出开放包容、尊重差异、善于创新的精神，为当代中国在全球化背景下开展跨文化传播提供了宝贵的历史借鉴。随着时代的发展，中国在继承古代优秀传统的基础上，结合当代的时代特征与发展需求，在跨文化传播领域不断探索创新。

第一节　丝绸之路：跨文化贸易中的符号互动与意义共享

　　1877 年德国人李希霍芬提出"丝绸之路"概念，主要指中国与中亚等地区的贸易通道[1]。该概念提出时，这条"路"早已纵横交织于世界大地，"丝"作为中华文明象征的物质符号，"路"作为跨文明连接的关系符号，共同构成"一体多元"的间性结构。1988 年联合国教科文组织"丝绸之路—对话之路"项目启动，该项目以"全球文化流"为基地，通过"物产-技术-思想"的三维符号分析，构建起文明互构的间性模型[2]。项目组将丝路视为"文明的表述场域"（field of civilizational enunciation）：粟特商队的驼铃

　　[1]　Ferdinand Von Richthofen, *China: Ergebnisse Eigener Reisen Und Darauf Gegründeter Studien*, Dietrich Reimer, Vol. 1, 1877, pp. 496-500.

　　[2]　Quijano-Caballero, C., "World Decade for Cultural Development 1988-1997", World Leisure-Recreation, Vol. 38, No. 1, 1996, pp. 33-36.

声传递着物质流，造纸术的技术编码承载着技术流，摩尼教的教义转译传播着思想流，三者共同构成多声部的文明对话。项目研究揭示，丝绸之路本质是"文明的间性地带"，中国作为"起始点"的特殊意义在此显现：长安的"胡汉杂居"实践，以西市的粟特邸店与东市的唐商铺为代表，创造了"和而不同"的间性模式。《唐六典》记载的"译语人"官方翻译制度，将这种模式制度化，通过"语言间性"实现"异言通译，殊俗同归"[1]。这种实践印证了孔子"己所不欲，勿施于人"的间性伦理不是消除差异，而是建立差异共存的规则。

联合国教科文组织的研究揭示，"丝绸之路"早已超越地理概念，升华为文明对话的方法论范式。其核心智慧在于承认文明的"间性本质"，每个文明都是"差异的统一体"，其发展依赖于与他者的持续对话。中国"和合"传统中"和实生物"的理念在此显现当代价值。这种方法论为"文明如何对话"提供中国方案：在间性地带构建"差异的协同性"，通过瓷器的跨国意义生产等符号转译、羁縻府州的双轨治理等制度调适、玄奘"格义"佛学等认知重构，实现文明的"共生演进"（co-evolution）。当我们在数字时代重述丝绸之路，本质是延续这种古老智慧：以间性思维超越文明冲突，用对话实践创造人类共同未来。

一、丝路间性场域：古代中国的文明互鉴智慧

《周易》"天下同归而殊途，一致而百虑"的思想，为丝绸之路的文化间性实践提供了哲学基础。《国语·郑语》中"和实生物，同则不继"的辩证思维，在丝路实践中演化为"以他平他"的

〔1〕（唐）李林甫等撰，陈仲夫点校：《唐六典》，中华书局 1992 年版，卷十八，第 527 页。

间性智慧。汉代张骞通西域后，长安成为"殊方异类，至于三万里"〔1〕的间性场域：胡商聚居的"藁街"与汉式市集并置，波斯邸店悬挂汉字招牌，粟特商队采用汉地契约格式。这种"杂居而不乱，交错而有致"的空间实践，正是费孝通"各美其美，美人之美"理念的历史先声。

巴赫金的对话理论在此获得东方诠释：唐代长安的"胡旋舞"表演中，粟特艺人、唐人观众、龟兹乐队构成三重对话主体。舞者的胡旋动作与改编后的唐乐燕乐节奏形成"对位式"互动，既保留胡舞刚劲的特色，又融入唐人的审美偏好。"弦鼓一声双袖举，回雪飘飖转蓬舞"的刚劲与"人间物类无可比，奔车轮缓旋风迟"的舒缓相互交融，这种"差异的和谐"，印证了伽达默尔"视域融合"的动态过程。胡旋舞旋转迅疾的异域符号与唐人舒缓对称的"中和"美学在互动中，生成了《胡旋女》诗舞一体的新艺术形态。

（一）符号转译的中国智慧：器物的间性生产

丝绸之路的物质流动本质是符号的跨文化转译。中国丝绸的生产与传播构成典型的符号间性案例：汉代蜀锦的"五星出东方利中国"纹样，在西域经粟特商人转译，通过钱币上的丝绸图案成为贵霜王朝的权力符号；唐代的联珠纹锦，吸收波斯萨珊王朝的对称构图，如阿斯塔那出土的猪头纹锦形成"中西合璧"的新符号系统。这种转译遵循"以中化西，以西补中"的原则：保留"锦衣玉食"的礼制内涵及丝绸材质的神圣性，同时借异域图案的祥瑞化赋予新的符号意义。

瓷器的传播史展现符号的多层间性。宋代龙泉青瓷在伊斯兰世界的接受过程中，经历了三重转译：梅瓶转变为军持的功能转译，

---

〔1〕（汉）班固：《西都赋》，载萧统编：《文选》，中华书局1977年版，第24页。

青碧釉色转变为宝石蓝的审美转译，冰裂纹转变为伊斯兰几何纹的装饰转译。这种转译并非单向输出，而是双向互构，元青花的钴料苏麻离青来自波斯，构图借鉴伊斯兰细密画，最终形成"中国形制、西域料色、伊斯兰纹样"的间性符号。景德镇窑工创造的贸易瓷——克拉克瓷，将欧洲徽章图案与中国山水结合，在阿姆斯特丹市场形成"跨国符号共同体"。

（二）制度间性的创新实践：契约的跨文化调适

敦煌文书中的"粟特-汉"双语契约，揭示了制度间性的生成机制。P.3518 号《康秀华写经施入疏》记载：粟特胡商康秀华以波斯银币"大银钱"布施，寺院回赠汉地写经，契约同时使用粟特文书法与汉文格式[1]。这种"制度拼贴"创造了新的间性规则：货币单位实现银币与铜钱的折算，度量衡完成粟特"驮"与唐"石"的换算，违约责任并置胡俗"神罚"与唐律"笞刑"。契约末尾的"诸神共知"条款，将祆教、佛教、道教的神圣见证整合为统一的信用机制，形成"多神共证"的间性制度。唐代的"过所"制度体现治理间性，《唐六典》规定胡商过所须注明来历国、所携物、担保人，并附具突厥文或梵文译文。瓜州都督府签发的过所 S.1344 号记载，粟特商队携带胡锦三百匹、波斯银壶五件，担保人既有汉族"里正"，又有粟特商队首领"萨保"[2]。这种"双重担保"机制，将唐律的"保辜制"与粟特的"血族连带责任"结合，创造了跨文化的治理间性。

（三）技术传播的回环互构：造纸术的间性之旅

造纸术的传播轨迹（中国→中亚→阿拉伯→欧洲→反向影响）

---

［1］ 法国国家图书馆藏敦煌文献，3518 号，荣新江主编：《康秀华写经施入疏》，上海古籍出版社 2022 年版，第 142~143 页。

［2］ 英国国家图书馆藏敦煌文献，S.1344，第 12 册，中国社会科学院历史研究所等编：《唐开元户部格残卷》，四川人民出版社 1990 年版，第 270 页。

构成技术间性的完美案例。唐代杜环《经行记》记载：怛罗斯之战后，唐军俘虏的造纸工匠在撒马尔罕传授技术，阿拉伯人改良了纸浆配方加入亚麻，创造"撒马尔罕纸"。12世纪西班牙的造纸厂采用中国帘床抄纸器，结合阿拉伯的化学漂白法，生产出"欧洲纸"。这种技术经17世纪传教士带入中国促成清代"开化纸"的诞生——融合中国的竹纤维、阿拉伯的漂白剂、欧洲的压光技术。

印刷术的间性创新更具典型性。宋代毕昇活字印刷术经丝路传入高丽，朝鲜工匠于13世纪应用金属活字，其"铸字法"反向影响元代王祯的《农书》活字排版。敦煌发现的14世纪回鹘文木活字，是汉式活字、藏文拼写、回鹘语法的间性产物。这种技术的"转译—改良—回传"过程，印证了拉图尔（Bruno Latour）的"技术中介"理论：每个节点的文化主体都在技术符号中注入自身意义，最终形成"流动的技术间性"。

（四）语言接触的间性创造：西北多语共生现象

河西走廊的"汉儿言语"是语言间性的活化石。元代《至元译语》记载：汉语词汇融入蒙古语语法。如"哥哥的马儿有"，同时借用突厥语量词"一帕子茶"。这种"语法混合、词汇杂糅"的语言实践，超越了克里奥尔语（Creole）的简单融合，形成"多层间性"：底层是汉唐以来的西北方言，中层是阿尔泰语系的语法结构，表层是蒙古语、突厥语的借词。现代"河湟汉语"中的"阿爷"为突厥语的"祖父"，"胡都"为蒙古语的"好"等词汇，正是这种间性语言的历史遗存。

敦煌变文的"双语对唱"展现文学间性。S.2440号《伍子胥变文》残卷中，汉文唱词旁注梵文音译，形成"华梵合璧"的表演文本[1]。这种形式实现了佛教讲经的本土化，将梵文咒语转译为汉文偈颂，同时也是说唱艺术的创新，形成韵散结合的间性文体。变文中运用"胡汉对举"修辞，如"汉家公主，远嫁单于"，将民族差异转化为叙事张力，最终在"和亲"主题下达成文化和解与间性认同。

二、文明互鉴的范式：间性实践的中国方案

（一）"物的流动"间性治理：礼仪符号的柔性互构

明代朝贡制度展现独特的间性智慧。《大明会典》规定：藩国贡品"各以其土产"，回赐"厚往薄来"[2]。这种"物的流动"本质上是符号的互构：暹罗的"龙涎香"被转译为"海舶之珍"经郑和船队带回，成为明代宫廷的"天香"符号；明朝的"永乐通宝"在日本被视为"镇国之宝"，融入当地的货币信仰体系；朝贡礼仪中的"三跪九叩"，既保持中原礼制的核心，又允许藩国使节"以本俗行礼"，形成"礼异而情通"的间性仪式。

郑和下西洋的"宝船外交"是大规模的间性实践。船队携带的"永乐通宝"钱铸有汉字、瓷器绘有伊斯兰纹样、丝绸织入泰米尔文，构成多符号载体。在满剌加（马六甲）建立的"官厂"，既是仓储基地，又是文化间性的实验室：汉式仓库采用阿拉伯穹顶，祭祀妈祖的天妃宫旁建有清真寺。这种"空间间性"的建构，使不同文明的神圣符号包括妈祖的海神、真主的佑护等，在贸易语境中达成共存共识。

---

[1]　英国国家图书馆藏敦煌文献，S.2440，方广锠主编：《伍子胥变文》，广西师范大学出版社 2011 年版，第 320~321 页。

[2]　申时行等修：《明会典》（万历十五年重修本影印），中华书局 1989 年版，第 124 页。

（二）边疆治理的间性智慧：羁縻制度的符号运作

唐代的羁縻府州制度是政治间性的典范。《新唐书·地理志》记载：突厥、回鹘等族的羁縻州"虽贡赋版籍，多不上户部"[1]，保持"以其故俗治"的自治权，同时授予唐廷官职。这种"双轨治理"创造了政治间性：突厥可汗的"大可汗"印与唐帝的"归义可汗"册命并存，游牧的"斡耳朵"宫帐与汉式"都督府"并置。符号的双重编码，使政治认同在差异中达成统一。

明代的"土官制度"深化了这种间性智慧。云南的土司衙门在"左祖右社"的汉族礼制的基础上，同时保留"寨老议事"的民族传统。土官的冠服"上用汉式梁冠，下着民族织锦"，形成"衣冠兼容"。朝觐时的"贡马谢恩"仪式，将马匹这一游牧符号转译为中原礼制中"忠顺"象征，实现"殊俗同归"的政治整合。这种治理智慧，正是费正清"中国的世界秩序"理论的实践注脚——通过符号的柔性互构，而非强制同化，达成文明的协调整合。

（三）知识体系的间性生成：丝路学人的跨文化书写

玄奘的《大唐西域记》是知识间性的典范。书中记载的"印度"（身毒→印度的译名）、"大乘"（Mahayana 的意译）等概念，是梵语符号的汉语转译。对"那烂陀寺"的描述——"僧徒数千，并俊才高学"，将印度的寺院制度与中国的太学传统结合，形成新的知识符号。这种"格义"方法，本质是间性认知的实践——通过中国学术已有知识框架理解印度佛学异质文化，在差异中发现"理一而分殊"的共通性。

耶律楚材的《西游录》展现了汉、伊斯兰乃至草原文明的多重知识交织。书中记录中亚的回回历法，既采用汉族的干支纪年，又

---

[1] （宋）欧阳修、宋祁撰：《新唐书》（卷四十三下·地理七下），中华书局1975年版，第1119页。

保留伊斯兰的希吉来历；在对撒马尔罕的描述中，既称"土产富庶，亚于中原"，又以"市井繁华，类乎大食"[1]进行伊斯兰文明的对比。这种"多重比较"的书写策略，创造了一种超越单一文明的知识体系，将蒙古帝国的统治实践、中原的史学传统与西域的实地见闻熔于一炉，形成了一种独特的"跨文明知识间性"。

三、间性智慧的现代启示：文明交流的中国范式

（一）符号互鉴的当代转化：敦煌 IP 的间性生产

敦煌研究院的数字化工程，将壁画符号如 220 窟的"胡装维摩诘"转化为数字资产。通过"符号分层"技术，底层是文物原真性，中层是动漫形象设计的文化转译，表层是消费符号数字藏品。这种生产遵循"间性三原则"：历史符号的原真性、现代转译的创新性、全球传播的共享性。例如，"敦煌诗巾"小程序允许用户用唐代纹样设计现代丝巾，将藻井图案的佛教符号转译为时尚元素和几何抽象，形成"古今间性"的消费实践。

"数字藏经洞"项目展现知识间性的现代重构。通过区块链技术，项目将汉文、吐蕃文、梵文等不同语言的佛经整合为超文本。每个写本的数字化记录都涵盖高清图像的物质层、多语种校勘的文本层、学术注释的知识层以及用户评论的互动层。这种"多层间性"的知识系统，突破了传统的"文本中心主义"，形成动态的"知识共生体"，使得汉地的"禅宗语录"与藏传的"大手印"教法在数字空间中展开对话，重现历史上的"河西佛学共同体"。

（二）贸易实践的间性创新：跨境电商的丝路新篇

西安国际港务区的"长安号"中欧班列，重构现代丝路的符号流动。货柜装载的汉代符号"秦俑文创"、唐代符号"陕历博数字

---

〔1〕（元）耶律楚材：《西游录》，中华书局 1981 年版，第 10~12 页。

藏品"、丝路传统商品"泾阳茯茶",形成"古今符号复合体"。海关的"文化价值评估",将文物复制品的历史符号价值纳入贸易体系,如一件仿唐陶俑的估值包含材质成本、工艺传承、文化象征等,这种多维估值体系正是历史上"物的社会生命"理论的当代实践。

跨境电商平台的"文化适配"策略,延续了古代的符号转译智慧。阿里巴巴国际站的"丝路专馆",将代表汉族符号的陕北剪纸转译为"东方极简主义"的国际审美,商洛花鼓戏被包装为"中国民谣的活化石"。这种转译遵循"双重编码"原则:保留符号的文化特异性,注入现代消费的共通意义。物流中的"文化保税区",允许商品在跨境流动中保持文化符号的完整性。

(三) 文明对话的间性方案:人类命运共同体的历史渊源

"一带一路"倡议的"五通"理念,深植于古代丝路的间性智慧。政策沟通借鉴古代羁縻制度,推动现代国际关系的协调与合作;设施联通是古代驿站体系的当代升级,构建起高效便捷的互联互通网络;贸易畅通继承古代互市制度,实现全球化背景下的贸易自由化与便利化;资金融通在古代飞钱汇兑基础上发展出数字化金融体系;民心相通传承文化间性传统,促进不同文明在新时代的交流互鉴。这五个方面相互关联、协同发展,共同构成全方位的间性网络,为国际合作与共同发展开辟新路径。中老铁路的"文化车站"建设:万象站的老挝图腾与昆明站的滇越铁路符号并置,列车内饰融合傣锦与老挝织锦,创造了流动间性空间。这种实践延续了古代"胡汉共治"的智慧——在基础设施中嵌入文化间性,使交通网络成为文明互鉴的载体。

人类命运共同体理念的哲学基础,正是丝路间性智慧的当代升华。从"和而不同"到"美美与共",从"以他平他"到"协和万邦"，中国方案始终强调文明的"共在性"（co-being）。亚洲文明对话大会的"文明古国论坛"，仿汉唐"通译"制度设立多语种同声传译，让苏美尔楔形文字、印度梵文、中国甲骨文的古老智慧在数字时代展开新的对话。这种对话并非追求消除差异的同质化，而是在间性空间中建构"差异的协同性"，就像敦煌壁画中的"各国王子"，尽管服饰各不相同，却共同指向"普世价值"。

古代中国在丝绸之路的实践，创造了独特的文化间性智慧：以"和而不同"的哲学超越文明中心主义，以"符号转译"的实践实现意义共享，以"灰色地带"的弹性达成差异共存。从长安的胡汉杂居到敦煌的多教共融，从造纸术的回环传播到花儿民歌的杂糅创造，始终贯穿着"致中和"的实践理性——在差异中寻求平衡，在冲突中创造协同，在流动中建构秩序。

这种智慧为当代文明交流提供了重要启示：真正的互鉴不是单向的文化输出，而是双向的符号互构；不是强制的文化同化，而是弹性的间性生成；不是封闭的文明独白，而是开放的复调对话。当我们在数字时代重构丝绸之路，本质上是延续这种古老的智慧——通过数字媒介搭建技术间性桥梁，制定跨境规则构建制度间性框架，秉持多元视角塑造认知间性模式，从而再创人类文明的"新间性场域"。

站在文明演进的长河边，古代中国的丝路实践犹如一座灯塔，照亮了人类文明互鉴的可能路径：在差异中发现共通，在流动中建构认同，在对话中创造新生。这种间性智慧，既是历史的馈赠，更是未来的指引——唯有秉持"各美其美，美美与共"的间性精神，人类才能在文明的星空中，谱写永恒的复调乐章。

第二节 茶马古道：跨文化贸易中符号调适与制度共生

文化传播关心的真正问题应该是如何回应全球化时代下，文明与文明之间、民族与民族之间、国家与国家之间、人与人之间的对话与和谐的问题。而要解决这些问题就要超越后殖民主义的文化批判，找到一种可以实现交往理性和增加对话协商可能性的新层面。中印佛教文化交流史展现了间性视域下异域文化的本土重构与双向互动。

茶马古道作为连接中原、西南边疆与南亚的贸易网络，在历史的长河中扮演着极为重要的角色。它不仅仅是一条简单的物资交换通道，更是文化符号、技术制度与族群关系的间性实践场域。"间性"概念源于哲学领域，强调事物之间的相互关系和相互作用，在文化研究中，文化间性指不同文化在交流互动中呈现出的相互依存、相互影响、相互渗透的特性。茶马古道以"茶马互市"为核心，各民族在这条古道上频繁往来，通过动态调适实现了多文明共生，其蕴含的间性智慧为当代跨文化传播提供了极具价值的历史范式。

一、符号互动：茶与马的跨文化阐释

（一）茶叶的符号化重构

在唐宋时期，中原地区的茶叶生产迎来了蓬勃发展的阶段，茶叶的角色也在悄然发生变化，逐渐从单纯的饮品演变成一种具有特殊价值的"硬通货"。这一转变的关键因素便是"茶引"和"茶饼"的出现，它们的诞生在茶叶贸易的历史进程中具有里程碑式的意义。

"茶引"作为一种交易凭证，其作用不可小觑。从文化间性理论来看，它是一种跨越不同文化经济体系的有效媒介。在当时，不

同地区有着各自独特的语言和货币体系，这些差异成为跨地区贸易的巨大阻碍。而"茶引"以一种统一、标准化的形式出现，巧妙地消解了这些差异，打开了中原茶叶通往游牧民族市场的大门。在与吐蕃等游牧民族的贸易往来中，"茶引"成为双方交易的重要基石。吐蕃人可以凭借"茶引"，在指定地点顺利换取所需的茶叶，这种交易方式极大地简化了烦琐的交易流程，提高了贸易效率。"茶引"在唐宋时期促进了中原与游牧民族茶叶贸易，为理解"茶引"在跨文化贸易中的意义提供了历史依据[1]。这一过程体现了不同文化在经济交流中通过创造共同认可的符号，实现了贸易的顺畅进行，是文化间性在经济领域的生动体现。

　　"茶饼"的出现同样意义非凡。在茶马古道的贸易环境中，长途运输是常态，散茶在运输过程中存在诸多弊端，如容易受损、难以准确计量等。"茶饼"的出现成功解决了这些问题，它将茶叶进行标准化计量，不仅方便了马帮的驮运，还使得在交易过程中货物核算更加准确。这种创新举措进一步巩固了茶叶作为"硬通货"的地位，让茶叶在跨文化贸易中的流通更加顺畅[2]。从文化角度分析，"茶饼"不仅仅是一种商品形态的改变，更是中原文化在贸易实践中的智慧结晶，它适应了不同地区的贸易需求，促进了文化与经济的交融。

　　普洱茶沿着滇藏线进入西藏地区后，发生了从商品到文化符号的深刻转变。在藏语中，普洱茶被称为"贾"，它被赋予了丰富的宗教与医疗意义。在藏医的理论体系里，普洱茶是"甘露配方"的

---

　　〔1〕　宋时磊：《从"茶马贸易"到"茶马古道"：对一个当代中国原创学术概念的考察》，载《武汉大学学报（哲学社会科学版）》2024 年第 4 期。
　　〔2〕　陆晗昱：《试论西南茶马古道的发展与多民族文化交流》，载《跨文化传播研究》2023 年第 1 期。

核心成分，藏医认为其具有清热、解毒、助消化等功效，对于以肉食为主的藏族群众来说，是日常生活中不可或缺的饮品。在一些宗教仪式中，普洱茶更是被视为能够沟通神灵、传递祝福的圣物。这种转变体现了文化间性中的文化适应与融合。普洱茶在藏地的文化语境中被重新诠释和建构，融入了当地的宗教和医疗文化体系，成为了藏文化的一部分，反映了不同文化之间相互影响、相互吸收的过程。

（二）马匹的文化隐喻

在中原文化的初始认知中，藏区的马匹主要被视作"战争工具"。在冷兵器时代，马匹的军事价值极高，其强壮的体魄和良好的耐力，使它们成为中原军队梦寐以求的资源，中原王朝对优质马匹的需求十分迫切。随着茶马古道上文化交流的日益频繁和深入，马匹在中原文化中的角色逐渐发生了转变，从单纯的战争工具演变成了"权力象征"。唐代的"舞马"仪式便是这一转变的典型例证，在该仪式中，马匹经过精心训练，能够随着音乐的节奏翩翩起舞，展现出优雅的姿态和高超的技艺[1]。这些舞马不仅是娱乐表演的焦点，更是皇室权力和威严的象征，只有在重大的庆典和仪式中才会亮相。

中原文化还积极吸纳来自不同地区的关于马的神话传说，进一步丰富了马的文化内涵。《史记·大宛列传》中记载的"天马"神话，讲述了大宛国出产的一种神马，其奔跑速度极快，能够日行千里。这一神话传入中原后，与中原地区原有的马文化相互交融，使得人们对马的崇拜和敬畏之情进一步加深。在这种文化氛围的影响下，马在中原文化中被赋予了神秘色彩和丰富的象征意义，代表着

---

[1] 刘礼堂、冯新悦：《"一带一路"视野下西南茶马古道研究：回顾、反思与展望》，载《武汉大学学报（哲学社会科学版）》2022年第3期。

力量、速度和忠诚，成为跨族群信仰共识的重要组成部分。这一现象体现了文化间性中不同文化元素的相互借鉴与融合，通过吸收外来文化元素，中原文化中的马形象得到了进一步的丰富和拓展。

　　在藏区，马同样具有深厚的文化底蕴。藏族人民生活在广袤的草原上，马是他们生活中不可或缺的伙伴，无论是放牧、出行还是征战，马都发挥着至关重要的作用。因此，在藏族文化中，马被赋予了勇敢、忠诚、自由等诸多美好的品质，成为人们心中的神圣动物。在藏族的民间传说和英雄故事中，马常常扮演着关键角色，它们与主人并肩作战，共同经历各种艰难险阻，成为英雄主义的象征。例如，在著名的藏族史诗《格萨尔王传》中，格萨尔王的坐骑就有着非凡的能力和忠诚的品质，它陪伴格萨尔王南征北战，立下赫赫战功。这种对马的崇拜和赞美，深刻体现了藏族人民对马的深厚情感，也凸显了马在藏族文化中的核心地位。

　　随着茶马古道贸易的持续发展，马的文化隐喻在中原和藏区之间不断传播和交融。中原地区对马的审美和象征意义逐渐影响到藏区，而藏区马文化中的勇敢、自由等精神内涵也被中原文化所吸收。这种跨文化的交流与融合，使得马的文化隐喻更加丰富和多元，成为连接中原和藏区文化的重要纽带。在一些中原地区的艺术作品中，开始出现融合了藏区马文化元素的形象，这些作品不仅展现了马的力量和美感，还蕴含了藏区文化的独特魅力；而在藏区，马的形象也常常出现在与中原文化相关的场景中，体现了对中原文化的接纳和认同。这种文化隐喻的相互渗透，进一步促进了不同民族之间的文化交流和理解，加深了彼此之间的情感联系，是文化间性在文化传播与认同方面的有力体现。

二、技术调适：贸易网络中的动态平衡

（一）交通技术的共生改良

茶马古道所经之地地形复杂，峡谷纵横、河流湍急，自然环境极为恶劣，给交通带来了巨大的挑战。然而，汉地工匠与当地羌藏人民凭借着卓越的智慧和协作精神，共同对交通技术进行了创新和改良，其中栈道与溜索的协同应用堪称典范。

汉地原本就有修建栈道的传统，栈道的耐久性设计能够在复杂的山地环境中为行人提供相对安全的通道，这是中原文化在交通技术方面的优势体现。而羌藏地区的"溜索"技术则具有独特的优势，它能够快速跨越峡谷，节省大量的绕行时间和人力成本。从文化间性的视角来看，汉地工匠引入"溜索"技术，并将其与中原栈道的优点相结合，形成"木石结合"的复合交通体系，是不同文化技术相互借鉴、融合的成果。以怒江双虹桥为例，这座桥巧妙地融合了栈道和溜索的特点，既有坚固的石桥墩和木栈道，又有用于跨越怒江的溜索设施。行人可以根据实际情况选择合适的通行方式，既保证了交通的便利性，又提高了安全性。这种复合交通体系的出现，不仅促进了茶马古道沿线地区的人员往来和物资运输，还体现了不同民族在技术领域的相互学习和交流，是多民族智慧的结晶，展示了文化间性在技术创新中的积极作用。

马帮作为茶马古道上主要的运输力量，其内部形成了一套独特且富有弹性的制度，这是文化间性在组织管理方面的体现。商队借鉴了汉人"镖局"的安保经验，组建了专业的护卫队伍，负责保护商队在运输途中的安全。面对茶马古道上复杂的路况和可能出现的土匪抢劫等风险，马帮的护卫们凭借着高强的武艺和丰富的经验，为商队保驾护航。马帮还采用了纳西族的"马锅头"协作制，马锅头作为商队的首领，负责统筹安排整个行程，协调队员之间的关

系。在马帮中，多语言翻译人员"通事"的存在至关重要，由于茶马古道沿线涉及多个民族，语言不通是交流的一大障碍，"通事"的存在使得不同民族之间能够顺利沟通，确保贸易活动的顺利进行。马帮还建立了风险共担机制，当遇到自然灾害或其他突发情况导致货物受损时，商队成员共同承担损失，这种机制增强了商队的凝聚力和应对风险的能力，使得马帮能够在艰苦的环境中不断发展壮大[1]。这些制度的形成是不同民族文化在马帮组织中相互融合、相互适应的结果，体现了文化间性在构建有效组织模式中的重要意义。

（二）产品的技术融合

为了适应茶马古道长途运输的需求，茶叶的制作工艺经历了一系列创新，这一过程体现了不同文化在产品技术上的融合与发展。中原地区原本以散茶为主，但散茶在运输过程中容易散落、变质，且占用空间较大。为了解决这些问题，人们将散茶压缩为砖茶。砖茶的制作工艺使得茶叶更加紧实，便于储存和运输。在运输过程中，砖茶不易受到挤压和损坏，能够更好地保持茶叶的品质。这一技术改进体现了中原文化在应对贸易需求时的创新能力。

藏族群众在长期的饮用过程中，又对砖茶进行了进一步的创新，加入了酥油与盐巴，发明了"酥油茶"。从文化间性角度分析，这是藏文化对中原茶文化的吸收与再创造。酥油茶不仅口感独特，更重要的是，它能够为藏族群众提供丰富的热量和营养，适应了藏区高寒的自然环境和以肉食为主的饮食结构。这种从散茶到砖茶，再到酥油茶的转变，实现了茶叶在功能和口味上的双重在地化，既满足了贸易运输的需求，又符合当地人民的生活习惯，是不同文化

〔1〕 李旭：《茶马古道：横断山脉、喜马拉雅文化带民族走廊研究》，中国社会科学出版社 2012 年版，第 105 页。

在产品技术领域相互交流、相互促进的生动体现。

在马具方面，藏区的"木鞍"和中原的"铁马镫"各有优缺点。藏区的"木鞍"轻巧灵活，适合在山区骑行，但在耐用性和防护性方面相对较弱；中原的"铁马镫"则坚固耐用，能够提供更好的稳定性和防护，但相对较重。为了充分发挥两者的优势，人们将藏区"木鞍"与中原"铁马镫"相结合，催生了轻便耐用的"滇马鞍"。"滇马鞍"的出现，不仅提高了骑手的骑行舒适度和安全性，还推动了西南马种的改良。以丽江马为例，在使用"滇马鞍"后，丽江马能够更好地适应长途运输和复杂地形的骑行需求，逐渐兼具了耐力与负重能力，成为了茶马古道上重要的运输工具。这种马具的跨域优化，体现了不同地区技术优势的互补，是文化间性在技术融合方面的成功范例，促进了区域间的经济交流和发展。

三、制度创新：非正式规则的间性治理

（一）"茶马司"的弹性治理

唐宋时期，为了规范茶马贸易，政府设立了"茶马司"，对茶马贸易进行垄断管理。但这种垄断并非绝对控制，而是允许民间"私茶"以配额制的方式流通，这一管理方式蕴含着深刻的文化间性智慧。在当时，民间的茶叶贸易活动十分活跃，如果完全禁止私茶，将会严重影响到地方经济的发展和百姓的生计。因此，"茶马司"采取的这种相对灵活的管理方式，既保证了政府对茶马贸易的宏观调控，又充分调动了地方的积极性，促进了茶马贸易的繁荣。从文化间性理论来看，这是中央文化与地方文化在贸易制度上的一种协调与平衡，体现了不同文化层面之间的相互理解和包容。

明代的"差发马制度"更是制度动态调适的典型。这一制度以茶换马，根据不同部落的规模和马匹的供应情况，动态调整税率。对于马匹供应充足的部落，适当降低税率，以鼓励他们更多地参与

贸易；而对于马匹供应相对较少的部落，则采取较为宽松的税收政策，避免因过高的税率而引发冲突。这种灵活的制度安排，充分考虑了不同部落的实际情况，有效地平衡了中央与地方、不同民族之间的利益关系，保障了茶马贸易的稳定进行，促进了各民族之间的经济交流与合作。这一制度体现了在跨文化贸易中，通过制定灵活的规则，以满足不同文化群体的需求，实现多元文化的和谐共生。

（二）多族群契约的实践智慧

在滇西北，汉、白、纳西族等多民族聚居，水资源的合理分配至关重要。为了解决这一问题，他们创造了"木刻分水"的独特契约方式，这是一种典型的间性规则。这种方式将汉字契约与口传习惯法相结合，形成了一种"文-图-音"三位一体的契约形式。具体来说，人们在木头上刻下表示水资源分配比例的图案和文字，每个参与分配的家庭或村落都持有一块对应的木刻。在实际分水时，以木刻上的标记为依据，确保水资源的公平分配。这种契约方式既尊重了各民族的文化传统，又借助了文字的规范性，使得水资源分配的规则更加明确和可执行。从文化间性角度分析，"木刻分水"是不同民族文化在资源分配领域相互融合的成果，它促进了多民族之间的和谐共处，是多族群在资源分配领域的智慧结晶。

"盐茶盟誓"是彝汉商队在长期的贸易往来中形成的一种独特的契约形式，体现了不同民族在商业活动中构建信任机制的实践智慧。在交易过程中，他们以盐块铭刻交易条款，用茶叶象征诚信。在当时，许多少数民族地区没有完善的法律文书体系，且不同民族之间语言和文化存在差异，传统的法律文书难以发挥作用。而盐和茶在当地都是重要的物资，具有较高的认可度和象征意义。通过在盐块上铭刻交易条款，双方将交易的内容以一种直观的方式呈现出来；同时，茶叶作为诚信的象征，代表着双方对交易的承诺。这种以物质符号替代法律文书的方式，有效地降低了跨文化交易中的信任成本，促进了贸易的顺利进行。它体现了不同民族在商业活动中，通过巧妙利用当地资源和文化符号，跨越文化差异，构建起信任机制，是文化间性在商业契约领域的生动实践。

四、艺术融合：文化符号的共构呈现

（一）音乐与语言的杂交性

马帮在长期的运输过程中，成为了中原文化与藏族文化交流的重要载体，他们创造的"茶马古歌"就是文化融合的杰出代表。以《赶马调》为典型，这些歌曲的歌词常常混用汉藏词汇，在表达情感和描述生活场景时，巧妙地将两种语言的优势结合起来。在旋律方面，既保留了中原音乐的五声音阶，使得歌曲具有优美和谐的旋律感，又融入了藏地长调的特色，展现出高亢激昂的风格。从文化间性理论来看，这种音乐与语言的杂交是不同文化在艺术领域相互渗透、相互融合的结果。不同民族的人们在共同传唱这些歌曲的过程中，增进了彼此之间的文化了解和情感认同，打破了民族之间的文化隔阂，成为跨族群身份认同的重要媒介。

（二）建筑的空间间性

大理喜洲商帮的宅院是建筑艺术融合的典范，充分体现了空间间性的特点。这些宅院巧妙地融合了白族"三坊一照壁"与汉式四合院的布局特点。"三坊一照壁"体现了白族人民对自然环境的尊重和对家庭和谐的追求，而汉式四合院注重对称和秩序，体现了中原文化的审美观念[1]。喜洲商帮宅院将两者结合，既保留了白族建筑中照壁的独特装饰功能，又融入了四合院的对称布局，使得整个建筑既具有地方特色，又不失大气庄重。

---

〔1〕 李建华：《西南聚落形态的文化学诠释》，重庆大学 2010 年博士学位论文。

在门楼雕刻上，更是体现了多元符号共存的美学范式。雕刻内容既有藏传佛教的"吉祥八宝"，包括法轮、法螺、宝伞、白盖、莲花、宝瓶、金鱼、盘长，这些符号在藏传佛教中具有深刻的寓意，代表着吉祥、幸福和佛法的无边力量；又有中原文化中的"岁寒三友"，即松、竹、梅，它们象征着坚韧、高洁和不屈的精神。这种将不同宗教和文化符号融合在同一建筑上的做法，展示了各民族文化在茶马古道上的和谐共生。不同民族的人们在看到这些雕刻时，都能从中找到自己文化的元素，从而增强了对彼此文化的认同感和归属感。

这种建筑空间的间性不仅体现在布局和雕刻上，还体现在居住功能和社交空间的设计上。宅院内的各个房间和院落既满足了家庭居住的需求，又为不同民族的商人们提供了交流和互动的场所。在这些空间里，人们可以分享各自的文化、商业经验和生活故事，从而促进文化的交流与融合。喜洲商帮宅院成为多民族文化交流的重要场所，见证了茶马古道上各民族之间的友好往来和文化交融。

除了喜洲商帮宅院，茶马古道沿线还有许多其他建筑也体现了这种空间间性。例如，一些寺庙建筑融合了汉地佛教、藏传佛教和当地原始宗教的元素。寺庙的建筑风格可能采用了汉式的飞檐斗拱，同时又融入了藏式建筑中常见的经幡、转经筒等元素。在寺庙内部，供奉的神像也可能既有佛教的诸佛菩萨，又有当地信仰的神灵。这种多元融合的建筑风格，反映了不同宗教文化在茶马古道地区的相互影响和渗透。当地居民和往来的商客在这样的寺庙中进行宗教活动时，能够感受到不同文化的包容与和谐，进一步促进了各民族在精神层面的交流与融合。

从更宏观的角度来看，茶马古道沿线的城镇布局也呈现出空间间性的特点。这些城镇往往是多民族聚居的地方，不同民族的建筑风格相互交织。在城镇的街道上，既有汉族传统的商铺建筑，也有藏族、白族等民族特色的民居和店铺。不同风格的建筑相互毗邻，形成了独特的城市风貌。这种布局不仅方便了各民族之间的经济交流，还为文化的传播和融合提供了良好的环境。人们在日常生活中，通过接触不同民族的建筑，潜移默化地受到多元文化的影响，促进了文化的交流与共生。

茶马古道在建筑艺术方面的融合，不仅仅是形式上的创新，更是各民族文化相互尊重、相互学习的体现。通过建筑这一物质载体，各民族的文化得以传承和发展，不同文化之间的交流与融合也得以深化。这种建筑空间的间性，为茶马古道增添了独特的魅力，也为当代跨文化交流中的城市规划和建筑设计提供了宝贵的历史经验和启示。它启示我们，在当代社会，不同文化之间的交流与融合是不可避免的趋势，我们应该以开放、包容的心态去接纳和吸收其他文化的优秀元素，在建筑设计、城市规划等领域，创造出更多融合多元文化特色的作品，促进文化的繁荣与发展。

茶马古道作为历史上连接不同区域的重要贸易网络，其在符号互动、技术调适、制度创新和艺术融合等方面的卓越实践，生动地展现了跨文化贸易中的间性智慧与共生模式。从茶叶与马匹的符号化重构，到交通技术、产品制作的融合创新；从"茶马司"的弹性治理和多族群契约的智慧运用，再到音乐语言与建筑艺术的多元交融，这条古道见证了各民族文化在交流中的相互影响、相互学习与共同发展。

从文化间性理论视角来看，茶马古道上的种种实践打破了文化的孤立性，构建起不同文化间相互关联的桥梁。在这个过程中，各民族不再是孤立的文化个体，而是在频繁的互动中形成了一个有机的文化整体。这种文化间的互动并非简单的叠加，而是深度的融合与创新，产生了新的文化形态和价值观念，极大地丰富了中华文化的内涵。

对于当代跨文化传播而言，茶马古道的历史经验具有重要的借鉴意义。在全球化背景下，不同文化之间的交流日益频繁，冲突与误解也时有发生。茶马古道的实践启示我们，跨文化传播需要寻找不同文化之间的共通点，通过创造共同认可的符号、技术和制度，促进文化的理解与包容。在文化交流过程中，应尊重不同文化的差异，以灵活、弹性的方式进行互动，避免强硬的文化碰撞。同时，鼓励文化的多元共生，让不同文化在交流中保持自身特色，共同构建丰富多彩的人类文化景观。

展望未来，深入研究茶马古道所蕴含的间性智慧，有助于我们更好地理解人类文化交流的历史规律，为解决当代跨文化传播中的问题提供新思路。我们应珍视这份历史遗产，将其中的智慧运用到实际生活中，推动不同文化之间的和谐共处与共同发展，为构建人类命运共同体贡献文化力量。

第三节　朝贡体系：等级秩序下的文化互鉴与仪式对话

在跨文化交流的历史长河中，朝贡体系作为古代东亚地区独特的国际关系模式，长久以来吸引着学界的广泛关注。传统研究多从政治、经济维度剖析朝贡体系，然而，从文化间性视角出发进行研究，能为理解这一体系提供全新的思考方向。文化间性理论强调不同文化之间的相互关系，致力于打破单一文化的禁锢，倡导在多元文化的互动中实现理解与共生。朝贡体系在表面的等级秩序之下，蕴藏着丰富的文化间性实践，不仅塑造了古代东亚地区的文化格局，也为当代跨文化传播提供了宝贵的历史借鉴。

"朝贡"概念的语义原型可追溯至《尚书·禹贡》中的"禹别九州，随山浚川，任土作贡"〔1〕。这一记载确立了"贡"作为地方向中央进献特产的经济义务。汉代郑玄在《周礼注》中首次将"朝"与"贡"析分为政治仪式与经济义务的二元结构："春见曰朝，夏见曰宗，秋见曰觐，冬见曰遇"〔2〕，构建了"朝"作为周期性政治觐见的制度框架；而"九贡"（祀贡、嫔贡、器贡等）则明确了"贡"的物质内容〔3〕。这种二分法为朝贡体系奠定了"政治-经济"双重属性的理论基础。《礼记·王制》进一步将朝贡频次制度化，提出"诸侯之于天子，比年一小聘，三年一大聘"，形成"小聘以皮帛，大聘以玉帛"〔4〕的差异化朝贡体系。唐代杜佑《通典》将朝贡纳入"边防典"，确立其作为边疆治理手段的功能定位。至明代，《大明会典》将朝贡礼仪系统化，形成"藩属国朝贡仪""封藩仪"〔5〕等规范性文本，标志着朝贡体系的成熟形态。

美国汉学家费正清在《中国的世界秩序》中首次系统提出"Tributary System"概念，将其定义为"以中国为中心，周边政权通过朝贡仪式确认附属地位的等级体系"〔6〕。他通过分析《明会典》

〔1〕（汉）孔安国传，（唐）孔颖达正义，黄怀信整理：《尚书正义》卷六，上海古籍出版社 2007 年版，第 190 页。

〔2〕（汉）郑玄注，（唐）贾公彦疏：《周礼注疏》卷十九，中华书局 1980 年版，第 756 页。

〔3〕（汉）郑玄注，（唐）贾公彦疏：《周礼注疏》卷十九，中华书局 1980 年版，第 67 页。

〔4〕（汉）郑玄注，（唐）贾公彦疏：《周礼注疏》卷十九，中华书局 1980 年版，第 329 页。

〔5〕申时行等：《大明会典》，广陵书社 2007 年版，第 1573 页。

〔6〕［美］费正清编：《中国的世界秩序——传统中国的对外关系》，杜继东译，中国社会科学出版社 2010 年版，第 1~13 页。

《李朝实录》等东亚文献，构建了"文化优越性-仪式性服从-经济互惠"的解释框架。文化优越性即中国以"华夏"自居，通过"册封-朝贡"机制传播儒家礼制，形成"天下共主"的文化认同；仪式性服从关注三跪九叩、上表称臣等礼仪成为确认等级的关键符号，如朝鲜《燕行录》记载的"冬至使"觐见仪式[1]；经济互惠指的是"厚往薄来"政策形成朝贡贸易网络，但费正清认为经济利益从属于政治象征。这一理论深刻影响了西方学界对东亚国际关系的理解，但也因过度强调文化因素而受到批评。滨下武志指出其"忽略了朝贡体系的经济基础"，康灿雄则认为该理论"未能解释朝贡体系内的冲突案例"[2]。日本学者滨下武志在《近代中国的国际契机》中提出"朝贡贸易体系"理论，通过分析《殊域周咨录》《瀛涯胜览》等史料，揭示朝贡的经济本质[3]。这种经济视角虽突破了费正清的政治中心论，但存在"过度经济决定论"倾向。漆海霞通过对明初中越关系研究发现，政治认同缺失会导致经济利益让渡失效[4]。

朝贡体系以中国为中心形成三级文化圈层，这种圈层结构既体现了文化传播的梯度特征，又展现了不同文明在互动中的创造性转化。其形成与发展遵循着文化间性的动态平衡机制，每个圈层既是文化辐射的对象，也是文化创新的主体。其历史发展大体经历三个

〔1〕　吴晗辑：《朝鲜李朝实录中的中国史料》（第七册），中华书局 1980 年版，第 347~348 页。

〔2〕　Kang, D. C. , *East Asia Before the West*：*Five Centuries of Trade and Tribute*，Columbia University Press，2010，p. 85.

〔3〕　［日］滨下武志：《近代中国的国际契机：朝贡贸易体系与近代亚洲经济圈》，朱荫贵、欧阳菲译，中国社会科学出版社 1999 年版，第 45~68 页。

〔4〕　漆海霞等：《合法性与政治认同：明朝朝贡秩序稳定的原因》，载《战略决策研究》2019 年第 1 期。

时期。一是起源与形成期（先秦至汉）。朝贡体系的萌芽可追溯至商周分封制度。《尚书·禹贡》记载的畿服制度，确立了以王畿为核心的圈层治理模式，通过"赋纳"与"朝觐"机制形成早期朝贡雏形。汉代张骞通西域后，丝绸之路的开辟将朝贡范围扩展至中亚，形成"使者相望于道"的交往网络。考古发现的"滇王之印"与"汉委奴国王金印"，印证了汉代通过册封制度构建朝贡体系的历史进程。二是发展与成熟期（唐至宋）。唐代设立鸿胪寺专司外交事务，制定《开元礼》规范朝贡礼仪，形成包括"蕃客朝见仪"在内的制度化流程。日本遣唐使通过"册封-朝贡"机制全面移植唐朝制度，推动自身文明发展。宋代"澶渊之盟"开创"兄弟之国"平等外交模式，以岁币替代传统朝贡，标志着朝贡体系从单一中心向多元共生转变。三是转型与衰落期（明至清）。明代郑和下西洋将朝贡体系推向鼎盛，最远抵达非洲东海岸。但19世纪中叶后，西方殖民体系冲击东亚秩序。1876年朝鲜《江华条约》的签订，标志着朝贡体系的实质性解体。值得关注的是，越南阮朝直至1885年仍保持对清朝的朝贡，体现了该体系的文化韧性。该体系在知识传播、制度创新、价值共创等维度体现了间性视角下的差异共存格局。

一、差异协商：等级表象下的平等实质

一是"华夷秩序"的间性本质。朝贡体系构建在"华夷秩序"的框架之上，表面上突出"中国中心"的地位，然而深入探究会发现，这一体系通过象征性承认与实质性让步，实现了不同国家间的权力平衡，展现出深刻的间性本质。

宋朝与辽、金签订的"澶渊之盟"和"绍兴和议"堪称典型案例。在"澶渊之盟"订立前，宋辽双方经过长期军事对峙，最终选择通过谈判解决争端。和议规定，宋朝每年向辽提供绢二十万匹、银十万两的岁币。表面上，宋朝付出了经济代价，但在外交文书中，双方都采用"兄弟之国"的称谓。这一称谓打破了传统朝贡体系中严格的等级观念，构建了一种相对平等的交流关系，意味着辽宋两朝在政治层面获得了平等的地位。"绍兴和议"同样如此，宋金以"叔侄之国"相称，尽管仍存在名义上的等级差异，但在实际外交互动中，双方得以平等对话，商议各类事务。这种通过称谓调整实现的平等协商，体现了朝贡体系在处理国际关系时的灵活性，是对"他者主体性"的一种隐性承认。

明朝对琉球王国的政策，进一步彰显了朝贡体系的间性本质。明朝不仅允许琉球王国使用"中山王"的称号，还允许其保留独立政权。琉球在政治上虽与明朝保持朝贡关系，但拥有自主管理内部事务的权力。明朝此举充分尊重琉球的主体性，通过这种方式，实现了中国与琉球在文化、政治上的良性互动。琉球积极学习中国的文化、制度，派遣留学生到中国学习，促进了自身的发展；同时，琉球的独特文化也通过朝贡交流传入中国，丰富了中国的文化内涵。这种对"他者主体性"的承认，并非单方面的恩赐，而是基于双方利益的考量，是一种在差异中寻求平衡的智慧。

二是动态平衡机制。朝贡体系通过"厚往薄来"政策与弹性贡期调节，实现了经济与文化的动态平衡。中国以经济让利的方式，换取其他国家的文化认同，构建了一种非对称互惠关系。永乐年间，中国对帖木儿帝国的"十倍回赐"，便是这一机制的生动体现。帖木儿帝国向中国进贡时，带来了当地的特产，如香料、珠宝等。而中国给予了远超贡品价值的回赐，包括丝绸、瓷器、茶叶等大量珍贵物品。从表面上看，这似乎是一种经济上的损失，但实际上，中国通过这种方式，换取了丝路商道的安全。帖木儿帝国在接受回赐后，保障了丝绸之路的畅通，促进了东西方贸易的繁荣。这不仅使得中国的商品能够远销欧洲，获取经济利益，还传播了中国的文化，提升了中国的国际影响力。这种以物质利益为媒介的跨文化契约，不仅实现了双方的经济利益，还加深了文化交流与认同。弹性贡期的设定，也是朝贡体系动态平衡机制的重要组成部分。不同国家根据自身的实际情况，确定贡期。例如，朝鲜由于与中国地缘相近，文化交流频繁，贡期相对较短；而一些较远的国家，如东南亚部分国家，贡期则较长。这种灵活的贡期安排，既满足了各国的实际需求，又避免了朝贡活动对各国造成过重负担，确保了朝贡体系的长期稳定运行。

二、符号转译：仪式作为文化对话媒介

一是礼仪系统的间性功能。朝贡仪式并非简单的单向服从行为，而是多义性符号的交互场域，不同国家对朝贡仪式的理解和运用存在差异，使其具有丰富的间性功能。

以"三跪九叩"礼为例，在中国，这一礼仪被视为他国臣服的象征。然而，通过朝鲜使臣的《燕行录》记载可知，朝鲜使臣将其视为获取"文明认证"的重要途径。在朝鲜使臣看来，参与朝贡仪式，向中国皇帝行"三跪九叩"礼，是对自身文化正统性的一种确认。朝鲜深受中国儒家文化影响，以遵循中国的礼仪制度为荣。通过参与朝贡仪式，朝鲜使臣认为能够接触到先进的中华文化，提升本国的文化地位。这种对同一礼仪的不同理解，表明朝贡仪式在跨文化交流中具有多义性，成为不同文化之间对话的桥梁。

贡品与赏赐的交换，同样是符号转译的重要过程。暹罗进贡的"麒麟"（实为长颈鹿），被明朝文人赋诗赞颂，转化为"圣王德政"的象征符号。长颈鹿本是非洲的动物，通过暹罗的进贡传入中国。明朝文人将其与中国传统的麒麟形象相联系，认为这是圣王德政感召的结果。这一过程中，长颈鹿这一异域生物的意义被重构，它从一种普通的动物变成了具有政治和文化象征意义的符号。这种符号转译，不仅丰富了中国的文化内涵，也促进了不同文化之间的理解与交流。

二是文本的跨文化再生产。朝贡使团在跨文化交流中，扮演着知识传播者的角色。他们携归的汉籍，在本国被改编和再创作，实现了文化符号的创造性转化。

朝鲜对《朱子家礼》的改编，是文本跨文化再生产的典型案例。《朱子家礼》传入朝鲜后，朝鲜结合本土的"两班"制度，将其改编为《国朝五礼仪》。朝鲜的"两班"阶层在社会中占据重要地位，《国朝五礼仪》在遵循《朱子家礼》基本礼仪原则的基础上，对礼仪的具体形式和适用范围进行了调整，使其更符合朝鲜的社会结构。通过这一改编，《朱子家礼》的理念与朝鲜的本土文化相融合，形成了新的礼制体系，丰富了朝鲜的文化内涵。朝鲜还在礼仪教育、礼仪实践等方面进行创新，将《国朝五礼仪》推广到社会各个层面，促进了礼仪文化的传承与发展。

三、主体间互动：知识网络的演化建构

一是技术转移的协作性。朝贡体系促进了技术在不同国家之间的转移，且这种技术转移并非简单的单向输出，而是基于双方需求的协作性过程。明朝向琉球传授造船技术时，充分考虑琉球的海域特点，对船体设计进行了针对性调整，增加了抗风浪结构。琉球是一个岛国，其海域多风浪，对船只的抗风浪性能要求较高。明朝工匠在传授造船技术时，与琉球工匠密切合作，根据琉球海域的实际情况，改进船体设计，采用更坚固的材料，优化船型结构。这种根据当地实际情况进行的技术改良，体现了技术转移过程中的协作性。通过这种协作，琉球不仅获得了先进的造船技术，还培养了自己的技术人才，推动了本国的航海事业发展。同时，这一过程也促

进了两国在技术层面的交流与合作，加深了彼此的了解。

二是知识生产的双向流动。朝贡体系促进了知识在不同文明之间的双向流动，利玛窦通过朝贡渠道传入《坤舆万国全图》，是知识输入的典型案例。然而，利玛窦在绘制地图时，采用了"中国居中"的绘制策略，以迎合明朝的世界观。在当时的明朝，人们普遍认为中国是世界的中心，利玛窦为了使地图更容易被接受，对地图的布局进行了调整。这一做法表明，知识的传播并非单纯的信息传递，而是需要考虑接受方的文化背景和认知习惯。

中国学者徐光启将《坤舆万国全图》与《禹贡》地理观相结合，形成了跨文明的知识缝合。《禹贡》是中国古代重要的地理著作，记载了中国古代的地理区划和山川物产。徐光启在研究《坤舆万国全图》时，发现其中的地理知识与《禹贡》既有相通之处，也有不同之处。他将两者进行对比分析，吸收了《坤舆万国全图》中的先进地理知识，如世界地理的整体概念、经纬度的运用等，同时融入了《禹贡》中的传统地理观念，如九州划分、山川脉络等，形成了新的地理认知体系。这种知识生产的双向流动，丰富了双方的知识体系，推动了人类文明的进步。

四、文化间性理论的核心映射

一是差异共存，非对称结构中的弹性空间。朝贡体系通过"五服制"设定了差异化的互动规则，构建了"差序包容"模式。在这一模式下，不同国家根据与中国的距离和文化差异，被划分为不同的层次，每个层次都有相应的互动规则。对于朝鲜、越南等"近藩"，朝贡体系强调礼制同构。朝鲜和越南在文化上深受中国影响，与中国在礼仪制度、政治理念等方面具有较高的相似性。通过朝贡交流，双方进一步强化了文化上的联系，朝鲜和越南也积极学习中国的文化、制度，促进了自身的发展。对于蒙古、女真等"内亚势力"，则采取军事与和亲双轨制。一方面，通过军事手段维护边境的安全稳定；另一方面，通过和亲政策，加强双方的政治联系，促进文化交流。对于欧洲国家，如葡萄牙，以"朝贡"名义允许其在澳门进行贸易。这种方式既满足了欧洲国家与中国进行贸易的需求，又在一定程度上维护了朝贡体系的框架。这种分层策略，本质上是一种差异管理的社会技术，通过对不同国家的差异化对待，实现了多元文化在朝贡体系框架下的共存。

二是动态协商，危机中的意义再生产。壬辰战争是东亚地区的一次重大危机，然而，从文化间性的角度来看，这场战争成为了东亚文化共同体重构的契机。明朝援朝抗倭，不仅是一次地缘政治行为，更是通过"再造藩邦"叙事，将战争转化为东亚文化共同体重构的过程。战后，中朝史官共同重修朝鲜《宣祖实录》，形成了"忠义叙事"，将李舜臣塑造为跨文化的英雄符号。李舜臣在战争中展现出卓越的军事才能，他领导的朝鲜水军多次击败日本水军，保卫了朝鲜的领土安全。中朝史官在重修实录时，对李舜臣的事迹进行了详细记载和歌颂，使其成为中朝两国共同敬仰的英雄。这一过程中，中朝两国通过共同的历史叙事，加深了彼此的文化认同，促进了东亚文化共同体的形成。

同时，明军带去的《纪效新书》战术与朝鲜"龟船"技术相融合，催生了军事知识的间性创新。《纪效新书》是明朝戚继光所著的军事著作，记载了丰富的军事训练和作战方法。明军将这些战术带到朝鲜后，与"龟船"技术相结合。"龟船"具有独特的结构和性能，在海战中具有较强的战斗力。两者的融合，提升了中朝两国的军事能力，为后世的军事发展提供了借鉴。

三是价值共创，超越工具理性的伦理维度。朝贡体系中的"薄来厚往"政策，看似违背经济理性，实则通过伦理信用的积累，构建了长期稳定的关系，实现了价值共创。郑和下西洋时对满剌加（马六甲）的扶持，使该港成为中外商贾的"中立交易区"。郑和率领船队到达满剌加后，帮助当地建立了政权，维护了当地的社会秩序。中国通过提供保护和支持，赢得了满剌加的信任，促进了当地的经济繁荣。满剌加位于马六甲海峡的重要位置，是东西方贸易的重要中转站。在满剌加成为"中立交易区"后，各国商贾可以在这里安全地进行贸易，促进了贸易的繁荣。同时，满剌加作为贸易中转站，也为中国的海外贸易提供了便利，实现了双方的互利共赢。这种通过伦理信用积累构建的长期关系，形成了跨文化信任资本，推动了区域经济的整合与发展。

暹罗通过朝贡获得的中国铜钱，成为东南亚贸易的硬通货，推动了区域经济的整合。中国铜钱制作精良，币值稳定，在东南亚地区具有较高的信誉。暹罗通过朝贡获得大量中国铜钱后，这些铜钱在东南亚贸易中被广泛使用，促进了贸易的便利化。同时，中国铜钱的广泛使用，也提升了中国文化在东南亚地区的影响力，促进了文化的传播。这一过程中，物质价值与符号价值相互促进，实现了共生增值。

西方将"一带一路"类比为朝贡体系的复辟，这种观点忽略了"一带一路"的文化间性内核。"一带一路"倡议秉持"共商共建共享"原则，继承了朝贡体系的弹性协商基因，但摒弃了等级制。以中非合作论坛为例，该论坛采用"非洲提出、中国响应"的议程设置模式，充分尊重非洲国家的主体性，体现了平等协商的精神。在合作过程中，非洲国家根据自身的发展需求，提出合作项目和计划，中国则根据自身的优势和能力，提供相应的支持和帮助。双方共同制定发展规划，实现了双方的互利共赢。例如，在基础设施建设领域，中国帮助非洲建设了大量的公路、铁路、港口等基础设施，提升了非洲的交通便利性，促进了非洲的经济发展；同时，中国也从非洲获得了丰富的资源和广阔的市场，实现了自身的发展。这种合作模式打破了传统的等级观念，构建了新型的国际关系。

朝贡体系中的仪式对话传统，为当代国际峰会的设计提供了有益借鉴。G20 杭州峰会以"茶叙外交"替代僵硬的谈判，通过龙井茶品鉴、丝绸展示等具身化文化体验，软化了权力博弈。在茶叙过程中，各国领导人可以在轻松友好的氛围中交流意见，增进彼此的了解和信任。这种将文化元素融入外交活动的方式，营造了良好的交流氛围，促进了各国之间的沟通与合作。

"亚洲文明对话大会"设置"非遗展演+学术研讨"混合议程，再现了朝贡体系中物质与精神的双层互动。通过非遗展演，展示了各国的文化特色，如中国的剪纸、印度的舞蹈、日本的茶道等，增进了文化间的相互欣赏；通过学术研讨，促进了思想的交流与碰撞，各国学者就文化传承、文化创新等问题进行深入探讨，推动了文化的创新与发展。

朝贡体系的历史实践表明，等级秩序与平等对话并非相互对立，而是可以通过符号转译的弹性、制度设计的包容性、价值生产的共享性实现有机统一。在朝贡体系中，差异不仅没有成为交流的障碍，反而成为跨文化创新的动力源。这种"差异赋能"逻辑，为文化间性理论提供了前现代的中国注脚，也为破解当代文明冲突困境提供了历史镜鉴。在全球化的时代背景下，深入研究朝贡体系的文化间性实践，对于推动跨文化传播、构建人类命运共同体具有重要的理论和实践意义。我们应当从历史中汲取智慧，不断探索跨文化交流的新路径，促进不同文化之间的相互理解、相互尊重和共同发展。

第二章深入探讨了中国在不同历史时期与当代背景下，基于文化间性展开的丰富实践，展现了中国文化在跨文化交流中的独特魅力与积极贡献。从历史维度来看，丝绸之路、茶马文化、朝贡体系等历史现象，分别从贸易、民族交往、政治秩序等不同层面，为文化间性提供了生动的实践样本。丝绸之路通过频繁的贸易往来，促使不同文化的符号在互动中实现意义共享，打破了地域与文化的隔阂，成为经济与文化交流的重要纽带；佛教中国化则是异域文化本土化重构的经典范例，在这一过程中，佛教与中国本土文化相互影响，实现了双向的文化交流与融合，丰富了中国文化的内涵；朝贡体系虽存在等级秩序，但在文化交流方面，也为各国提供了互鉴的平台，通过仪式对话促进了文化的传播与理解。这些历史实践表明，中国自古以来就重视文化间的交流与互动，尊重不同文化的差异，积极寻求文化间的共鸣与融合，为当代文化间性实践奠定了深厚的基础。

第三章 ｜间性理念的当代实践：
全球对话的三大路径

　　在全球治理体系深刻变革的时代背景下，中国积极投身于全球对话实践，致力于推动人类命运共同体理念落地生根。在国家叙事层面，中国借助深厚的文化底蕴与创新的话语体系，打破传统国际话语的桎梏，为全球治理提供新思路；在民间互动层面，短视频平台赋能大众，以"微叙事"的方式，让不同国家的民众在日常交流中感受人类命运共同体的温度；在制度设计层面，孔子学院的成功转型，开创了中外文化合作共建的新局面。接下来，本章将从这三个维度出发，深入剖析中国在全球对话实践中的积极探索，揭示人类命运共同体理念传播的有效路径。

第一节　国家叙事：人类命运共同体的话语创新

　　在全球化浪潮的席卷之下，世界各国的联系日益紧密，经济全球化使各国经济相互依存度不断加深，国际政治交往愈发频繁，文化交流也愈发多元。然而，伴随而来的是诸多复杂的全球性问题。

在安全领域，传统安全威胁与非传统安全威胁相互交织。局部冲突和战争时有发生，恐怖主义、跨国犯罪、网络安全等问题日益凸显，严重威胁着世界的和平与稳定。在经济领域，全球经济失衡加剧，南北贫富差距进一步拉大，贸易保护主义抬头，贸易摩擦不断，阻碍了全球经济的健康发展。在生态环境领域，全球气候变化问题愈发严峻，极端天气频繁出现，生物多样性减少，环境污染严重，对人类的生存和发展构成了严重威胁。这些问题跨越国界，没有一个国家能够独善其身。正是在这样的时代背景下，2013 年，人类命运共同体理念应运而生，旨在超越国家、民族和文化的界限，倡导各国摒弃冷战思维与零和博弈，以合作共赢的方式共同应对全球性挑战，推动构建更加公平、公正、包容的国际秩序。人类命运共同体理念的提出，具有极其重大的意义。它为全球治理提供了全新的思路和方向，突破了传统国际关系理论中以国家利益为中心的局限，倡导各国摒弃冷战思维和零和博弈，以合作共赢的方式共同应对全球性挑战。在这一理念指引下，各国加强对话与合作，共同应对恐怖主义、跨国犯罪等威胁，共同应对气候变化，维护了世界的和平与稳定，推动了全球可持续发展。此外，人类命运共同体理念还促进了不同文明之间的交流与互鉴，倡导尊重文化多样性，鼓励各国在文化交流中相互学习、相互欣赏，共同推动人类文明的进步与发展。它为构建更加公平、公正、包容的国际秩序提供了理论支撑，彰显了中国在国际舞台上的大国担当，对推动人类社会的发展和进步产生了深远的影响。

一、理论溯源：文化间性视域下"人类命运共同体"创新逻辑

文化间性理论打破了单一文化研究的封闭性，为理解不同文化之间的关系提供了全新视角。文化不再是孤立、静态的存在，而是在与其他文化的交流、碰撞和融合过程中不断演变。中国传统文化

中"和而不同""海纳百川"等理念，为理解文化间性提供了深厚的思想土壤。

中国传统的"天下观"，主张"天下大同"，追求一种超越地域和民族界限的和谐共生状态，这同样为文化间性理论注入了独特的智慧。在全球化背景下，这种"天下观"启示我们，不同文化之间应相互尊重、相互学习，共同构建一个多元共生的人类文化共同体。在历史上，中国通过丝绸之路与沿线国家开展广泛的经济文化交流，将丝绸、瓷器、茶叶等商品以及造纸术、印刷术等技术传播到国外，同时也吸收了来自中亚、西亚等地的文化成果，如音乐、舞蹈、宗教等。这种双向的文化交流，不仅丰富了中国文化的内涵，也促进了世界文化的繁荣，充分体现了文化间性理论中不同文化相互影响、共同发展的理念。

这些中国传统文化智慧，为人类命运共同体话语创新提供了重要的理论支撑与哲学启示。它促使我们在全球治理中尊重文化的多样性，认识到每种文化都有其独特价值和贡献。不同文化间的平等对话是实现价值共创的关键，通过对话，不同文化能够相互学习、相互启发，共同推动人类文明的进步。例如，在国际文化交流活动中，各国文化相互展示、相互交流，能够激发新的文化创意和发展思路，促进全球文化的繁荣。

传统国际话语体系深受"文明冲突论"的影响，过度强调不同文明间的对立与冲突。这种思维模式将世界划分为不同的文明阵营，认为文明之间的差异必然导致冲突，严重阻碍了国际合作的深入开展。

人类命运共同体理念借助文化间性理论，实现了本体论、方法论与价值论的三重突破。

本体论层面，推动从"文明对立"到"文明共生"的转变。在

"一带一路"倡议的框架下，中国与伊斯兰文明共建新疆国际大巴扎。这里不仅是商品交易的场所，更是文化交流的重要平台。中国传统文化与伊斯兰文化在这里相互交融，维吾尔族的传统音乐与中亚的音乐风格相互影响，形成了独特的音乐形式；特色手工艺品制作工艺也在交流中相互借鉴，创造出融合双方特色的新产品。这种文化共生的模式打破了文明之间的隔阂，促进了多元文化的共同发展。

方法论层面，实现从"单向传播"到"双向建构"的转型。中非合作论坛框架下的《中非合作2035年愿景》《达喀尔行动计划（2022-2024）》等文件，明确将文化遗产保护纳入中非合作重点领域。建设中非文化遗产保护与研究联盟，为中非双方搭建了知识共享与技术创新的平台。中国专家将先进的文物数字化保护技术、文物修复工艺等传授给非洲同行，帮助非洲更好地保护其丰富的文化遗产。同时，中国专家也从非洲独特的文化遗产保护需求和方法中获得启发，如非洲传统的口头传承文化的保护方式，为中国在文化遗产保护方面提供了新的思路。双方通过共同开展文化遗产保护项目，不仅提升了文化遗产保护的技术水平，还增进了彼此在文化领域的相互理解与合作。

价值论层面，促成从"零和博弈"到"共享发展"的跨越。在中国-东盟自贸区建设中，双方通过文化产业的协同发展，实现了互利共赢。近年来，中国与东盟国家共同拍摄多部影视作品，融合了双方的文化元素。电影中融合了不同文化元素，如中国的传统家庭观念、泰国的佛教文化与市井生活、缅甸的地域风情等。通过探讨亲情、爱情、友情中的文化共性，如对家庭责任的重视、对情感遗憾的和解，引发观众的共鸣，实现文化价值的跨区域传递。

二、五维叙事：人类命运共同体的实践体系

人类命运共同体理念从政治、安全、经济、文化、生态五个维度，构建起全面且系统的实践体系，为全球治理提供了新的思路与方法。

在政治维度，人类命运共同体秉持共商共建共享的原则，这是对和平共处五项原则的创造性转化与创新性发展。和平共处五项原则强调互相尊重主权和领土完整、互不侵犯、互不干涉内政、平等互利、和平共处，为国家间的正常交往奠定了基础。而人类命运共同体理念在此基础上，进一步倡导各国在国际事务中共同协商、共同建设、共同分享发展成果。中国与印度在边界问题上的处理方式，充分体现了这一理念。多年来，中方始终坚持"互相尊重主权和领土完整"的原则，同时，双方积极开展"中印文化旅游年"等活动，促进民间交流。在文化旅游年期间，中国的京剧、武术等传统文化表演在印度受到热烈欢迎，印度的瑜伽、宝莱坞电影也在中国吸引了众多爱好者。这些文化交流活动增进了两国人民的相互了解，将政治共识转化为文化认同，为解决边界问题营造了良好的氛围。

在安全维度，人类命运共同体倡导通过对话解决争端，构建新型安全观。在当今世界，传统安全威胁与非传统安全威胁相互交织，战争、冲突以及恐怖主义等传统安全问题依然存在，同时，网络安全、环境污染、跨国犯罪等非传统安全问题日益凸显。人类命运共同体理念强调，各国应摒弃冷战思维和军事对抗，通过平等对话、协商合作来解决安全问题。

上合组织框架下的反恐演习，是人类命运共同体在安全治理方面的生动实践。上合组织成员国包括中国、俄罗斯、哈萨克斯坦、吉尔吉斯斯坦、塔吉克斯坦和乌兹别克斯坦等国，这些国家面临着共同的恐怖主义威胁。通过定期举行反恐演习，各成员国军队密切协作，共同制定反恐作战计划，分享反恐经验与技术。俄罗斯军队在特种作战方面具有丰富的经验，其先进的战术和装备为其他成员国提供了学习借鉴的机会；中国在反恐情报分析、网络反恐等领域取得了显著成果，也通过演习与其他成员国分享这些技术和经验。通过这些合作，上合组织成员国提升了地区安全治理能力，有效应对了恐怖主义的威胁，维护了地区的和平与稳定，充分体现了"共同安全观"。

在经济维度，人类命运共同体以合作共赢为导向，推动构建新型国际关系。在经济全球化的背景下，各国经济相互依存度不断提高，但同时也面临着贸易不平衡、发展差距扩大等问题。人类命运共同体理念强调，各国应摒弃贸易保护主义，通过平等合作、优势互补，实现共同发展。

截至 2024 年，中国累计帮助 50 多个非洲国家建成 24 个农业技术示范中心。非洲地区拥有丰富的土地资源，但农业技术相对落后，粮食产量无法满足自身需求。中国将杂交水稻技术与非洲传统农耕智慧相结合，取得了显著成效。在马达加斯加，经过中方专家与当地农民的共同努力，当地成功培育出杂交水稻品种。迄今为止，中国杂交水稻在马达加斯加的推广面积已达 5 万多公顷，平均每公顷产量可达 7.5 吨。马达加斯加已成为非洲杂交水稻种植面积最大、产量最高的国家，有效解决了当地的粮食问题，促进了非洲农业的发展。同时，中国还为非洲国家提供农业技术培训、农业机械援助等，帮助非洲提升农业生产能力。

在文化维度，人类命运共同体以文明互鉴为核心，促进人文交流。在全球化的时代背景下，不同文化之间的交流日益频繁，但同时也面临着文化冲突、文化误解等问题。人类命运共同体理念强调，各国应尊重不同文化的差异，通过文化交流与互鉴，促进文化的共同繁荣。

中国是文化间性实践的积极倡导者和践行者。从博鳌亚洲论坛、亚洲文明对话大会，到举办中国网络文明大会、文明古国论坛等，丰富多彩的文化盛会应接不暇；从首届"良渚论坛"到成都大运会、杭州亚运会等，从建立丝绸之路国际剧院联盟、美术馆联盟到组织"艺汇丝路"采风活动，再到共建"一带一路"文化和旅游交流，落实全球文明倡议，为开创文明互促共进新局面、繁荣世界文明百花园注入了强大的文明动力。亚洲文明对话大会 2017 年设立的"文明古国论坛"，为世界上各个文明古国提供了一个交流的平台。古老文明孕育着现代性，文明形态的塑造经历了长期的历史发展演变，既涵盖文明古国上下求索的实践路径，又涌现着突破灰色地带的精神硕果。每一种文明的延续都凝结着智慧血脉与文化根基，既需要传承保护，也要推进各国传统文化的创造性转化和创新性发展，推动文化成为时代变迁、社会变革的先导。同时，要推动传统文化与时代同步，充分运用日新月异的科学技术手段实现传统文化的活态传承和创新发展。

　　在区域全面经济伙伴关系协定（RCEP）的框架下，数字文化贸易规则的制定和跨境数据流动试验区的建立，推动了东亚数字文化产业的协同发展。RCEP 成员国包括中国、日本、韩国、澳大利亚、新西兰以及东盟十国，这些国家在文化产业方面各具特色。日本的动漫产业在全球具有广泛影响力，其独特的绘画风格、精彩的故事内容吸引了大量粉丝；韩国的流行文化，如韩剧、韩流音乐等，在亚洲乃至全球都有众多追随者；中国的数字音乐、网络文学等发展迅速，具有庞大的市场和丰富的创意资源。通过 RCEP 框架下的数字文化贸易规则，各国能够在文化产品的版权保护、市场准入等方面达成共识，促进文化产品的自由流通。跨境数据流动试验区的建立，则为各国文化产业的数字化发展提供了便利条件，推动了东亚文化产业的协同创新。例如，中国的网络文学作品通过RCEP平台进入日本和韩国市场，受到当地读者的喜爱；日本的动漫公司与中国的数字音乐平台合作，推出动漫音乐专辑，在双方市场都取得了良好的销售成绩，实现了东亚文化产业的互利共赢。

在生态维度，人类命运共同体践行绿色发展理念，构建生命共同体。在全球生态环境日益恶化的今天，气候变化、生物多样性减少、环境污染等问题严重威胁着人类的生存和发展。人类命运共同体理念强调，各国应树立绿色发展理念，共同应对生态挑战，实现人与自然的和谐共生。

中国在埃塞俄比亚建设的东方工业园光伏电站，采用"板上发电、板间种植、板下修复"模式，是绿色发展的成功范例。该模式充分利用太阳能资源，在太阳能电池板上进行光伏发电，为当地提供清洁能源，减少了对传统化石能源的依赖，降低了碳排放。在电池板之间种植耐旱作物，既充分利用了土地资源，又增加了经济收入，同时还起到了防风固沙、保持水土的作用。在电池板下修复土地，通过科学的土壤改良和植被恢复措施，改善了土地的生态环境，为农业发展创造了条件。这一模式实现了经济效益与生态保护的双赢，为其他国家在能源开发与生态保护方面提供了宝贵的经验。

中国向太平洋岛国提供"蓝色碳汇"监测技术，帮助其建立海洋生态保护体系，推动了全球生态治理合作。海洋在全球生态系统中起着至关重要的作用，海洋碳汇是指海洋生物及海洋活动直接或间接汇集大气中的二氧化碳的过程、活动和机制。"蓝色碳汇"监测技术能够实时监测海洋碳汇的变化情况，为海洋生态保护提供科学依据。太平洋岛国拥有丰富的海洋资源，但在海洋生态保护技术方面相对薄弱。中国提供的监测技术帮助这些国家更好地了解海洋生态系统的变化，制定科学合理的保护措施，如合理规划海洋渔业资源的捕捞区域和时间，加强对海洋生物栖息地的保护等，从而有效保护海洋生态环境，维护海洋生态平衡。

三、全球南方叙事：人类命运共同体的情景化实践

全球南方国家在历史、文化、经济等方面具有相似的经历与诉求。这些国家大多经历了殖民统治，在经济发展、社会建设等方面面临着诸多挑战，但同时也拥有丰富的文化资源和巨大的发展潜力。中国作为"全球南方"国家中的一员，在发展权平等和文化自主性等方面具有理论共通性。通过积极讲述中国的南南合作故事，讲述中国在扶贫、基础设施领域建设中与其他"全球南方"国家的合作互信，并融入历史共鸣与文化认同，深化国际受众对中国"全球南方"身份的情感认同，促进国际共识的形成。

中国与77国集团共同推动《2030年可持续发展议程》南南合作行动计划，致力于促进发展中国家的共同发展。在基础设施建设领域，中国通过"一带一路"倡议，帮助许多发展中国家改善了交通、能源等基础设施。例如，在非洲，中国援建了蒙内铁路，这条铁路的建成极大地改善了肯尼亚的交通状况，提高了货物运输效率，促进了当地经济的发展。同时，中国还为肯尼亚培养了大量铁路建设和运营管理人才，为肯尼亚的可持续发展奠定了基础。

中国与阿拉伯国家在数字发展战略上高度契合，都致力于推动数字经济的发展和促进数字经济国际合作。阿拉伯各国发展水平和信息化程度差异较大，多数处于数字化发展起步阶段。在开展数字国际合作过程中，中国注重针对各国的具体情况来采取不同的合作模式。中国和阿拉伯国家合作建设"数字丝绸之路"，支持阿拉伯国家建立本土数字文化产业，增强其文化自主性。阿拉伯国家拥有悠久的历史和丰富的文化资源，但在数字文化产业发展方面相对滞后。中国凭借在数字技术领域的优势，为阿拉伯国家提供技术支持、人才培训和平台建设。通过"数字丝绸之路"，阿拉伯国家能够将其独特的文化资源进行数字化转化，打造具有国际影响力的数字文化产品。例如，将阿拉伯的传统故事、艺术作品等通过数字技术制作成动画、游戏、虚拟现实体验等产品，不仅在阿拉伯国家内部受到欢迎，还在国际市场上展现了阿拉伯文化的魅力。

在实践层面，中国在巴西建立"中国影视中心"，年译制葡语影视作品超 2000 小时，《山海情》的播出引发拉美观众对中国减贫经验的共鸣。《山海情》讲述了中国宁夏西海固地区人民通过艰苦奋斗实现脱贫致富的故事。这部电视剧在巴西播出后，受到了当地观众的热烈欢迎。许多巴西观众从剧中看到了与自己国家相似的农村发展问题，对中国的减贫经验产生了浓厚兴趣。一些巴西地方政府借鉴中国的减贫模式，结合当地实际情况，开展了一系列减贫行动，如发展特色农业、建设农村基础设施、开展职业技能培训等，取得了显著成效。

中国与南非共同推动非洲文化遗产数字化保护。非洲拥有丰富的文化遗产，如古老的岩画、传统建筑、口头传承文化等，但由于技术和资金的限制，这些文化遗产的保护面临着诸多困难。"中非云谷"为非洲培养了大量数字技术人才，这些人才运用先进的数字技术，对非洲的文化遗产进行数字化采集、存储和展示。例如，通过 3D 扫描技术对非洲的岩画进行数字化保存，建立虚拟博物馆，让世界各地的人们都能欣赏到非洲岩画的艺术魅力。这不仅促进了非洲文化遗产的保护，也为非洲文化的传承与发展提供了新的机遇。

四、方法论创新：文明对话的传播策略

在话语体系构建方面，中国实现了概念转译和叙事创新。将

"和而不同"译为"harmony in diversity"，这一译法在联合国文件中被引用 30 余次，表明该理念已得到国际社会的广泛认可。"和而不同"理念体现了中国传统文化中对多元和谐的追求，它倡导在尊重差异的基础上寻求和谐共处，为全球治理提供了重要的价值指引。

在传播矩阵建设方面，中国积极推进数字丝绸之路和民间外交的创新发展。中国-中东欧国家数字文化贸易平台上线，年交易额突破 50 亿美元。借助这一平台，中国的数字图书、音乐、影视等文化产品走进中东欧市场，丰富了当地民众的精神文化生活。例如，中国的网络文学作品以其精彩的故事、独特的文化内涵，吸引了众多中东欧读者；中国的数字音乐也以其多元的风格，受到当地年轻人的喜爱。同时，中东欧国家的特色文化产品，如波兰的琥珀工艺品、匈牙利的民间音乐等，也通过平台进入中国市场，增进了双方人民对彼此文化的了解。

"熊猫外交"升级为"数字熊猫"项目，借助区块链技术实现文化 IP 全球共享。通过区块链技术，"数字熊猫"项目构建了一个去中心化的文化传播平台，人们可以获取熊猫相关的数字文化产品，如数字明信片、虚拟玩偶等。这些数字文化产品融入了中国的传统文化元素，如熊猫形象与中国传统绘画、书法艺术相结合，以新颖的形式向世界展示中国文化。此外，"数字熊猫"项目还设置了互动环节，全球用户可以通过平台分享自己对熊猫文化的理解和感受，进一步增强了文化传播的互动性和影响力。

五、挑战与应对：人类命运共同体的传播困境与突破

尽管人类命运共同体理念在国际传播和实践中取得了显著成就，但仍面临诸多挑战。

一是数字鸿沟问题严重，全球仍有 40 亿人无法接入高速互联网，这极大地限制了理念的传播范围。许多发展中国家由于基础设施薄弱、技术落后，难以享受到数字技术带来的红利，导致信息闭塞，无法深入了解人类命运共同体理念。在一些非洲国家，由于缺乏稳定的网络基础设施，民众获取信息的渠道有限，对人类命运共同体理念的认知非常有限。

二是文化折扣现象突出，中国影视作品在欧美市场接受度仅为12%。这反映出中国文化在跨文化传播中面临的文化差异问题。欧美地区的观众由于文化背景、审美观念等方面的差异，对中国影视作品的理解和接受存在一定困难。例如，中国影视作品中蕴含的儒家文化价值观、独特的叙事方式，对于欧美观众来说可能较为陌生，导致他们难以产生共鸣。

为应对这些挑战，中国采取了一系列措施。在技术赋能方面，培训发展中国家数字技能人才。通过线上线下相结合的培训方式，为发展中国家培养了一批具有数字技能的专业人才。线上课程打破了地域限制，让学员可以随时随地学习；线下实操课程则帮助学员将理论知识转化为实际技能。通过"丝路电商"计划，许多发展中国家的年轻人掌握了电商运营、数字营销等技能，为当地数字经济的发展注入了新的活力，也为人类命运共同体理念的传播营造了良好的技术环境。

在本土化生产方面，中国在泰国设立"中泰合拍基地"，制作符合东南亚审美的影视作品。合拍基地邀请泰国当地的编剧、导演、演员参与创作，充分融入泰国的文化元素和社会热点。例如，在一部合拍剧中，融入泰国的佛教文化、传统节日等元素，讲述中泰人民在生活、工作中的友好交流故事。同时，在制作过程中，采用符合泰国观众审美习惯的叙事方式和表现手法，使作品更贴近当地观众的生活，极大地增强了中国文化在东南亚地区的传播效果。

人类命运共同体理念的提出，是中国在国际舞台上的重大话语创新。通过在文化间性视域下的理论探索与实践创新，中国构建了具有中国特色的全球治理话语体系。这一体系不仅丰富了国际政治理论，也为解决全球性问题提供了新的思路与方法。

　　然而，在传播和推广这一理念的过程中，仍面临西方话语霸权、文化差异、数字鸿沟等诸多挑战。未来，需进一步加强国际传播能力建设，增进文化理解与包容，不断创新话语表达形式与传播策略。一方面，要充分利用新兴技术，拓展传播渠道，提高传播效率，让人类命运共同体理念覆盖更广泛的人群；另一方面，要深入研究不同国家和地区的文化特点，开展针对性的文化交流与合作，减少文化误解，增强文化认同。只有这样，才能让人类命运共同体理念更加深入人心，为推动全球治理体系变革、构建更加美好的世界作出更大贡献。

第二节　民间互动：短视频平台"微叙事"传播

　　在全球化与数字化深度交织的时代背景下，短视频平台迅速崛起，成为民间文化交流的关键场域。从文化间性视域审视，短视频凭借独特的"微叙事"传播模式，为不同文化间的交流、对话与融合开辟了新路径，对推动人类命运共同体的文化交流与认同构建意义重大。

一、文化间性的核心逻辑与短视频的契合性

　　文化间性理论旨在打破单一文化研究的封闭性，倡导不同文化在平等对话中实现差异的共存与融合。短视频平台以其碎片化、去中心化的叙事方式，与文化间性的核心理念天然契合，为多元文化的表达提供了广阔的空间。

碎片化叙事契合文化多元表达。短视频的短时长特性，决定了其叙事的碎片化特点。这种碎片化叙事并非对文化的割裂，而是一种提炼与聚焦。创作者需在有限的时间内，提炼出文化符号的"最大公约数"，基于生活场景的叙事方式，以简洁且富有感染力的方式传递文化信息。这种基于生活场景的叙事方式，避免了因文化差异和意识形态分歧而可能产生的理解障碍，使不同文化背景的观众都能从中找到共鸣。正如斯图亚特·霍尔的编码解码理论所指出，传播过程并非信息的单向传递，而是编码者与解码者之间的意义协商。李子柒的短视频通过碎片化叙事，为不同文化背景的观众提供了一个开放的意义空间，观众可以根据自身的文化背景和生活经验，对视频内容进行解码，从而实现文化的有效传播。

去中心化传播打破文化传播壁垒。短视频平台的去中心化特性，打破了传统媒体线性、集中式的叙事束缚，赋予了普通用户文化表达的权利。在短视频平台上，每个人都可以成为文化的传播者，无论是偏远地区的手工艺人，还是异国他乡的文化爱好者，都能通过短视频展示自己的文化特色。TikTok用户将中国戏曲与电子音乐混搭的创作，就是去中心化传播的典型案例。

中国戏曲拥有悠久的历史和独特的艺术风格，其唱腔、服饰、表演形式等都蕴含着深厚的文化底蕴。而电子音乐作为现代音乐形式，以强烈的节奏感和丰富的音效受到年轻人的喜爱。TikTok用户巧妙地将两者结合，在保留中国戏曲传统唱腔韵味的同时，融入西方电子音乐的节奏，创造出全新的音乐风格。这种"文化拼贴"的间性表达，既展现了中国戏曲的独特魅力，又赋予其现代气息，吸引了不同文化背景的观众。这种跨文化的创作与传播，得益于短视频平台的去中心化特性。它打破了传统媒体对文化传播的垄断，让不同文化在平等的基础上进行交流与对话，实现了文化差异的有效协商与融合。

短视频平台借助算法推荐与用户评论功能，构建了多向度的对话场域，为文化间性中"意义共创"的动态过程提供了有力支撑。在这个虚拟空间里，不同文化背景的用户能够围绕短视频内容展开交流与互动，共同创造和丰富文化意义。

算法推荐机制连接跨文化兴趣社群。短视频平台的算法推荐机制通过分析用户的行为数据，精准推送符合用户兴趣的短视频内容，将具有相同或相似文化兴趣的用户连接起来，促进文化间的交流与互动。这种基于兴趣的推荐机制，符合布尔迪厄的文化场域理论。在文化场域中，不同文化资本的拥有者通过互动与竞争，形成特定的文化秩序。短视频平台的算法推荐，实际上是在虚拟空间中构建了一个个跨文化的兴趣场域，用户在这些场域中交流互动，分享文化经验，共同推动文化的发展与创新。

用户评论促进文化意义共创。用户评论是短视频平台互动的重要形式，不同文化背景的用户通过评论表达对视频内容的看法和感受，从而实现文化意义的共创。如非洲用户模仿中国"竹编"工艺的视频引发中国用户的二次创作，形成跨文化的"接力式叙事"。竹编是中国传统手工艺，具有精湛的技艺和独特的艺术价值。非洲用户通过观看中国竹编视频，对这门技艺产生兴趣，并尝试模仿制作。他们将自己的制作过程拍摄成视频发布在短视频平台上，展示非洲视角下对竹编工艺的理解与实践。这种跨文化的互动不仅促进了竹编工艺在全球的传播，更在交流过程中丰富了竹编文化的内涵。通过用户评论和二次创作，不同文化背景的用户共同参与文化意义的创造，体现了文化间性中"意义共创"的动态过程。

二、短视频微叙事的符号转译机制

在跨文化传播中，非语言符号具有强大的穿透力，能够突破语言障碍，引发普世情感共鸣。短视频作为视觉和听觉的综合体，通过巧妙运用非语言符号，实现了跨文化情感连接。

视觉符号在短视频的跨文化传播中发挥着重要作用。如在一个展示中国传统村落的短视频中，古老的建筑、蜿蜒的小巷、热闹的集市等画面，生动地展现了中国乡村的独特风貌。外国观众虽然可能不了解中国的历史和文化背景，但通过这些视觉符号，能够感受到中国乡村的生活气息和人文精神，产生对中国文化的好奇和向往。这种视觉符号的跨文化传播，符合罗兰·巴特的符号学理论。巴特认为，符号由能指和所指构成，能指是符号的物质形式，所指是符号所代表的意义。在短视频中，视觉符号作为能指，通过与观众的视觉感知互动，引发观众对其所指意义的联想和理解。不同文化背景的观众虽然对视觉符号的理解可能存在差异，但通过视觉符号的直观呈现，能够在情感层面产生共鸣。

听觉符号在短视频的跨文化传播中同样发挥着重要作用。音乐作为一种抽象的听觉艺术，具有跨越文化和语言界限的力量。中国古琴音乐与非洲鼓节奏的融合，通过音律的抽象性实现了跨文化情感连接。古琴音乐以其悠扬的旋律、独特的演奏技巧，表达出中国传统文化中对自然、人生的深刻思考。非洲鼓则以强烈的节奏感和丰富的表现力，展现了非洲人民热情奔放的生活态度。当两者融合在一起时，创造出独特的音乐风格，传递出多元文化相互交融的美好愿景。这种听觉符号的跨文化融合，体现了音乐作为一种通用语言的力量。正如苏珊·朗格的艺术符号理论所指出的，音乐是一种情感符号，它通过形式和结构表达人类的情感和思想[1]。中国古琴音乐与非洲鼓节奏的融合，打破了文化和语言的障碍，以情感为

---

〔1〕 Langer, S. K., *Feeling and Form*, Charles Scribner's Sons, 1953, p. 28.

纽带，实现了不同文化间的交流与共鸣。

在短视频的跨文化传播中，文化符号的弹性转译是实现文化理解与认同的关键。通过祛魅与重构、本土化适配等策略，短视频能够重塑文化符号的意义，使其更好地适应不同文化语境。

一是祛魅与重构。短视频通过生活化叙事，将一些在西方语境中被误解的文化符号进行祛魅与重构。以"龙"这一文化符号为例，在西方文化中，龙通常被视为邪恶的象征，与恐惧和破坏联系在一起。然而，在短视频中，"龙"被转化为中国春节舞龙的热闹场景。舞龙是中国传统的民俗活动，每逢春节，人们都会举行舞龙表演，以祈求风调雨顺、吉祥如意。通过短视频的呈现，西方观众看到的不再是抽象的、邪恶的"龙"形象，而是充满欢乐和祝福的舞龙活动，从而对"龙"这一文化符号有了全新的认识。在一个介绍中国春节的短视频中，创作者详细展示了舞龙的全过程，从龙的制作到舞龙表演的各个环节，同时讲解了舞龙的文化内涵和历史渊源。西方观众在观看视频后，纷纷留言表示对中国文化有了更深入的了解，改变了对"龙"的刻板印象。这种对文化符号的祛魅与重构，符合斯图亚特·霍尔的文化表征理论。霍尔认为，文化符号的意义并非固定不变，而是在不同的文化语境中被不断建构和重构[1]。短视频通过生活化叙事，为西方观众提供了一个新的文化语境，使他们能够以全新的视角理解中国文化符号的意义。

二是本土化适配。TikTok 上"汉服变装"挑战赛在东南亚地区衍生出"纱笼+汉服"的混搭风格，体现了文化符号的本土化适配策略。汉服作为中国传统服饰，具有独特的款式和丰富的文化内涵。在东南亚地区，纱笼是当地的传统服饰，深受人们喜爱。当地

---

〔1〕　［英］斯图亚特·霍尔编：《表征：文化表象与意指实践》，徐亮、陆兴华译，商务印书馆 2003 年版，第 132 页。

用户将汉服与纱笼相结合，创造出既具有中国汉服特色，又融入东南亚文化元素的新服饰风格。这种混搭风格不仅满足了当地用户对时尚的追求，更促进了中国汉服文化在东南亚地区的传播与发展。在"汉服变装"挑战赛的短视频中，东南亚用户穿着"纱笼+汉服"的混搭服饰，展示自己的变装过程和独特风采。这些视频在 TikTok 上获得了大量的点赞和分享，吸引了更多东南亚用户对汉服文化的关注和兴趣。本土化适配的创作方式，符合霍米·巴巴的杂交理论。巴巴认为，文化的发展是一个杂交的过程，不同文化在交流中相互融合，产生新的文化形式[1]。TikTok 上"纱笼 + 汉服"的混搭风格，就是文化杂交的体现，它为中国汉服文化在海外的传播提供了新的思路和模式。

三、文化间性视域下的传播实践路径

一是促进情感共同体的建构。短视频通过具身化体验，激活受众的感官记忆，促进情感共同体的建构。在一个关于中国传统茶艺的短视频中，茶艺师熟练地展示泡茶的过程，从温杯、投茶、注水到出汤，每一个动作都充满仪式感。同时，视频中加入了煮水的咕嘟声、茶叶在水中翻滚的声音，以及品茶时的细微声响，让观众身临其境，感受到中国传统茶艺的独特魅力。观众在观看视频的过程中，不仅学到了茶艺知识，更在情感上与中国茶文化产生了共鸣。

这种感官知识生产符合认知语言学中的具身认知理论。具身认知理论认为，人类的认知是身体与环境相互作用的结果，身体的感知和体验在认知过程中起着重要作用。短视频通过具身化体验，让观众在视觉、听觉等感官层面与视频内容互动，从而激活观众的身体记忆和情感体验，促进情感共同体的建构。

---

〔1〕 Bhabha, H. K., *The Location of Culture*, Routledge, 1994, p. 230.

　　用户生成内容（UGC）推动了文化意义的再生产，促进了跨文化审美对话。外国博主用中国水墨画风格绘制本国风景的创作实践，就是参与式创作的典型案例。中国水墨画具有独特的审美观念和艺术技法，强调意境的营造和情感的表达。外国博主将中国水墨画风格运用到本国风景的绘制中，既展现了对中国水墨画的喜爱和理解，又为中国水墨画的发展注入了新的活力。

　　一位法国博主用中国水墨画风格绘制了巴黎的埃菲尔铁塔、卢浮宫等著名景点，将中国水墨画的韵味与法国的建筑特色相结合，创造出独特的艺术作品。这些作品在短视频平台上发布后，引发了广泛关注和讨论。中国网友对博主的创作表示赞赏，同时也分享了对中国水墨画的见解和感受。这种跨文化的审美对话，不仅促进了文化间的交流与理解，更丰富了中国水墨画的表现形式和文化内涵。参与式创作符合巴赫金的对话理论。巴赫金认为，语言和文化是在对话中产生和发展的，不同文化之间的对话能够促进文化的创新和发展[1]。在短视频平台上，外国博主与中国网友通过参与式创作进行跨文化的审美对话，打破了文化的界限，实现了文化的交流与融合。

　　二是算法赋能的间性张力。平台算法通过"文化相似性推荐"，连接了分散的跨文化兴趣社群，促进了文化间的交流与合作。以全球"茶文化"爱好者社群为例，算法能够将与茶文化相关的短视频推送给对茶文化感兴趣的用户，无论他们身处世界的哪个角落。这些短视频内容丰富多样，包括中国的茶艺表演、日本的茶道文化、英国的下午茶文化等。

　　用户通过观看这些视频，了解不同国家的茶文化，与其他茶文

---

[1]　Bakhtin, M. M., "The Dialogic Imagination: Four Essays", in Michael Holquist ed., *University of Texas Press*, 1981, p. 275.

化爱好者交流互动，形成了一个跨越国界的茶文化交流社群。在这个社群中，用户不仅分享茶文化知识和体验，还开展线上线下的茶文化活动，如茶艺比赛、茶文化讲座等。这些活动进一步促进了茶文化在全球的传播与发展，加深了不同文化间的理解与认同。这种算法推荐的正向效应符合哈贝马斯的交往行动理论。哈贝马斯认为，交往行动是通过语言进行的、旨在达成相互理解和共识的行动[1]。短视频平台的算法推荐为全球茶文化爱好者提供了一个交往的平台，用户通过观看视频、评论交流等方式，实现了对茶文化的相互理解和认同，促进了茶文化在全球的传播与发展。

然而，算法也存在强化刻板印象的风险。在短视频平台上，"功夫""熊猫"等具有中国特色的文化符号被过度推荐，导致外国观众对中国文化的认知片面化。为了打破这种刻板印象，我们需要通过"反算法叙事"培育多元表达。扶持小众文化创作者是实现这一目标的有效途径。平台可以通过设立专项扶持计划，为小众文化创作者提供资金、技术和推广支持，帮助他们将小众文化的独特魅力展现给全球观众。例如，一些中国少数民族文化、传统手工艺文化等，在短视频平台上的传播相对较少。通过扶持相关创作者，制作高质量的短视频内容，能够让更多人了解这些小众文化，丰富全球观众对中国文化的认知。这种"反算法叙事"符合福柯的权力话语理论。福柯认为，权力是通过话语来实现的，话语不仅是表达思想的工具，更是一种权力的体现[2]。短视频平台的算法推荐实际上是一种话语权力的体现，它决定了哪些内容能够被更多人看到。

---

〔1〕［德］尤尔根·哈贝马斯：《交往行动理论：行为合理性与社会合理化》，曹卫东译，上海人民出版社 2004 年版，第 317~318 页。

〔2〕［法］米歇尔·福柯：《规训与惩罚》，刘北成、杨远婴译，生活·读书·新知三联书店 1999 年版，第 217 页。

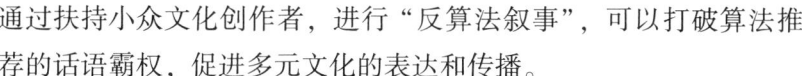

通过扶持小众文化创作者，进行"反算法叙事"，可以打破算法推荐的话语霸权，促进多元文化的表达和传播。

四、挑战与批判性反思

一是文化空心化危机。流量导向导致短视频内容出现符号浅表化的问题，如京剧表演被简化为"变装秀"，丧失了其精神内核。京剧作为中国的国粹，具有深厚的历史文化底蕴和独特的艺术价值。然而，在一些短视频中，创作者为了追求流量，将京剧表演简化为简单的变装过程，只展示京剧演员的华丽服饰和妆容，而忽略了京剧的唱腔、表演技巧和文化内涵。

为了应对这一危机，需要建立"深度阐释层"。在短视频中嵌入非遗传承人访谈片段，让非遗传承人讲述京剧的历史渊源、艺术特色和传承故事，帮助观众深入了解京剧的精神内核。同时，创作者也应该提高自身的文化素养，深入挖掘京剧等传统文化的内涵，以更加丰富、多元的方式进行创作，避免文化符号的浅表化表达。

这种文化空心化危机符合波德里亚的消费社会理论。波德里亚认为，在消费社会中，商品的符号价值超越了使用价值，人们消费的不仅仅是商品本身，更是商品所代表的符号意义。在短视频平台上，一些创作者为了追求流量，将传统文化符号作为一种消费符号进行展示，忽略了其背后的文化内涵，导致文化的空心化。建立"深度阐释层"，可以还原传统文化符号的文化价值，避免文化的浅表化消费。

二是权力结构的隐性复制。目前，短视频平台的算法仍受西方科技公司控制，这一现状导致在文化传播过程中，权力结构的隐性复制问题愈发凸显。西方科技公司在算法设计时，往往以西方文化价值体系为核心，这使得中国文化在传播过程中极易被纳入"异域风情"的消费框架。例如，部分短视频平台在推送中国相关内容时，过度聚焦具有猎奇性质的文化元素，如对一些偏远地区习俗的片面展示，而忽视了中国文化丰富的思想内涵与时代价值。

这种权力结构的隐性复制，符合葛兰西的文化霸权理论。西方科技公司凭借其在技术领域的优势，掌握了短视频平台内容分发的话语权，将西方的文化价值观潜移默化地植入算法推荐机制中，进而影响全球用户对不同文化的认知。为打破这一局面，利用去中心化技术构建跨文化协作平台成为可行之策。区块链技术具有去中心化、透明化、不可篡改等特性，通过这一技术，能够实现内容分发权的共享，让不同国家和地区的创作者在平等的基础上参与内容创作与传播，有效避免西方科技公司对内容推荐的垄断，确保中国文化及其他多元文化能以真实、全面的面貌呈现在全球观众面前。

三是伦理边界争议。在短视频的跨文化传播中，文化挪用与知识产权冲突问题频繁发生，这对跨文化传播的伦理边界提出了严峻挑战。例如，印度用户投诉中国博主"纱丽穿搭"失真，这一事件反映出部分创作者在跨文化创作时，对其他文化的理解不够深入，尊重程度不足，从而导致文化挪用和知识产权侵权问题。文化挪用不仅伤害了原文化群体的感情，也破坏了文化传播的公平性与合法性。

为解决这一问题，建立跨文化审核机制十分必要。邀请具有多元文化背景的专家参与内容评估，这些专家能够从不同文化视角出发，对短视频内容进行全面、客观的审核，确保内容既准确传达文化信息，又尊重其他文化的知识产权和文化传统。此外，创作者在进行跨文化创作时，应主动加强对其他文化的学习与了解，秉持尊重和包容的态度，避免因文化无知而引发的文化挪用和侵权行为。

五、未来方向：从"传播"到"共生"

展望未来，短视频平台在跨文化传播领域将实现从单纯的文化传播向文化共生的深刻转变。这一转变意味着短视频不仅要承担文化交流的功能，更要推动不同文化在相互尊重、平等对话的基础上，共同创造新的文化价值，实现文化的共生共荣。

在内容创作层面，创作者应更加注重挖掘不同文化间的共性与互补性，通过创新的叙事方式和表现手法，将多元文化元素有机融合。例如，可以发起跨国界、跨文化的短视频创作项目，邀请不同国家的创作者围绕共同主题，如环境保护、人类健康等展开创作。通过这种方式，既能激发创作者的创新活力，又能创作出具有全球视野和文化包容性的短视频作品，促进不同文化间的深度交流与融合。

在平台建设方面，短视频平台需进一步优化算法推荐机制，加大对多元文化内容的推荐与推广力度，打破信息茧房，促进不同文化间的交流与碰撞。同时，平台可以举办各种形式的文化活动，如短视频文化节、跨文化创作大赛等，为全球创作者提供展示才华的舞台，激发跨文化创作的活力，营造积极的文化共生氛围。

在技术创新领域，应加大对去中心化技术、人工智能等新技术的研发与应用，提升短视频平台的跨文化传播能力。例如，利用人工智能技术开发多语言翻译工具，打破语言障碍，促进全球用户的交流与互动；借助区块链技术建立文化数字资产交易平台，保护创作者的知识产权，推动文化产业的全球化发展，为文化共生提供坚实的技术支撑。

短视频的"微叙事"本质上是一种文化间性实践。通过符号弹性、情感共振与技术赋能的三角互动，短视频将文化差异转化为创新动力，构建了差异共生的意义网络。这一实践表明，跨文化传播的成功并非依赖于消除文化差异，而是搭建一个包容多元、平等对话的平台，让不同文化在交流中相互学习、相互启发，共同推动人类文化的发展与进步。

这一路径的实现，既需要创作者对文化符号的深度理解和创新运用，也依赖于技术伦理与制度设计的协同革新。创作者应不断提升自身文化素养，以敏锐的文化洞察力和创新精神，挖掘文化符号的深层内涵，创作出具有文化感染力的短视频作品。同时，平台方和相关管理部门应制定合理的技术伦理规范和制度设计，引导短视频平台健康发展，确保文化传播的公平性、合法性与可持续性。未来，随着短视频平台的不断发展与完善，其在跨文化传播中的作用将愈发重要，有望为构建人类命运共同体的文化交流与认同作出更大贡献。

第三节　制度设计：孔子学院的争议与转型

在全球化浪潮的席卷下，世界各国在经济、政治、文化等领域的联系日益紧密，跨文化交流成为推动人类社会发展的重要力量。在这一宏大背景下，孔子学院作为中国文化走向世界的重要窗口，自 2004 年第一所孔子学院在韩国首尔落地生根以来，在全球范围内迅速发展，如今已成为传播中华文化、增进中外文化交流的关键桥梁。据相关数据显示，截至 2023 年底，孔子学院已在全球 160 多个国家和地区设立了 400 多所学院和 700 多个课堂，为无数海外学子提供了学习中文、了解中国文化的宝贵机会。然而，孔子学院的发展并非一帆风顺，在其成长的过程中，争议与挑战如影随形。这些争议不仅涉及文化传播的方式与内容，还关乎其在国际文化交流格局中的定位与角色。从文化间性理论的视角深入剖析孔子学院的发展历程，对于理解其在跨文化传播中的作用、解决现存问题以

及探索未来发展方向具有至关重要的意义。

文化间性理论打破了单一文化研究的封闭性，强调不同文化在平等对话的基础上，实现差异共存、意义共创和价值共生。这一理论为我们理解跨文化传播中的文化互动提供了独特的视角，也为分析孔子学院的发展提供了有力的理论工具。

一、争议根源：文化间性视角下的冲突逻辑

一是单向传播的文化间性断裂。在孔子学院发展的早期阶段，其传播模式在一定程度上偏离了文化间性所倡导的"差异协商"原则，呈现出较为明显的单向性特征，这成为引发争议的重要根源之一。从符号转译的角度来看，标准化教材在全球范围内的广泛使用虽然保证了教学内容的一致性，但却忽视了与本土文化符号的融合。以《新实用汉语课本》为例，这类教材在内容设计上过于强调中国传统文化符号和价值观念的"正统性"输出，未能充分考虑不同地区的文化差异。在非洲文化中，部落集体主义传统源远流长，家庭观念和社会结构与中国存在显著差异。在非洲的部落社会中，家族的概念更为宽泛，强调集体利益高于个人利益，人们的生活紧密围绕部落展开，长辈在部落中拥有较高的权威，这种权威不仅仅基于年龄，更与部落的生存经验和传统智慧相关。当非洲学生接触到教材中"孝道"这一儒家核心概念时，由于教材未能将其与非洲本土文化中的家庭观念和社会结构相联系，学生很难产生情感共鸣。在儒家思想中，"孝道"强调子女对父母的尊敬、赡养和顺从，有着明确的家庭伦理规范；而非洲文化中虽也重视长辈的地位，但表达尊敬的方式和侧重点与中国文化不同，更倾向于集体生活中的相互扶持和对传统的遵循。这种差异使得非洲学生对"孝道"的理解仅停留在文字表面，无法深入体会其背后的文化内涵。这种符号转译的单向性，使得孔子学院在文化传播过程中难以搭建起不同文

化间有效沟通的桥梁，导致文化误解的产生。

二是制度刚性与弹性缺失。孔子学院传统的教学模式和课程设计，与西方教育理念以及当地实际需求之间存在明显的冲突，这种制度上的刚性与弹性缺失，进一步加剧了其发展过程中的争议。传统教学模式，如大班授课、考试导向，注重知识的传授和记忆，强调教师的主导地位。在这种教学模式下，教师是知识的权威传授者，学生被动接受知识，课堂互动较少。然而，西方教育理念更注重培养学生的批判性思维和创新能力，倡导讨论式教学，鼓励学生积极参与课堂互动。在西方的课堂中，学生被鼓励提出自己的观点，与教师和同学进行辩论，通过这种方式培养独立思考和解决问题的能力。这种教学模式的差异，使得西方学员在孔子学院的课堂上难以充分发挥主观能动性，参与感和学习积极性受到极大抑制。例如，在一些西方学生眼中，孔子学院的课堂氛围沉闷，缺乏互动性，无法满足他们对知识探索和交流的需求，从而影响了教学效果和文化传播的质量。

在课程设计方面，孔子学院的课程内容往往未能充分考虑当地实际需求和文化特色。以拉美地区为例，该地区面临着诸多社区发展问题，如贫困、教育不平等、环境恶化等。然而，孔子学院的课程内容未能将这些当地关注的议题纳入教学体系，导致课程与当地实际需求严重脱节。在一些拉美国家，社区发展需要培养大量具备实际技能和社会责任感的人才，而孔子学院的课程如果仅仅侧重于语言教学和传统文化传播，就无法满足当地的现实需求。这种脱节不仅使得孔子学院的教学内容缺乏实用性，也让当地民众对孔子学院产生"文化工具化"的质疑，认为其只是在进行文化宣传，而没有真正关注当地社会的发展。

三是外部环境压力。从权力结构的层面分析，以美国为代表的西方国家凭借其在全球经济、政治领域的优势地位，长期主导着世界文化格局，构建起强大的文化霸权体系。在这一体系下，他们试图将自身的文化价值观强加于其他国家和地区，对异质文化采取排斥和打压的态度。西方部分势力质疑孔子学院与中国政府的关联，甚至要求孔子学院注册为"外国使团"，这背后反映出跨文化传播中"主体间权力失衡"的深层次矛盾。

二、转型路径：文化间性导向的合作共建

为了应对发展过程中的争议与挑战，孔子学院以文化间性理论为指导，积极探索从"文化输出"向"合作共建"的路径转型，通过符号转译的弹性重构、制度设计的共主体性构建以及技术赋能的间性实践，推动不同文化间的平等对话与合作。

一是符号转译的弹性重构。在文化间性理论的指引下，孔子学院通过跨文化知识生产和在地化符号融合，实现了符号转译的弹性重构。德国海德堡大学孔子学院推动《道德经》与康德哲学比较研究，将"天人合一"与"物自体"概念并置，开启了跨文化知识生产的新尝试。《道德经》蕴含着中国古代哲学对人与自然、社会关系的深邃思考，"天人合一"思想体现了中国人对宇宙和谐的追求；而康德哲学中的"物自体"概念，是西方哲学探索人类认知边界的重要成果。通过组织学术研讨会、联合研究项目等方式，中西方学者汇聚一堂，共同剖析这两种文化理念的内涵与差异。在学术研讨会上，西方学者从自身的哲学传统出发，解读"天人合一"对人与自然关系理解的独特性。他们将"天人合一"与西方生态哲学中对人与自然关系的探讨相联系，发现中国古代哲学中对自然的敬畏和顺应，为解决现代社会面临的生态问题提供了新的思路。中国学者则在与西方哲学的对话中，重新审视"物自体"概念与中国传统哲学中关于"道""理"等概念的异同。通过这种跨文化的交流与碰撞，双方学者对两种哲学思想有了更深入的理解，打破了文化壁垒，为不同文化间的思想交融提供了平台。

二是制度设计的共主体性。制度设计的共主体性是孔子学院转型的关键方向，旨在构建不同文化主体共同参与的合作模式，促进文化间的平等对话与价值共创。雅典商务孔子学院与雅典市文化体育与青少年组织（OPANDA）合作举办春节庆典，是共主体性在文化活动策划中的成功体现。在筹备阶段，双方共同组建策划团队，雅典当地学者和 OPANDA 成员凭借对本土文化的深刻理解，为活动融入希腊传统舞蹈元素，增添了浓厚的地方特色；中方人员则负责提供春节文化的核心内容，如中式灯笼制作、传统美食展示等。在活动执行过程中，双方密切配合，共同组织表演、互动等，让当地民众在感受春节欢乐氛围的同时，也能看到希腊文化与中国文化的和谐共生。希腊传统舞蹈是希腊文化的重要组成部分，其独特的节奏和动作形式反映了希腊人民的生活和情感。在春节庆典中融入希腊传统舞蹈，不仅展示了希腊文化的魅力，也让中国文化与希腊文化在交流中交相辉映。在互动环节，希腊民众与中国留学生一起学习制作中式灯笼，分享彼此的文化故事，增进了双方的了解和友谊。这种合作模式，充分尊重了不同文化主体的地位和贡献，增强了当地民众对孔子学院的认同感和归属感。

从"社区参与度""符号转译深度""价值共创频度"等维度量化传播效果，替代单一的学员数量考核，是孔子学院评估体系转型的重要举措。社区参与度的评估关注当地社区居民对孔子学院活动的参与热情、参与方式以及在活动中的收获。通过问卷调查、实地访谈等方式收集数据，了解社区居民是否积极参与孔子学院组织的各类活动，如文化讲座、艺术展览等，以及他们在参与活动过程中对中国文化的认知和态度的变化。符号转译深度是衡量孔子学院在文化传播过程中，对中国文化符号的解读是否准确、能否与当地文化有效融合。例如，在介绍中国传统节日时，是否能够将节日的内涵与当地的文化习俗相结合，让当地民众更好地理解和接受。价值共创频度考察孔子学院与当地社区、机构在文化交流过程中，是否产生了新的文化价值和社会价值。通过评估文化交流活动是否促进了当地文化的创新发展，是否推动了社区的和谐建设等方面，来判断价值共创的效果。通过这一评估体系，全面考量孔子学院在文化传播中的实际效果，推动其向文化共生的方向发展。

三是技术赋能的间性实践。随着科技的飞速发展，孔子学院积极借助新技术，通过 AI 驱动的个性化学习和虚拟现实的文化共情，为跨文化传播开辟新路径。利用生成式人工智能模型开发多语种互动课程，用户可自主选择文化主题并生成学习路径，打破了标准化教学的局限。AI 技术能够根据用户的学习习惯、兴趣偏好和语言水平，智能推送适合的学习内容。用户通过"身临其境"体验文化传承过程，增强了跨文化理解。借助 VR 设备，用户更加直观地感受中国传统文化的魅力，在情感上产生共鸣，增强对中国文化的认同感和尊重感，有效打破了文化隔阂，促进文化间的共情。用户在体验过程中，了解到文艺作品所承载的历史文化价值，从而对中国文化有更深刻的认识和理解。

四是间性叙事的创新实践。间性叙事在孔子学院的转型中，为文化交流提供了新的表达方式和沟通桥梁。孔子学院举办的各类文化活动，成为间性叙事的重要载体。以"中国文化周"活动为例，在活动筹备阶段，孔子学院与当地社区、学校、文化机构等多方紧密合作，共同挖掘活动的文化亮点和叙事角度。当地社区居民分享他们对中国文化的初步印象和期待了解的内容，学校教师从教育角度提出活动建议，文化机构则凭借专业知识为活动的文化展示提供指导。通过这种多主体的合作，活动能够更好地满足不同群体的需求，吸引更多人参与。在活动进行时，多主体参与叙事。中国教师讲述中国文化的内涵和历史渊源，如在书法讲座中，介绍书法字体的演变、书法与中国哲学思想的关系；当地志愿者分享他们学习中国文化的有趣经历，带动更多人参与其中；学生们则通过表演中国传统节目、展示手工艺品等方式，表达自己对中国文化的理解和喜爱。这种多主体的叙事方式，让中国文化在与不同文化的碰撞与交融中，展现出丰富的层次和多元的魅力。在书法讲座中，中国教师不仅讲解书法技巧，还讲述书法在不同历史时期的发展与社会文化背景的关系，让听众了解到书法不仅仅是一种艺术形式，更是中国传统文化的重要载体。当地志愿者则分享自己在学习书法过程中遇到的困难和克服困难的过程，以及书法如何改变了他们对中国文化的看法，这种真实的分享能够引起听众的共鸣。

孔子学院还充分利用新媒体平台进行间性叙事的传播。通过制作短视频、开展直播等形式，将文化活动的精彩瞬间和背后的故事传播给更广泛的受众。在短视频中，不仅有中国文化元素的展示，还有中外参与者的采访片段，他们用自己的语言表达对中国文化的理解和感悟。直播过程中，观众可以实时互动，提问、分享自己的看法，形成线上线下同步的文化交流场域。例如，在一场关于中国传统节日的直播中，主播介绍节日的由来、习俗，同时展示相关的美食制作过程，观众在评论区分享自己国家类似节日的情况，形成文化的对照与交流，进一步扩大了间性叙事的影响力，促进了更广泛的文化传播与理解。在直播中，观众可以感受到中国传统节日的热闹氛围，了解到节日背后的文化内涵，同时也可以分享自己国家的节日文化，促进不同文化之间的相互了解和尊重。

三、文化间性下的制度逻辑

文化间性理论为孔子学院的制度设计提供了重要的逻辑基础，

体现在弹性边界原则、非工具化伦理以及技术谦抑性原则三个方面。

一是弹性边界原则。弹性边界原则强调在文化传播过程中，要在文化内核与本土需求之间保持动态平衡。孔子学院在与不同国家和地区的合作中，充分体现了这一原则。以云南边境孔子课堂与缅甸佛学院的合作为例，这一合作构建了"语言－信仰－社区"生态。汉语教学作为传播中华文化的重要途径，在这一合作中不仅注重语言技能的传授，还巧妙地融入南传佛教经典翻译内容。从文化内核角度来看，儒家的"和合"思想始终贯穿其中，强调人与人、人与自然的和谐统一，这种思想体现在教学过程中对学生品德培养和人际关系的引导上。在语言教学中，教师会引导学生理解汉语词汇和语句背后所蕴含的和谐、包容等价值观。而从本土需求出发，缅甸地区民众对南传佛教文化有着深厚的情感认同和精神追求，将汉语教学与南传佛教经典翻译相结合，既满足了当地民众学习汉语的需求，又契合了他们的宗教信仰和文化传统。此外，孔子课堂还积极参与当地社区建设，组织文化交流活动，促进了不同文化间的相互理解与和谐共处。这种模式不仅有效传播了中华文化，还促进了不同文化的相互融合与发展，实现了文化内核与本土需求的有机统一。

二是非工具化伦理。非工具化伦理要求孔子学院在文化传播过程中，警惕将文化传播简化为政治或经济工具。欧洲科学院院士霍农指出，孔子思想的核心是"差异中共鸣"，而非单向输出。孔子学院应始终坚持文化的独立性和自主性，以促进不同文化间的平等对话和交流为目标。美国最高法院的孔子雕像象征着道德，而非意识形态，这为跨文化对话提供了有益的哲学基础。孔子学院在实践中，通过举办各类文化活动、学术讲座和语言课程，深入挖掘和传播中华优秀传统文化的精髓，如儒家的"仁爱"思想、道家的"自然"理念等，引导人们树立正确的价值观和道德观。同时，孔子学院避免将文化传播与政治、经济利益过度挂钩，致力于营造一个纯粹的文化交流环境。例如，在与各国合作开展文化项目时，孔子学院尊重合作方的意愿和需求，不附加任何政治条件，以文化的魅力和内涵吸引参与者，增进不同文化间的相互理解和尊重。

三是技术谦抑性原则。技术谦抑性原则强调在利用技术进行文化传播时，要避免技术对文化意义的简化和扁平化。算法推荐在文化传播中具有重要作用，但如果缺乏文化解释层，可能会导致信息的片面推送，使文化传播趋于表面化。因此，孔子学院在利用 AI 课程系统等技术时，应设置文化语境审核机制，确保技术服务于文化传播的本质，避免技术凌驾于文化之上，从而实现文化传播的深度和广度。在开发 AI 课程时，孔子学院不仅要注重课程内容的趣味性和互动性，更要深入挖掘文化内涵，为学习者提供丰富的文化背景知识和多元的文化视角。例如，在介绍中国传统节日时，通过 AI 技术展示节日的历史渊源、民俗活动和文化意义，并结合不同地区的庆祝方式，让学习者全面了解节日文化。此外，孔子学院还可以利用虚拟现实、增强现实等技术，为学习者创造沉浸式的文化体验场景，让他们在体验中感受中华文化的魅力，而不仅仅是获取表面的文化信息。

四、批判性反思与未来路径

尽管孔子学院在转型发展过程中取得了一定的成绩，但仍面临一些问题。

在文化传播方面，虽然孔子学院通过多种方式努力传播中华文化，但部分国家对孔子学院的误解和质疑依然存在。一些西方媒体受意识形态和政治因素的影响，对孔子学院进行负面报道，误导公众认知，损害了孔子学院的国际形象。这反映出孔子学院在国际舆论应对方面还存在不足，需要加强国际传播能力建设，提升在国际舆论场的话语权。

在文化融合方面，虽然孔子学院在符号转译和课程设计等方面进行了本土化探索，但文化融合的深度和广度仍有待提高。部分孔子学院在文化融合过程中，存在表面化、形式化的问题，未能真正实现不同文化的深度交融和价值共创。此外，孔子学院在全球发展还存在不平衡的现象，一些地区的孔子学院发展面临资源不足、师资短缺等问题，影响了其文化传播的效果和质量。

为应对上述问题，孔子学院在未来发展中应采取以下路径：一是强化国际传播能力建设。孔子学院应加强与国际媒体的合作，积极开展公共外交活动，通过多种渠道和方式，向世界展示孔子学院的真实面貌和积极贡献。利用社交媒体、国际主流媒体等平台，传播中国文化和孔子学院的故事，回应外界的误解和质疑，提升孔子学院的国际形象和声誉。二是深化文化融合与创新。进一步加强对当地文化的研究和理解，挖掘不同文化之间的深层联系和共通之处，推动文化融合向更深层次发展。在课程设计和文化活动策划中，充分融入当地文化元素，实现文化的有机融合和创新发展。鼓励孔子学院开展跨文化研究项目，促进不同文化间的学术交流与合作。三是促进全球均衡发展。加强对发展相对滞后地区的孔子学院的支持，加大资源投入，培养和引进优秀师资，提高教学质量和文化传播效果。建立孔子学院之间的帮扶机制，促进经验分享和资源共享，推动孔子学院在全球范围内的均衡发展。

进入当代，在全球对话的大背景下，中国积极探索新的文化间性实践路径。在国家叙事层面，人类命运共同体理念的提出，是一种具有创新性的话语表达，超越了传统的国家利益观念，倡导全球各国在相互依存的基础上，共同应对全球性挑战，实现共同发展。这一理念为全球文化交流提供了新的价值导向，促进了不同国家间的文化认同与合作。在民间互动方面，以 TikTok 为代表的短视频平台发挥了重要作用。其独特的"微叙事"传播模式，借助碎片化、去中心化的特点，让民间文化能够迅速在全球范围内传播。通过展示多元的文化内容，激发了不同文化背景用户之间的互动与共鸣，为跨文化交流创造了更加便捷和广泛的空间。在制度设计领域，孔子学院的发展历程极具代表性。从早期面临的争议，到逐步转型为"合作共建"模式，孔子学院在文化传播过程中不断调整策略。通过符号转译的弹性重构、制度设计的共主体性构建以及技术赋能的间性实践，孔子学院致力于促进不同文化间的平等对话与合作。尽管在发展过程中仍面临诸多挑战，但孔子学院的转型实践为国际文化交流提供了宝贵的经验，推动了中华文化在全球范围内的传播与发展。

中国在历史与当代的文化间性实践，不仅丰富了自身文化的内涵，也为全球文化交流与融合贡献了中国智慧和中国方案。这些实践充分体现了中国在跨文化交流中秉持的开放、包容、合作的态度，为构建更加和谐、多元的全球文化生态提供了有力支持。未来，随着全球化进程的加速，中国应继续深化文化间性实践，在传承历史经验的基础上，不断创新实践路径，积极应对新的挑战与机遇，进一步推动全球文化的交流互鉴与共同发展。

第四章 ｜ 数字时代文化间性实践的挑战与调适

　　在当今全球化与数字化深度交融的时代，文化间性这一概念被赋予了全新的内涵与活力，其在数字媒介环境下的实践成为推动全球文化交流与理解的关键力量。文化间性理论强调不同文化实体之间并非孤立存在，而是在相互接触、交流、碰撞的过程中，不断进行意义的协商、身份的建构以及文化的重塑。数字技术的迅猛发展，如社交媒体的广泛普及、虚拟偶像的诞生以及元宇宙概念的兴起，为文化间性的实践搭建了前所未有的广阔平台，使文化交流突破了传统的时空限制，呈现出更加多元、复杂且动态的特征。

　　社交媒体作为数字时代信息传播与文化交流的前沿阵地，其开放性、互动性与传播的即时性，让文化模因能够在全球范围内迅速扩散与变异。李子柒现象便是社交媒体模因外交的典型案例，她的视频内容跨越国界，在全球观众中引发强烈共鸣，生动地展现了文化间性在符号生产、传播与接受过程中的运作机制。通过对李子柒视频的模因传播链分析，我们能够深入洞察不同文化背景的受众如何在数字空间中进行文化意义的解码与再创造，以及这一过程中文化间相互影响、相互融合的具体表现。

　　虚拟偶像作为数字时代的新兴文化产物，以其独特的跨次元形象与数字化的存在方式，打破了现实与虚拟的界限，为跨文化传播带来了新的可能。洛天依作为中国虚拟偶像的代表之一，其从技术基底到文化主体的构建过程，蕴含着丰富的文化间性实践策略。从 Vocaloid 语音合成器的文化缓冲设计，到跨次元形象的协商性建构以及文化出海过程中的算法助推，洛天依在跨文化接受方面的成功经验，为我们揭示了数字时代文化如何借助新兴技术实现跨越文化边界的有效传播，以及在这一过程中如何通过文化元素的巧妙融合与创新，满足不同文化背景受众的审美与情感需求。

元宇宙作为一个虚拟与现实深度融合的数字化空间，为文化间性实践提供了更为沉浸式与创新性的场景。在元宇宙中，用户通过数字分身参与各种活动，数字分身的文化锚点设计成为用户在虚拟世界中彰显文化身份的重要方式。同时，跨文明交往的规则测试在元宇宙中不断进行，涉及语言交流、行为规范、文化知识产权保护以及经济交易等多个方面，这些规则的制定与完善对于促进元宇宙中不同文化背景用户之间的和谐互动至关重要。然而，元宇宙中虚实交织的特性也引发了一系列文化身份危机，如海外华人的文化认同在元宇宙春节庙会中面临强化与撕裂的双重效应，以及身份模糊带来的社交障碍、平台的文化导向对用户的文化身份认知的影响等问题。深入研究这些现象，有助于我们探索如何在元宇宙环境下构建合理的文化治理机制，化解文化冲突，促进全球文化的多元共生与繁荣发展。

数字时代为文化间性实践带来了机遇与挑战。通过对社交媒体、虚拟偶像、元宇宙等数字文化现象的深入研究，我们能够更好地理解文化间性在新媒介环境下的实践逻辑与发展趋势，为推动全球文化交流与合作提供理论支持与实践指导，助力构建一个更加包容、多元、和谐的全球文化共同体。

第一节　社交媒体中的模因外交：李子柒现象的间性解码

一、符号生产：田园美学的去政治化编码

李子柒的视频以独特的田园美学风格在社交媒体上独树一帜，其在符号生产阶段的精心构建，为跨文化传播奠定了坚实基础。通过巧妙运用视觉语法，结合去政治化编码策略，李子柒将中国田园文化元素转化为具有全球吸引力的文化符号，促进了不同文化间的理解与交流，这一过程与文化间性理论高度契合。

长镜头在李子柒的视频中被频繁且巧妙地运用，以自然时序为线索，细腻而完整地展现乡村生活的全貌。比如在展示四季更迭的系列视频中，长镜头从春天万物复苏时田野里嫩绿的新芽破土而出开始，依次记录夏天农作物在阳光雨露下郁郁葱葱的生长、秋天金黄饱满的庄稼迎来丰收的喜悦场景，以及冬天银装素裹下乡村的宁静与祥和。这种对自然时序的忠实呈现，契合了人类对时间流逝和生命循环的基本认知模式。无论是东方文化中对自然节气变化的重视，如中国传统农历中二十四节气对农业生产和生活节奏的指导意义；还是西方文化中对自然规律的尊重与探索，如古希腊哲学家对自然哲学的思考，都使不同文化背景的观众能够轻松理解视频所传达的关于时间与生命的信息。观众仿佛跟随镜头经历了一年的时光，感受到乡村生活在自然节律下的有序与美好，跨越文化差异实现了对生命和自然的情感共鸣。从文化间性理论来看，长镜头的运用不仅仅是一种拍摄手法，更是一种文化意义的传递方式。它将中国传统文化中"天人合一"的哲学思想融入其中，强调人与自然的和谐共生，这种思想在全球范围内具有一定的共通性，能够引发不同文化背景观众的情感共振，促进文化间的理解与交流。

特写镜头则在李子柒的视频中聚焦于手作细节，将中国传统手工艺与生活技艺的精妙之处毫无保留地展现给观众。以制作传统美食月饼为例，特写镜头捕捉到李子柒双手熟练地揉制月饼面团的动作，每一次面团的翻转、按压都清晰可见，展现出她对力度和节奏的精准把握；在调制月饼馅料时，特写镜头呈现出各种食材的细腻质感与丰富色彩，红枣的香甜、豆沙的绵密、果仁的香脆仿佛触手可及。在制作竹编器物时，特写镜头细致地展示竹子在她手中被巧妙编织成各种形状的过程，从竹子的挑选、切割，到编织过程中竹条的交错穿插，每一个细节都凸显了中国传统竹编技艺的精湛。这些手作细节不仅是技艺的展示，更是文化内涵的载体。对于海外观众而言，尽管他们可能对中国文化的整体背景缺乏深入了解，但这些精美的手作细节能够直接触动他们的感官，引发他们对美的感知与欣赏。这种基于人类对美的普遍追求的视觉呈现，跨越了文化的隔阂，实现了视觉语言上的有效沟通。从文化间性角度分析，特写镜头下的手作细节成为了不同文化间交流的桥梁，它们承载着中国传统文化中对技艺的执着追求、对生活的热爱与用心等价值观念，通过视觉形象传递给全球观众，促进了文化的传播与理解。

李子柒的视频在符号生产过程中，还巧妙地运用了去政治化编码策略。她的视频内容聚焦于乡村生活的日常琐事、传统技艺的传承与展示以及自然景观的呈现，避免了复杂的政治议题与意识形态的介入。这种去政治化编码使得视频内容能够跨越不同国家和地区的政治体制与意识形态差异，以一种纯粹的文化表达形式被全球观众所接受。在她制作传统蜀绣的视频中，观众的注意力完全被蜀绣精美的针法、绚丽的色彩以及背后所蕴含的中国传统审美所吸引，而不会受到政治因素的干扰，从而实现了文化在全球范围内的无障碍传播。从文化间性理论角度而言，政治因素往往是文化交流中的敏感点，容易引发争议与误解。李子柒通过去政治化编码，为不同文化背景的观众创造了一个相对中立、纯粹的文化交流空间，让观众能够更加专注于文化内容本身，促进了文化间的平等对话与相互理解。

通过对 YouTube 评论区高频词云与微博评论的对比分析，能够更加清晰地理解符号生产阶段在不同文化语境下的解读差异与共通之处。在 YouTube 评论区，高频词云显示海外观众高度关注"疗愈"这一主题。众多海外观众留言表示，李子柒的视频为他们在繁忙、快节奏且充满压力的现代生活中提供了一片宁静的心灵港湾。视频中展现的远离城市喧嚣的田园生活、清新宜人的自然景观以及专注投入的传统手作过程，让他们感受到内心的平静与治愈。这种对"疗愈"的强烈关注，反映出在全球范围内，无论文化背景如何，人们对于远离现代社会的焦虑与疲惫，回归自然、简单生活的渴望是一种共通的情感诉求。从文化间性角度分析，这是不同文化在情感层面的共鸣，尽管文化背景不同，但人类对美好生活的向往与追求是一致的，李子柒的视频恰好满足了这种跨文化的情感需求。

而在微博评论中，国内观众更多地围绕"文化输出"展开讨论。国内观众将李子柒的视频视为中国文化走向世界的重要窗口与有力方式。从传统美食制作过程中所蕴含的中国饮食文化，如食材的选择、烹饪技法的讲究以及饮食礼仪的体现；到传统手工艺展示所呈现的中国民间艺术魅力，如剪纸、刺绣、木工等技艺的精湛；再到中国乡村生活方式所反映的中国传统文化价值观，如勤劳、朴实、邻里互助等，国内观众认为这些内容全方位地向世界展示了中国文化的独特魅力，极大地增强了民族文化自信。

这种差异体现了不同文化语境下观众对同一文化符号的不同解

读视角。国内观众基于自身对中国文化的深厚理解与民族情感，更关注视频在传播中国传统文化、提升国家文化软实力方面的价值；而海外观众则从自身的生活体验与情感需求出发，侧重于视频带来的情感慰藉与心理满足。但两者也在对美的欣赏、对美好生活的向往等基本层面存在共通之处，这正是文化间性在文化接受过程中的体现，不同文化背景的受众在面对同一文化符号时，既有基于自身文化语境的独特解读，又能在人类共通的情感与价值观层面达成共识。

李子柒在符号生产阶段通过独特的视觉语法运用、去政治化编码策略以及对不同文化语境下观众需求的精准把握，成功地将中国田园文化元素转化为具有全球吸引力的文化符号，为后续的模因传播与文化间交流奠定了坚实基础。她的视频不仅是个人生活的记录，更是一种跨文化传播的艺术创作，在全球范围内引发了关于文化、生活与美的广泛讨论与共鸣，成为文化间性在数字时代社交媒体平台上成功实践的典范。

二、模因变异：从个人 IP 到文化代言的符号膨胀

李子柒最初以个人 IP 形象出现在社交媒体上，凭借其独特的视频内容与风格逐渐积累了大量粉丝。随着其影响力在全球范围内的不断扩大，她的形象经历了从个人 IP 到文化代言这一显著的符号膨胀过程，这一过程深刻体现了文化间性在模因传播中的动态演变机制。

"李子柒螺蛳粉"成为广西非遗外交符号，便是这一符号膨胀过程的生动且典型的体现。李子柒在视频中以细腻的镜头语言展示了螺蛳粉的制作过程，从酸笋、腐竹、木耳等配料的精心准备，每一种食材的挑选都遵循着传统的标准，注重食材的新鲜度与品质；到独特汤料的熬制，多种香料的巧妙搭配，慢火细炖，让螺蛳粉独特的风味得以充分释放。通过她的视频，螺蛳粉这一原本具有浓郁广西地方特色的小众美食，呈现在全球观众面前，引发了广泛的关注与兴趣。随着李子柒知名度的持续提升，"李子柒螺蛳粉"品牌应运而生。广西地方政府与相关企业敏锐地捕捉到这一契机，积极与李子柒团队合作，借助她的影响力，将螺蛳粉推向更广阔的市场。在国际交流活动中，"李子柒螺蛳粉"作为广西非遗文化的代表，多次精彩亮相。这一过程是地方文化借助全球传播的模因力量，实现文化身份的重塑与传播范围的拓展。李子柒作为模因传播的核心载体，将螺蛳粉这一地方文化符号与全球文化传播网络相连接，使得广西非遗文化能够突破地域限制，在全球文化交流的舞台上展现独特魅力，促进了不同文化之间的相互了解与融合。

在 TikTok 上，"李子柒仿拍挑战"呈现出本土化改造的趋势，进一步推动了模因的变异与文化间的交流融合。许多越南博主积极参与仿拍挑战，他们在保留李子柒视频中田园生活、手工制作等核心元素的基础上，进行了富有创意的本土化创新。例如，越南博主将竹编替换为棕榈叶编织，这一替换并非简单的材料更换，而是基于越南当地丰富的棕榈叶资源以及棕榈叶编织在越南传统手工艺中的重要地位。越南的气候条件适宜棕榈树生长，棕榈叶成为当地民众日常生活中常用的材料，在建筑、手工艺品制作等方面广泛应用。越南博主通过将棕榈叶编织融入仿拍视频中，展示了越南独特的地域文化特色。他们的视频中，不仅有与李子柒视频相似的田园场景，如宁静的乡村风光、自给自足的生活方式，还融入了越南本土的文化元素，如越南传统的乡村音乐、独特的服饰风格等。这种本土化改造使得越南博主的仿拍视频既借鉴了李子柒视频的成功模式，吸引了全球观众对田园生活主题的关注，又融入了越南本土文化特色，体现了越南本土观众对自身文化的认同感与自豪感。从文化间性理论来看，这是不同文化在模因传播过程中的相互借鉴与创新。越南博主通过对李子柒模因的本土化改造，在全球文化传播的框架下，突出了越南文化的独特性，同时也促进了越南文化与全球其他文化的交流与互动，让李子柒所代表的田园生活文化在不同文化土壤中生根发芽，绽放出多元的文化魅力。

除了材料的本土化替换外，越南博主在视频叙事与情感表达上也进行了调整。在李子柒的视频中，情感表达较为内敛，注重通过细腻的生活场景与手作过程传达对生活的热爱与对传统的坚守。而越南博主在仿拍中，融入了越南文化中热情奔放的情感特质。例如，在展示棕榈叶编织成果时，越南博主会以更加欢快的节奏、夸张的表情和动作来表达内心的喜悦与成就感，这种情感表达方式更符合越南文化中注重情感直接宣泄的特点。在视频叙事方面，越南博主会增加一些与当地社区生活相关的情节，如邻里之间共同参与棕榈叶编织活动、分享劳动成果与生活的故事，突出越南乡村社区紧密的人际关系与互助精神，这与李子柒视频中相对侧重个人生活的叙事有所不同。这种在情感表达与叙事上的本土化改造，进一步丰富了模因的文化内涵，使其更贴合越南本土观众的文化心理需求，同时也为全球观众呈现了越南文化独特的情感与社会风貌，促进了跨文化的理解与交流。

在印度尼西亚，博主们参与"李子柒仿拍挑战"时，结合当地丰富的水稻种植文化与传统的蜡染技艺，对模因进行本土化创新。印度尼西亚是水稻种植大国，水稻种植在其农业经济与文化中占据重要地位。博主们在视频中详细展示水稻从播种到收割的全过程，融入当地独特的水稻种植仪式，如在播种前举行祭祀仪式，祈求丰收，让全球观众了解到印度尼西亚农业文化的深厚底蕴。同时，将传统蜡染技艺与现代时尚设计相结合，制作出具有独特印尼风格的服装。在蜡染过程中，展示印尼传统蜡染图案的绘制方法，每一种蜡染图案都蕴含着特定的文化寓意，如象征吉祥的凤凰图案、代表家族传承的几何图案等。通过将这些本土文化元素融入仿拍视频，印度尼西亚博主在全球文化传播中凸显了本国文化特色，推动了印度尼西亚文化与全球文化的交流与融合，进一步证明了模因在传播过程中的强大变异能力以及文化间性在促进文化多元共生方面的积极作用。

李子柒的模因在传播过程中引发的符号膨胀与本土化变异，充分体现了文化间性的动态特征。不同文化背景的创作者在接受李子柒模因的基础上，结合自身文化特色进行创新与改造，使得模因在传播过程中不断丰富和发展，促进了全球文化的多元交流与融合。这种现象不仅展示了文化间相互影响、相互借鉴的过程，也为文化的创新与发展提供了新的思路与模式。

三、接受阈限：数字原住民的认知过滤器

数字原住民，尤其是 Z 世代观众，在接受李子柒视频所传达的文化信息时，受到自身认知过滤器的显著影响，呈现出独特的接受阈限。这一现象与文化间性理论紧密相关，不同文化背景下数字原住民的认知结构与价值观念，塑造了他们对文化信息的筛选、理解与重构方式。

通过调研发现，Z 世代观众对"传统农耕"存在较为普遍的浪漫化想象。当询问 Z 世代观众对传统农耕生活的印象时，许多受访者描绘出一幅宁静、美好的画面：蓝天白云下，金黄色的麦浪随风起伏，农民们在田间辛勤劳作，脸上洋溢着收获的喜悦。这种浪漫化想象与真实中国乡村存在一定的认知偏差。传统农耕面临对体力劳动的较高要求、气候因素影响收成、自然灾害对农作物损坏等诸多挑战，然而，李子柒的视频在一定程度上强化了关于传统农耕的

浪漫化想象，视频中展现的田园生活经过精心剪辑与呈现，着重突出了美好、宁静的一面，弱化了劳作的辛苦。从文化间性视角剖析，Z 世代成长于数字化高度发达的时代，他们与传统农耕生活的实际接触极为有限，更多是通过影视、文学作品等媒介构建对传统农耕生活的认知。在全球化背景下，这些媒介传播的信息往往经过了一定的文化加工与筛选，倾向于呈现传统农耕生活中诗意、浪漫的部分，以满足大众对远离现代社会压力的心理需求。加之社交媒体传播特性，为吸引眼球与流量，会强化这种浪漫化的内容呈现，从而进一步加深了 Z 世代对传统农耕的理想化认知。

在文化接受过程中，东方主义凝视与反凝视的博弈在李子柒视频传播中尤为明显。以李子柒团队刻意保留柴火、灶台、烟雾为例，这一现象引发了广泛争议。从东方主义凝视理论来看，部分西方观众可能将柴火、灶台、烟雾视为中国传统乡村落后、不发达的象征，这种观点是西方长期以来对东方文化形成的刻板印象所致，他们习惯从自身文化优势视角去审视东方文化，将东方文化中与西方现代文明不同的元素视为落后的标志。而李子柒团队保留烟雾，一方面可能是为了真实还原乡村生活场景，体现乡村生活的烟火气与原汁原味；另一方面，这也可被视作一种反凝视策略。通过保留这一可能引发争议的元素，打破西方观众对中国乡村单一、刻板的认知模式，向世界展示中国乡村生活的多元性与复杂性，强调中国乡村文化有着自身独特的发展脉络与价值体系，并非西方想象中的落后图景。然而，这一策略在国内也引发了部分观众的质疑，他们担忧这种呈现方式会强化西方对中国的刻板印象，损害国家形象。这种争议深刻反映出在跨文化传播中，文化间性所面临的复杂困境，不同文化主体基于自身文化立场与认知模式，对同一文化符号的解读与反应截然不同，如何平衡文化呈现的真实性与避免强化刻板印象成为亟待解决的难题。

此外，Z 世代观众的文化背景与成长环境差异，也使得他们在接受李子柒视频时存在个体认知差异。在西方文化背景下成长的 Z 世代，可能更多从个人情感需求与对异文化的好奇角度出发，将李子柒视频中的田园生活视为一种逃离现代社会焦虑的理想范本，他们对视频中文化元素的理解更多基于自身文化框架下对"自然""传统"的概念认知。而在中国文化环境中成长的 Z 世代，除了能感受到视频中对传统文化的传承与展现所带来的情感共鸣外，还可能因对本土文化的深入了解，从更专业的文化视角去分析视频中传统技艺、文化习俗的呈现是否准确、完整。这种基于文化背景差异的个体认知差异，进一步丰富了文化间性在接受环节的表现形式，不同文化背景的数字原住民以各自独特的认知过滤器对同一文化模因进行筛选、解读与重构，促进了文化意义在传播过程中的多元演变。

从文化间性理论的角度来看，李子柒现象在社交媒体中的传播，为不同文化间的交流提供了一个独特的案例。它展示了文化符号在跨文化传播中的强大生命力与变革力量。李子柒视频中的文化符号，诸如传统农耕器具、精美的中式菜肴以及古朴的乡村建筑等，不再仅仅是孤立的文化元素，而是成为了连接不同文化的桥梁。这些符号在传播过程中，不断与各地本土文化相互碰撞、交融，激发出新的文化意义。

在西方文化语境中，李子柒所展现的田园生活文化符号，与西方社会对自然、慢生活的追求相契合，从而引发了西方观众对中国传统文化的浓厚兴趣。西方观众在欣赏李子柒视频时，会不自觉地将自身文化中对自然的热爱、对简单生活的向往投射到视频内容上，赋予这些中国文化符号新的情感价值。这一过程并非简单的文化移植，而是文化间性中不同文化相互阐释、相互丰富的生动体现。西方观众在接触这些文化符号后，对中国文化的认知不再局限于抽象概念，而是通过具体可感的文化符号，对中国文化的生活维度有了更深入的理解。

反观东方文化圈，李子柒现象也促使东方各国重新审视自身的传统文化。在全球化浪潮下，东方国家在文化发展过程中曾面临西方文化强势冲击的困境，部分传统文化元素逐渐被边缘化。李子柒的视频则为东方国家提供了一个重新挖掘、传承传统文化的视角。以东南亚国家为例，这些国家与中国在文化上存在一定的相似性，李子柒视频中对传统手工艺、家族观念的呈现，引发了东南亚国家民众对自身传统文化中类似元素的关注与重视。他们开始重新梳理、弘扬本国的传统手工艺，强化家族文化在现代社会中的凝聚力，通过与李子柒所代表的中国传统文化符号的互动，实现了本土传统文化的复兴与创新。

从文化创新的角度而言，李子柒现象激发了全球范围内的文化创作灵感。在 YouTube、TikTok 等社交媒体平台上，大量创作者受李子柒影响，开始创作与田园生活、传统文化相关的内容。这些创作者来自不同文化背景，他们在借鉴李子柒视频风格的基础上，融入本土文化特色，创作出了丰富多样的文化作品。在非洲，一些创作者拍摄展示非洲传统部落生活与现代农业结合的视频，将非洲独特的部落文化、传统农耕方式与现代科技元素融合，既传承了非洲本土文化，又展现了非洲在全球化背景下的文化创新。在欧洲，创作者们则将李子柒视频中的手工制作理念与欧洲传统的工匠精神相结合，创作出一系列关于传统手工艺创新的视频，如将现代设计理念融入古老的欧洲皮革制作工艺，赋予传统手工艺新的活力。这种基于李子柒现象引发的全球文化创作热潮，正是文化间性推动文化创新的有力证明，不同文化在相互交流、借鉴中，不断创造出新颖的文化形式与内容。

　　然而，李子柒现象在跨文化传播中也面临着诸多挑战，这同样反映了文化间性的复杂性。文化误解时有发生，部分西方观众在欣赏李子柒视频时，虽然被田园生活所吸引，但由于对中国文化缺乏深入了解，可能会对视频中的一些文化符号产生误解。例如，将中国传统农耕文化简单等同于落后的农业生产方式，而忽略了其中蕴含的生态智慧、文化传承等深层内涵。此外，文化霸权的潜在影响也不容忽视。在全球文化传播格局中，西方文化在一定程度上占据主导地位，李子柒现象在传播过程中可能会受到西方文化霸权的影响，其文化符号的解读权也可能被西方文化所左右。为应对这些挑战，需要加强跨文化教育，提高全球观众的文化素养，增进不同文化间的相互理解。同时，要积极推动文化传播渠道的多元化，打破西方文化在传播领域的垄断，确保不同文化在传播过程中能够平等发声，充分展现自身的文化魅力与价值。

　　总体而言，李子柒现象在社交媒体中的传播，是文化间性理论在数字时代的一次成功实践。它不仅展示了文化符号在跨文化传播中的多元价值与创新潜力，也为全球文化交流提供了宝贵的经验与启示。通过深入研究这一现象，我们能够更好地把握文化间性在跨文化传播中的规律，为促进全球文化的多元共生、共同繁荣提供理论支持与实践指导。未来，随着社交媒体技术的不断发展，我们期待看到更多类似李子柒现象的文化传播案例出现，进一步推动全球文化交流与融合向纵深方向发展。

第二节　游戏符号的跨文化重构:《黑神话:悟空》的符号缝合

在数字技术与全球化深度交织的时代脉络下,电子游戏已毋庸置疑地成为跨文化传播的关键载体。其凭借独特的互动性、沉浸式体验以及丰富的符号表意系统,突破了传统媒介的传播局限,构建起全球玩家共享的文化空间。《黑神话:悟空》作为中国游戏产业近年来的扛鼎之作,以东方神话为底蕴,借助现代前沿游戏技术,完成了文化符号从本土到全球的创新性转化,成为跨文化接受研究领域的典型案例。本部分基于文化间性理论,从技术编码的文化转译、角色符号的协商性重构、传播生态的跨文化适配以及玩家社群的间性对话等维度,深入剖析其如何借助符号缝合术打破文化壁垒,实现从本土神话到全球文化符号的跨越。

一、技术编码:东方美学的数字转译与文化适配

《黑神话:悟空》在全球范围内收获广泛认可,首要归因于技术层面上对东方美学的精准编码,以及与全球通用技术语言的巧妙适配,这一过程深刻彰显了文化间性中技术作为文化载体的双向互构关系。文化间性理论强调不同文化在互动交流中,通过技术媒介实现文化意义的转译与重构。在《黑神话:悟空》中,技术不仅是呈现游戏内容的工具,更是东西方文化对话的桥梁。

《黑神话:悟空》的开发实现了虚幻引擎的东方化改造与视觉语法创新。《黑神话:悟空》选用虚幻引擎 5 作为开发基石,技术团队并未局限于引擎的常规应用,而是展开了深度“东方化”改造,构建起一套独具特色的视觉语法体系。从艺术符号学角度来

看，视觉语法是图像元素组织与表意的规则系统[1]。在场景构建方面，游戏充分调用引擎的物理渲染技术，全力呈现中国古典山水画的深远意境。以"南天门"场景为例，层峦叠嶂间云雾缭绕，严格遵循宋代山水画"高远法"的构图准则，营造出巍峨磅礴、气势恢宏的视觉效果。同时，光影的细腻处理巧妙模拟传统水墨画的"留白"与"晕染"技法，将东方美学的含蓄、空灵之美具象化。即便对中国神话了解有限的海外玩家，仅通过直观的视觉语言，也能感受到东方美学的独特魅力，心灵受到强烈触动。这种视觉语法创新，打破了文化认知的隔阂，使东方美学元素通过全球通用的数字技术得以传播。

在角色建模领域，孙悟空"挥舞金箍棒"的动作设计精妙绝伦，专门捕捉京剧武生的身段韵律。借助动态骨骼系统，将京剧表演里的"云手""鹞子翻身"等经典戏曲动作，流畅自然地转化为游戏角色的战斗模组。这一过程中，不仅确保了动作的流畅性，更将中国武术所蕴含的写意之美精准传递给玩家。从具身认知理论视角分析[2]，玩家在操作游戏角色时，通过身体与游戏界面的互动，能够在一定程度上体验到角色动作所承载的文化内涵。因此，这种对传统戏曲动作的数字化转译，为全球玩家提供了一种具身体验中国文化的途径。

游戏中的妖怪设计融合了《山海经》异兽特征与西方奇幻生物的视觉逻辑。以白骨精形象塑造来说，其骷髅形态保留了浓郁的中国鬼怪阴森感，而肌肉纤维与骨骼连接的细节处理，则借鉴西方恐

---

〔1〕　Kress，G.，& Van Leeuwen，T.，*Reading Images：The Grammar of Visual Design* (*2ND ED.*)，Routledge，2006，pp. 41-44.

〔2〕　Gallagher，S.，*How the Body Shapes the Mind*，Oxford University Press，2005，pp. 41-67.

怖美学的解剖学逻辑，精心雕琢每一处细节。这种跨文化的视觉符号融合，符合后殖民理论中文化杂糅的概念，即不同文化元素相互交织、碰撞，产生新的文化表意。海外玩家在接触这一形象时，既能识别出其中蕴含的中国文化符号，又能基于自身熟悉的视觉认知体系，产生强烈的视觉共鸣。技术层面的这些文化适配举措，为跨文化接受奠定了坚实的感官认知基础。

在声音编码环节，《黑神话：悟空》采用"东方乐器+现代编曲"的融合策略，构建起跨越文化界限的听觉符号系统。从音乐人类学角度而言，音乐是文化的重要表征，不同文化的音乐具有独特的音高、节奏、和声等元素[1]。游戏背景音乐中，古琴、编钟、埙等东方传统乐器被大量运用，交相辉映。以"大闹天宫"关卡配乐为例，编钟那清脆悦耳、富有穿透力的金石之音，巧妙模拟古代战鼓的激昂节奏，搭配现代交响乐宏大磅礴的弦乐铺陈，将《西游记》中那段波澜壮阔、气势非凡的史诗感，转化为全球玩家皆能深切体悟的情感共鸣。这种音乐风格的融合，打破了音乐文化的地域限制，实现了跨文化的情感传递。

角色配音方面同样独具匠心，孙悟空的台词念白参考传统说书人的韵律，字里行间饱含独特的节奏感与韵味。在推出英语配音版本时，制作团队特意保留中文声调的抑扬顿挫，使得英语玩家即便听不懂具体词汇含义，也能通过语气的细微变化，精准感知角色丰富的情绪层次。这一做法符合语言文化学中语音象征理论，即语音形式与语义内容之间存在一定的象征关系[2]。通过保留中文声调

---

〔1〕 Nettl, B., *The Study of Ethnomusicology: Thirty-Three Discussions*, University of Illinois Press, 2005, p. 27.

〔2〕 Jakobson, R., "Linguistics and Poetics", in T. A. Sebeok ed., Style in Language, MIT Press, 1960, p. 350.

特色，游戏在跨语言传播中保留了角色语言的文化韵味。

游戏中"紧箍咒"的音效设计以高频音波振动的方式呈现，既精准对应原著中咒语施加的束缚感，又高度契合西方玩家脑海中对"能量场"的直观认知。妖怪的嘶吼声设计融合中国民乐特有的滑音技巧与好莱坞怪兽电影的经典声效逻辑，打造出独一无二、极具辨识度的跨文化听觉标识。这种在声音层面施展的符号缝合术，成功助力文化符号跨越语言与文化的双重语境，实现意义的顺畅传递，体现了文化间性在声音符号传播中的应用。

二、角色符号：孙悟空的跨次元重构与身份协商

孙悟空作为中国文化的超级符号，在《黑神话：悟空》中经历了从传统神话形象到跨次元文化符号的深刻协商性重构，生动诠释了文化间性中符号意义的动态生成过程。符号互动理论强调符号的意义并非固定不变，而是在社会互动中不断协商、建构[1]。在游戏语境下，孙悟空这一符号在全球玩家的互动与解读中，被赋予了新的文化内涵。

原型符号的解构与再语境化中，游戏在孙悟空的视觉形象塑造上大胆采用"去符号化"手法，摒弃传统戏曲脸谱夸张、程式化的特征，转而采用更为写实的设计风格。保留了孙悟空毛茸茸的猴形身体，忠实还原"猿猴"的生物特征，同时通过对肌肉线条与战斗姿态的细腻刻画，赋予角色强大的力量感与符合现代审美的精气神。这一全新形象在海外玩家群体中引发热烈讨论，围绕"神性"与"兽性"的探讨不绝于耳。西方玩家将其解读为"东方版美猴王"，该形象既与漫威旗下那些身着高科技装备、形象鲜明的超级英雄截然不同，又凭借其"半神半兽"的独特设定，巧妙连接希腊

---

〔1〕 Blumer, H., *Symbolic Interactionism: Perspective and Method*, Prentice - Hall, 1969, pp. 2-36.

神话中的半人马、狼人等混合生物形象，成功搭建起一座跨越文化的认知桥梁。从认知心理学角度分析，人类在理解新事物时，往往会借助已有的认知图式进行类比、同化[1]。西方玩家对孙悟空形象的解读，正是基于自身文化中的英雄与神话生物认知图式，对这一东方符号进行的再诠释。

在叙事维度，游戏对孙悟空的身份认同进行了深度重构。不再仅仅局限于传统认知中"取经英雄"的单一形象，而是着重展现其作为"觉醒者"在挣扎与反抗中的心路历程。这一叙事框架与西方文化中的"存在主义"母题不谋而合，恰似希腊悲剧中普罗米修斯为了人类盗取火种，不惜遭受残酷惩罚，所展现出的无畏反抗精神。例如，游戏精心设计的"真假美猴王"关卡，将东方哲学中晦涩难懂的"心猿"概念，巧妙转化为西方心理学领域中大众熟知的"自我认知"议题，实现了文化原型在不同语境下的精准转译。这种叙事重构符合文化适应理论，即文化在传播过程中，通过调整自身内容以适应目标文化受众的认知与价值观，助力海外玩家通过角色的成长轨迹，深入理解其背后深厚的文化内涵。

《黑神话：悟空》的跨文化接受成果，在玩家社群对角色符号的二次创作中得以充分彰显。在海外 Mod 社区，玩家们热情高涨，纷纷将悟空模型替换为《指环王》中的甘道夫、《塞尔达传说》中的林克等经典角色。这种看似天马行空的"文化混搭"行为，并非对原有符号的消解、破坏，实则通过跨 IP 联动，实现了符号意义的指数级增值。从后现代文化理论视角来看，这种文化混搭体现了后现代社会中文化的碎片化与多元性，不同文化符号在互动中产生新的意义组合。例如，一位巴西玩家精心制作的"桑巴悟空"Mod，

---

〔1〕 Piaget, J., *The Origins of Intelligence in Children*, W. W. Norton & Company, 1952, p. 28.

为孙悟空设计了色彩斑斓、极具巴西狂欢节特色的服饰，战斗音效则巧妙融入热情洋溢的南美鼓点，让孙悟空瞬间化身多元文化共生共荣的鲜活象征。

在文化意义的阐释环节，日本玩家凭借敏锐的文化感知，将悟空的"七十二变"与《火影忍者》中的"变身术"相类比，深入探讨东方变形文化在不同作品中的共通之处与独特魅力。德国玩家则另辟蹊径，从"金箍棒"可自由伸缩的特性出发，联想到尼采哲学中的"权力意志"，为角色赋予全新的哲学深度解读。这种发生在社群层面的符号再生产现象，充分体现了文化间性中接受者对符号意义的主动探索与建构。根据斯图亚特·霍尔的编码解码理论，受众在接受文化文本时，并非被动接受，而是根据自身文化背景进行主动解码与再创造。玩家社群对孙悟空符号的多元解读与二次创作，使得这一原本诞生于中国文化土壤的单一符号，成功蜕变成为全球玩家共同参与意义生产、交流碰撞的跨文化重要载体。

三、传播生态：算法助推与文化接受阈限的突破

游戏的跨文化传播成效，高度依赖全球化传播生态的精准适配，尤其是平台算法与玩家社群所发挥的协同增效作用，有力诠释了文化间性中传播机制对接受阈限的突破意义。传播生态理论强调传播活动是在一个复杂的生态系统中进行，包括传播主体、媒介、受众以及传播环境等要素相互作用[1]。在《黑神话：悟空》的跨文化传播中，平台算法与玩家社群构成了关键的传播生态要素，共同推动游戏文化的全球扩散。

平台算法的文化过滤与精准推送。在 Steam、Xbox 等全球知名游戏平台上，算法借助"文化标签"对《黑神话：悟空》进行精细

---

〔1〕［美］大卫·阿什德：《传播生态学：控制的文化范式》，邵志择译，华夏出版社 2003 年版，第 25~56 页。

分类与推送。针对欧美玩家群体，着重突出"东方奇幻冒险""硬核动作游戏"等标签，精准关联《只狼：影逝二度》《战神》等同类游戏的用户。因为这些玩家对动作类游戏有着浓厚兴趣，且对奇幻题材接受度高，如此推送能极大激发他们对《黑神话：悟空》的探索欲望。而对于东南亚玩家，平台则重点突出"西游记改编""中国神话"等标签，精准触达与中国文化存在亲近性、对中国神话故事有一定认知基础的受众群体。这种基于用户画像与文化偏好的算法推送策略，符合信息传播中的精准传播理论，即通过对受众的精准定位，提高信息传播的有效性。

这种算法过滤并非一成不变的简单文化归类，而是基于海量玩家行为数据，进行的动态灵活调整。例如，当平台监测到北美玩家对游戏中"天庭"场景的平均探索时长显著超过其他场景时，算法会迅速捕捉这一数据变化，优先向该群体推送与"天庭"相关的剧情解析视频、背景故事介绍等内容，进一步强化他们对这一独特东方文化元素的好奇与探索热情。从大数据与人工智能在传播领域的应用研究来看，这种基于数据驱动的算法优化，能够实时感知受众需求，实现文化内容的个性化推荐，有效提升跨文化传播的效果。

直播平台所构建的"文化翻译"机制，在游戏跨文化传播中同样发挥着举足轻重的作用。Twitch 平台上，众多主播在直播玩《黑神话：悟空》的过程中，会实时、细致地解释游戏里出现的各类文化符号。比如，详细讲解"弼马温"这一官职在古代中国的由来、职能以及背后蕴含的文化寓意，将其巧妙转化为西方观众易于理解的"职场隐喻"；对于"阎罗殿"这一神秘的冥界体系，则类比西方文化中大众熟知的"死后世界"概念，帮助西方观众快速理解其中的含义。这种"算法+人工"双管齐下的双重过滤模式，显著降低了文化接受过程中的认知门槛，为游戏的跨文化传播扫清障碍，体现了传播生态中不同要素协同作用对文化传播的促进。

玩家社群实现文化解码与情感共振。《黑神话：悟空》的跨文化接受最终在玩家社群中实现了深度的情感共振。在 Reddit 论坛上，"悟空的眼泪"这一游戏情节成为热门话题。游戏中，孙悟空击败强大 BOSS 后，那一瞬间的特写镜头，流露出的复杂情感，被全球玩家解读为"东方英雄的人性化时刻"，进而引发一场关于"英雄悲情"的跨文化深度讨论。这一现象充分表明，情感共鸣具备强大的力量，能够轻松突破语言障碍，因为"英雄的孤独与成长"是全人类共通的叙事母题，深深扎根于不同文化土壤之中。从叙事学理论来看，人类具有对某些基本叙事模式的普遍感知与情感回应能力[1]，《黑神话：悟空》通过塑造孙悟空这一英雄形象，激起了全球玩家对英雄叙事的情感共鸣。

游戏巧妙设置的"受苦机制"，如极具挑战性的高难度 BOSS战，成功连接起全球玩家的情感体验。日本玩家凭借丰富的游戏阅历，将其与《黑暗之魂》系列所倡导的"受苦美学"相类比，认为二者在通过艰难挑战获得成就感这一情感体验上殊途同归。德国玩家则从游戏中精心设计的"八十一难"关卡中，敏锐捕捉到与西方经典"奥德赛式冒险"的相似之处，皆为历经重重磨难，最终实现自我成长。这种基于游戏机制所引发的情感共振，促使文化符号不再仅仅停留在表层的视觉与叙事层面，而是深度渗透到人类共通的"挑战-成就"情感结构之中，成功实现文化间性的深层次连接，让全球玩家在游戏世界中达成心灵的深度共鸣。从情感传播学角度分析，情感在文化传播中起到黏合剂的作用，能够促进不同文化背景的个体之间的理解与认同。《黑神话：悟空》通过游戏机制激发的

---

[1] Frye, N., *Anatomy of Criticism: Four Essays*, Princeton University Press, 1957, p. 39.

全球玩家情感共振，有力推动了其跨文化传播。

四、玩家社群的间性对话：跨越文化边界的深度交流

玩家社群作为《黑神话：悟空》跨文化传播的重要场域，其中的间性对话丰富了游戏文化内涵，推动了不同文化背景玩家之间的深度交流与理解。文化间性理论强调在跨文化交流中，不同文化主体之间通过对话、协商实现文化意义的共享与建构[1]。在玩家社群中，来自世界各地的玩家围绕游戏展开的讨论，正是这种文化间性对话的生动体现。

在游戏相关的官方论坛和社交媒体群组中，来自世界各地的玩家围绕游戏角色、剧情、文化元素等展开热烈讨论。中国玩家热衷于分享自己对《西游记》原著的理解，详细解读孙悟空性格中的忠义、叛逆等特质的文化根源，以及这些特质在游戏中的呈现方式。例如，在探讨孙悟空面对天庭权威的反抗情节时，中国玩家会引用原著中的典故和历史背景，讲述封建等级制度下底层人民对自由和尊严的追求，这让海外玩家对孙悟空的行为动机有了更深入的理解。这种文化知识的分享与交流，符合知识传播学中知识扩散与共享的原理，即通过人际传播实现知识在不同群体间的流动。

海外玩家则从自身文化视角出发，为讨论注入新的活力。法国玩家会将孙悟空与法国文学作品中的英雄形象进行对比，如《三个火枪手》中的达达尼昂，分析两者在冒险历程、团队协作以及个人英雄主义方面的异同。他们认为，虽然文化背景不同，但这些英雄都展现出对正义的执着追求和勇敢无畏的精神，这种跨文化的类比让中国玩家从新的角度审视孙悟空形象。这种跨文化的比较与对话，促进了不同文化之间的相互理解与借鉴，符合跨文化交际理论

---

〔1〕 ［德］尤尔根·哈贝马斯：《交往行为理论：行为合理性与社会合理化》，曹卫东译，上海人民出版社 2004 年版，第 120~156 页。

中文化对比分析的方法，通过对比不同文化中的相似主题，加深对文化差异与共性的认识。

在关于游戏关卡设计的讨论中，印度玩家会结合印度神话中的冒险故事，提出游戏可以进一步拓展关卡与神话元素融合的建议。他们认为可以借鉴印度神话中丰富的神怪形象和独特的世界观设定，与《西游记》的元素进行有机结合，创造出更具想象力的关卡和剧情。印度神话体系庞大繁杂，拥有众多特色鲜明的神怪，如拥有千只眼睛、司掌雷电与战争的因陀罗，其形象威严且充满力量感；还有半人半鸟的迦楼罗，作为神鸟，它身姿矫健、气势非凡，以恶龙为食，具有强大的战斗力。这些形象若融入《黑神话：悟空》，能极大地拓展游戏的视觉表现与文化内涵。在世界观设定上，印度神话中关于宇宙轮回、因果报应的观念别具一格，例如宇宙历经无数次"劫"的循环，每个"劫"都包含创世、繁荣与毁灭的过程。将这样的概念引入游戏，能为玩家带来全新的探索体验，如在关卡中设置与因果报应机制相关的谜题或挑战，玩家的行为选择会影响后续剧情发展，使游戏的叙事更加丰富多元。

这一建议在全球玩家社群中引发了热烈反响。中国玩家基于对《西游记》的深厚理解，积极回应并提出了诸多创意融合的思路。有的玩家设想让孙悟空在某个特殊关卡中，与因陀罗展开一场惊心动魄的战斗，双方各自施展神通，战斗过程中既展现孙悟空的灵活多变与英勇无畏，又凸显因陀罗的强大神力，这场战斗不仅是武力的较量，更是两种神话体系中英雄形象的碰撞。还有玩家提议，在游戏场景构建上，可以打造一个基于印度神话中"须弥山"概念的神秘区域，云雾缭绕的山体中隐藏着各种奇异的生物与神秘宝藏，玩家操控孙悟空在其中探索，感受不同神话场景带来的独特氛围。这种跨文化的创意交流，充分体现了文化创新理论中多元文化相互碰撞催生新创意的观点。不同文化背景的玩家带着各自的知识储备与想象力，在交流中相互启发，为游戏的创新发展注入源源不断的活力。

在游戏文化价值探讨方面，澳大利亚玩家对游戏中环保理念的关注引发了广泛共鸣。游戏中对自然场景的细腻描绘，从静谧幽深的森林到清澈见底的溪流，无一不展现出自然之美。孙悟空与自然和谐相处的情节，如他在森林中与动物们友好互动，借助自然之力对抗敌人等，与澳大利亚本土尊重自然、保护生态的文化理念高度契合。这一发现促使全球玩家深入探讨游戏文化价值的普适性。欧洲玩家分享了北欧神话中对自然元素的尊崇，如索尔掌控雷电，其力量源于自然，人们对自然怀有敬畏之心；亚洲其他国家的玩家也纷纷发言，阐述本国文化中人与自然和谐共生的传统，如日本文化中对樱花、山川等自然景观的赞美与珍视。从文化价值传播理论角度分析，游戏作为一种文化产品，不仅承载着娱乐功能，更在传播过程中传递着特定的文化价值观念[1]。玩家社群对游戏文化价值的讨论，进一步拓展了游戏的文化内涵，使其在跨文化传播中发挥更大的价值引领作用。玩家们在交流中，不仅加深了对游戏文化价值的认知，还能从不同文化视角审视自身文化，促进文化的相互借鉴与融合。

通过这些玩家社群中的间性对话，《黑神话：悟空》的文化内涵得到了全方位的丰富与拓展。不同文化背景的玩家在交流过程中，实现了知识的共享、思维的碰撞以及情感的共鸣。西方玩家从中国玩家对《西游记》文化根源的解读中，深入领略东方文化的博大精深；中国玩家也从西方玩家基于本土文化的独特视角中，拓宽

---

〔1〕 Hartley, J., *The Creative Industries*, Blackwell Publishing, 2005, pp. 120-156.

了对游戏角色与情节的理解维度。这种跨越文化边界的对话，极大地增强了玩家对游戏的喜爱与投入程度。从宏观层面看，它为全球文化交流搭建了一座坚实的桥梁，在玩家社群这一微观层面生动地践行了文化间性理论。在数字时代，游戏玩家社群凭借便捷的交流平台与活跃的互动氛围，成为推动跨文化理解与交流的重要力量，为不同文化的相互交融与共同发展创造了无限可能。

《黑神话：悟空》的跨文化接受实践有力地证实，文化间性的实现并非文化本质的简单、直接传递，而是依托技术编码、符号重构、传播适配以及玩家社群互动等一系列环节，形成的动态、持续协商过程。在技术编码方面，通过对虚幻引擎的东方化改造以及声音设计的跨文化调和，实现了东方美学在数字技术层面的精准转译与全球传播，打破了文化认知的感官壁垒。在角色符号方面，孙悟空形象的跨次元重构以及玩家社群的符号再生产，使得这一传统中国文化符号在全球语境中被赋予新的意义，实现了符号意义的协商性建构。在传播生态方面，平台算法的文化过滤与精准推送、直播平台的"文化翻译"机制以及玩家社群的文化解码与情感共振，共同突破了文化接受的阈限，推动了游戏文化在全球范围内的扩散。而玩家社群的间性对话，则在微观层面促进了不同文化背景玩家之间的深度交流，丰富了游戏的文化内涵。

其成功经验深刻启示我们：在数字时代的文化传播征程中，必须果断打破"文化输出"的传统单向思维定式，积极构建"文化共生"的全新生态格局。具体而言，要通过技术层面的文化转译，降低不同文化间的认知壁垒，让技术成为文化交流的桥梁而非障碍；借助符号层面的协商性重构，充分激发接受者参与意义生产的主观能动性，使文化符号在跨文化传播中不断丰富与发展；依靠传播层面的算法适配与社群互动，实现全球玩家的情感深度共振，以情感为纽带促进对文化的理解与认同。这种行之有效的符号缝合术，并非仅适用于游戏领域，更为其他各类文化产品的跨文化传播，提供了极具价值、可广泛复制的成功范式。当技术、符号、传播三者紧密协同，构建起文化间性的有机网络，本土文化符号便能在全球多元文化语境中实现创造性转化，最终华丽转身，成为全人类共同珍视、共享共荣的文化瑰宝。这不仅是《黑神话：悟空》带给我们的启示，更是数字时代文化发展与交流的必然趋势。未来，随着数字技术的不断革新以及全球文化交流的日益频繁，我们有理由期待更多像《黑神话：悟空》这样的文化产品涌现，推动全球文化的多元共生与繁荣发展。

第三节　元宇宙中的身份流动性实验：百度希壤的文化　　　　　交互困境

在元宇宙的宏大叙事中，身份流动性作为核心特征之一，深刻影响着用户的交互体验与文化感知。身份流动性意味着用户能够在虚拟世界中自由切换角色、重塑自我形象，并穿梭于多元文化场景之间，理论上为跨文化交流搭建起广阔的桥梁。百度希壤作为国内元宇宙领域的重要探索者，致力于构建一个丰富多元的虚拟空间，试图让用户在其中充分体验身份流动性带来的新奇与自由。然而，理想与现实之间存在着巨大鸿沟，希壤在推进过程中遭遇了诸多文化交互困境。文化间性理论强调不同文化在互动过程中的相互理解、尊重与融合，百度希壤在虚拟身份生成、跨文化场景搭建等方面的实践，正面临着该理论框架下的严峻考验。这些困境不仅关乎用户体验的优劣，更映射出元宇宙在全球文化交流融合进程中所面临的普遍性难题。深入剖析百度希壤的案例，有助于我们洞察元宇宙身份流动性实验中的文化交互症结，为后续元宇宙平台的优化以及跨文化交流的有效开展提供宝贵经验与启示。

一、虚拟身份的生成与冲突

技术赋权，是指在元宇宙等数字化环境下，先进技术为用户提供了参与文化创作与表达的便捷途径。百度希壤作为元宇宙领域的积极探索者，致力于借助前沿技术为用户赋能，其中"一句话生成3D 虚拟形象"功能便是其典型尝试。这一功能从设计初衷来看，极具创新性与前瞻性。在元宇宙的构建蓝图中，降低用户参与创作的门槛是吸引广泛用户群体、推动多元文化融入的关键一步。它旨在打破传统虚拟形象塑造过程中复杂的技术操作壁垒，无论是技术小白还是文化爱好者，都能让其迅速在虚拟世界中构建起属于自己的独特形象。从文化传播的宏观视角出发，此功能期望不同文化背景的用户能便捷地将自身所携带的文化元素融入虚拟身份，从而在元宇宙这一新兴空间中促进多元文化的碰撞、交流与共生。但在实际应用过程中，这一功能却暴露出诸多问题，进而引发了一系列文化折扣现象。文化折扣是指文化产品在传播过程中，由于文化差异、技术应用不当等因素，其原本丰富的文化内涵被削弱的情况。在文化传播理论体系里，文化符号被公认为是文化意义的核心载体。当用户输入"唐代诗人"，系统随即生成汉服形象，这一设计思路看似巧妙地利用文化关键词来激活特定文化符号，以实现快速且直观的文化形象构建。但深入剖析便会发现，这种简单机械的对应关系，在文化传播实践中极易导致东亚文化符号被过度简化与肆意滥用。

对比传统游戏捏脸系统，希壤的 AI 生成算法在文化敏感性过滤机制方面的缺失更为凸显。传统游戏捏脸系统尽管操作过程较为烦琐，需要用户花费大量时间与精力对诸如面部轮廓、五官比例、肤色质感等众多参数进行细致调整，但这种方式给予了用户充分的自主性。用户能够依据自身所处的文化背景、审美观念以及内心深处的身份认同，逐步塑造出贴合自身文化特质的形象。例如，中国玩家可能会注重面部线条的柔和与圆润，以契合东方文化中对温婉、端庄的审美追求；而欧美玩家可能更倾向于突出面部骨骼结构的立体感，展现西方文化中对力量感与个性的崇尚。

反观希壤的 AI 生成算法，在训练过程中过度依赖中式审美数据，这一局限性使得算法在面对全球多元文化审美标准时，显得力不从心。从文化心理学的专业视角分析，不同文化背景下人群的审美观念存在着显著差异。以中东地区的服饰文化为例，阿拉伯长袍作为中东地区极具代表性的传统服饰，其款式、比例、色彩等各个方面都蕴含着深厚的文化与宗教内涵。长袍的宽松款式既适应了中东地区炎热干燥的气候环境，又体现了对谦逊、内敛文化价值观的尊崇；在色彩选择上，常见的白色、黑色等色调，分别象征着纯洁、庄重等意义。然而，算法生成的阿拉伯长袍在比例上出现严重失真，无法精准呈现中东服饰文化的独特魅力与精髓。在跨文化场景中，当用户看到与自身文化形象存在明显偏差却又相似度较高的虚拟形象时，这种效应使得用户内心产生强烈的不适与反感，不仅严重破坏了用户在元宇宙中的沉浸体验，让用户难以全身心投入虚拟世界的互动与交流中，更从根本上阻碍了跨文化交流的顺畅进行。在文化间性理论中，虚拟身份生成作为跨文化交流的基础环节，其出现的此类问题，无疑为文化间的有效互动设置了重重障碍。

在元宇宙环境中，用户身份虽具备理论上的流动性，但在实际应用里，关键因素的缺失导致这种流动性无法达成预期效果，反而出现矛盾的现象。百度希壤为用户精心设计了在"游客-开发者-参会者"等多种身份间自由切换的功能，从理论架构上看，这一举措极大地提升了用户在元宇宙中的身份流动性，与元宇宙所倡导的多元角色体验、全方位沉浸式交互的理念高度契合。在元宇宙的理想范式中，用户应能够像在现实生活中经历不同人生阶段与社会角色一样，在虚拟世界里自由穿梭于各种身份之间，拓展自身的体验边界，丰富对多元文化的认知与理解。然而，希壤在用户交互方面仅提供基础语音对话与简单表情动作，缺乏能体现文化身份差异的深层次表达工具，比如个性化礼仪动作库。不同文化中独特的礼仪规范是文化身份的外在彰显，因缺少这些，用户难以充分展现自身文化身份，使得身份流动性仅停留在表面，无法深入文化交流核心，进一步加剧了这种身份锚点的流动性悖论，阻碍了元宇宙空间中文化间性的良好发展。

当我们将目光聚焦到实际场景应用时，发现其中存在着严重的身份锚点的流动性悖论。从文化间性理论的深度剖析可知，身份连贯性在个体于不同文化场景中的认同与交流过程中占据着关键地位。身份连贯性如同一条无形的纽带，将个体在不同场景中的行为、认知与情感紧密相连，使其在文化交流过程中能够保持稳定且统一的自我认知。而希壤中跨场景身份数据不互通的现状，犹如一把利刃，无情地斩断了这条纽带，对身份连贯性造成了严重损害。以用户在"敦煌数字洞窟"场景中的体验为例，用户在该场景中通过深入探索洞窟内的壁画艺术、历史文物，参与相关的文化解读活动以及与其他用户围绕敦煌文化展开交流互动，逐渐积累起一定的文化积分。这些积分并非简单的数字累加，而是用户在特定文化场景中深度参与、积极学习以及主动贡献的成果体现，它们生动地代表着用户在"敦煌数字洞窟"这一文化场景中的身份价值与文化认同程度。然而，当用户基于自身需求与兴趣，切换至"AI 开发者大会"场景时，之前在"敦煌数字洞窟"场景辛苦积累的文化积分却无法随之迁移使用。这一现象导致用户在不同场景中的身份呈现出明显的割裂状态，缺乏有机联系。用户在"敦煌数字洞窟"场景中所塑造的热爱传统文化、具有深厚文化底蕴的身份形象，在"AI 开发者大会"场景中无法得到延续与体现，仿佛成为两个毫无关联的个体。这种情况使得用户难以在不同场景中构建起一个连贯、统一的身份叙事，与文化间性所强调的不同文化场景相互关联、相互促进的核心理念背道而驰。

尽管希壤在技术层面宣称能够支持 10 万人同屏互动，这一数据在规模上展现了其强大的技术实力，为大规模用户在线交流提供了可能性。但当深入用户交互的微观层面时，便会发现其中存在着明显短板。在文化交流活动的理论与实践中，深层次的文化身份表达对于促进文化理解与认同起着至关重要的作用。文化身份表达如同文化交流的语言，只有通过丰富、精准的表达，才能让不同文化背景的个体真正理解彼此的文化内涵与价值观念。

希壤在用户交互方面仅提供基础语音对话与简单表情动作等较为初级的交互方式，严重缺乏如个性化礼仪动作库这类能够精准体现文化身份差异的深层次表达工具。不同文化在长期的发展过程中，形成了各自独特的礼仪规范，这些礼仪规范作为文化身份的重要外在彰显，蕴含着丰富的文化信息。在东方文化体系中，鞠躬这一礼仪动作，其角度的不同、双手的摆放位置差异等细节，都能够传达出不同程度的尊重、谦逊等情感。例如，在日本文化中，正式场合的鞠躬角度可能会达到 90 度，以表达极度的尊重；而在中国传统礼仪中，根据场合与对象的不同，鞠躬角度也会有所变化。西方文化中的拥抱、亲吻脸颊等礼仪同样承载着独特的文化内涵，在欧美国家，朋友之间见面时的拥抱与亲吻脸颊，不仅是一种社交礼仪，更体现了彼此之间的亲密关系与热情友好。希壤由于缺乏此类功能，使得用户在互动过程中，无法充分利用这些丰富的文化礼仪来展现自身的文化身份。用户在与其他文化背景的用户交流时，只能通过有限的基础交互方式进行沟通，这使得身份流动性仅仅停留在表面，无法触及文化交流的核心层面，难以实现真正意义上的跨文化身份交流与融合。这种状况严重限制了元宇宙空间中文化间性的健康发展，使得百度希壤在构建多元文化交流平台的道路上困难重重。

二、跨文化场景的规则博弈

百度希壤主会场尝试融合"唐代长安城布局"与"赛博朋克视觉风格"，力求打造出一个独一无二的"古今中西合璧"元宇宙空间。从文化间性理论的专业视角审视，这一设计理念本应是促进不同文化元素深度交流、激烈碰撞与有机融合的前沿探索，意在搭建一个跨越文化界限的虚拟场域，为全球用户提供一个沉浸式体验多元文化魅力的平台。

唐代长安城布局规整，是东方传统秩序观念与儒家等级思想的直观呈现。其方正对称的格局，以朱雀大街为中轴线，宫殿位居城北，尽显皇权至高无上的威严。太极宫、大明宫等宫殿建筑群规模宏大，建筑风格庄严肃穆，彰显着封建统治阶层的权力与地位，也象征着天地秩序在人间的映射。官署分布有序，各司其职，负责行政管理、司法刑狱、财政经济等诸多事务，维系着城市的正常运转。东市和西市作为商业活动的中心，店铺林立，商品琳琅满目，来自全国各地乃至海外的商人在此汇聚，见证着商业的繁荣昌盛。民居依坊而建，错落有致，体现出普通百姓的生活百态。不同阶层的居住区域划分明确，反映出儒家文化中严格的等级秩序。这种布局不仅是对古代中国社会秩序与和谐追求的具象化，更蕴含着东方文化对人与自然、人与社会关系的独特哲学思考，强调顺应自然、各安其位，追求社会的稳定与和谐。而赛博朋克视觉风格，孕育于西方科幻文化的肥沃土壤，以高科技与低生活的强烈反差为显著特征。在赛博朋克的世界里，飞行汽车在林立的摩天大楼间穿梭，这些摩天大楼由先进的金属和玻璃材质构建而成，表面闪烁着未来感十足的灯光。霓虹灯闪烁的街道上，充满了风格各异的店铺、酒吧和娱乐场所，人们身着奇装异服，展现出多元的文化与生活方式。但在繁华的背后，也隐藏着社会的贫富差距、阶层矛盾以及对科技发展失控的担忧。这种风格淋漓尽致地展现了西方对科技发展及其与社会关系的大胆想象与深度反思，探讨了科技进步对人类生活、社会结构和价值观念的深远影响。

将这两种风格迥异的文化元素融合，初衷是为全球用户营造一个既能回溯东方古老文明辉煌、又能展望西方现代科技奇景的虚拟世界，期望在元宇宙中构筑起跨越文化与时空的沟通桥梁，有力推动不同文化背景用户之间的深度交流与相互理解。然而，在实际落地过程中，这一设计引发了广泛且激烈的争议。

根据文化间性理论，不同文化在交流融合进程中，平等与尊重是实现有效互动的根基。以"西湖断桥"场景为例，在中国文化的广袤语境中，西湖断桥承载着千年的厚重文化积淀与深沉的情感记忆。它与经典爱情传说《白蛇传》紧密相连，许仙与白娘子在断桥的浪漫邂逅、借伞定情的动人情节，在民间代代相传，已然成为坚贞爱情与浪漫缘分的象征。断桥造型古朴典雅，由青色石板铺就，桥身线条流畅，与周边湖光山色相互映衬，相得益彰。西湖四季景色各异，春季垂柳依依，夏季荷花盛开，秋季枫叶似火，冬季断桥残雪，每一季都为断桥增添了独特的韵味。历代文人墨客在此留下诸多脍炙人口的诗词歌赋，如张祜的"断桥荒藓涩，空院落花深"，白居易的"最爱湖东行不足，绿杨阴里白沙堤"，更为其增添了浓郁醇厚的文化韵味。对于中国用户而言，踏入希壤的"西湖断桥"场景，恰似踏入一个满载文化归属感的精神家园，内心深处的文化认同与情感共鸣瞬间被点燃，油然而生一种强烈的文化自豪感。但当该场景被强制设定为新手引导的必经之路时，诸多问题纷至沓来。欧美用户自幼沉浸于西方文化体系，他们对灰姑娘的城堡、小红帽的森林等西方童话场景耳熟能详，这些元素早已深深嵌入他们的文化认知版图。灰姑娘的城堡往往是宏伟壮观的欧式建筑，有着高耸的塔楼、华丽的装饰，象征着美好与幸福的归宿；小红帽的森林则充满神秘与冒险，树木高大茂密，隐藏着未知的危险与惊喜。而对于中国传统神话传说，由于文化传播的局限性以及文化背景的巨大差异，他们大多知之甚少。当毫无心理准备地被引导至"西湖断桥"场景时，他们难以理解场景背后深厚复杂的文化内涵，无法产生情感共鸣，反而会感觉自身的文化偏好被漠视，在希壤的元宇宙空间中被边缘化。这种缺乏文化选择权的设置，严重违背了文化间性理论中尊重不同文化主体自主选择的核心原则，使他们对希壤的文化包容性产生强烈质疑，进而极大地影响了他们对平台的接受度与参与热情。

再看希壤中虚拟博物馆的空间设计。博物馆本应是展示多元文化的重要场所，但在希壤的虚拟博物馆中，展品的布局和展示方式存在明显问题。以一次国际艺术展览为例，中国传统山水画被放置在偏僻的角落，而西方现代艺术作品占据了展厅的核心位置。中国传统山水画注重意境的营造，通过笔墨的运用展现山水的神韵、画家的心境以及对自然的感悟。如范宽的《溪山行旅图》，画面中雄伟的山峰高耸入云，山间飞瀑直下，山路上行旅之人渺小而坚定，体现出人与自然的和谐共生。而西方现代艺术作品风格多样，如毕加索的立体主义绘画，以独特的视角和破碎的画面表现物体的多面性与内心世界。从空间设计的角度来看，希壤将中国传统山水画置于边缘，暗示了一种文化价值的不平等。在文化间性理论中，不同文化的艺术作品应享有平等展示的机会，以促进文化的平等交流。希壤的这种空间安排，使得中国文化艺术在虚拟博物馆中处于边缘地位，难以被其他文化背景的用户关注和了解，进一步加剧了文化间的不平等，阻碍了跨文化交流的深入开展。

对比国际元宇宙平台 Decentraland 的完全用户自治模式，希壤的"官方主导式场景规划"在促进文化多样性方面的短板愈发显著。文化间性理论大力倡导多元文化的平等共生与自由发展。在 Decentraland 平台上，用户拥有高度的创作自由，能够充分释放自身的想象力与创造力，随心所欲地塑造虚拟空间。希壤的"万人演唱会级声效"技术在空间音效模拟方面展现出强大的实力，能够极为逼真地还原各种场景音效。在模拟演唱会场景时，歌手的歌声、乐器的演奏声、观众的欢呼声相互交织，营造出热烈非凡的现场氛围。舞台上灯光闪耀，歌手的每一个音符都清晰可闻，乐器的和声配合默契，观众的欢呼声此起彼伏，让用户仿若置身于真实的演唱会现场。在虚拟森林场景中，风声、鸟鸣声、树叶沙沙声等自然音效，让用户身临其境。微风拂过，树叶沙沙作响，鸟儿在枝头欢快地歌唱，溪水潺潺流淌，营造出宁静而美好的自然氛围。

从文化间性理论来看，技术在跨文化交互场景中的应用应充分考虑不同文化的特殊性与敏感性。在跨文化交互中，尊重不同文化的语境与禁忌是实现和谐交流的关键。例如，在一场全球用户参与的虚拟派对中，不同文化背景的用户有着不同的社交习惯和表达方式。西方用户可能更倾向于开放、直接的交流方式，见面时热情拥抱、亲吻脸颊，交流时直接表达自己的观点和想法；而东方用户则相对含蓄、委婉，见面时多微笑、点头示意，交流时会考虑对方的感受，避免过于直接的言辞。希壤的交互系统未能提供多样化的交流工具来适应这些差异。在聊天窗口中，缺乏针对不同文化礼仪的快捷表达选项，比如东方文化中的问候语"您好""久仰"、谦辞"鄙人""拙见"等。这使得用户在交流过程中，容易因文化差异产生误解，无法充分表达自己的文化身份和情感，阻碍了跨文化交流的顺利进行。从交互伦理角度看，这违背了文化间性理论中尊重文化差异、促进有效交流的原则。

希壤平台虽禁止虚拟资产交易，其出发点是维护平台经济秩序，但在文化符号保护方面却存在重大漏洞。在一次线上传统文化展览中，用户创作的这些文化符号因缺乏区块链确权技术，在数字空间中缺乏有效的保护屏障。第三方平台能够轻易将其盗用，严重损害了用户的创作权益与国家的文化主权。文化主权是一个国家或民族对自身文化的控制权与主导权，文化符号被盗用，意味着文化价值被随意篡改与滥用，破坏了文化的原真性与完整性。从文化间性理论来看，这一现象凸显了希壤在文化主权保障机制上的缺失，未能为不同文化的交流与发展提供安全、稳定的环境，若不加以改进，将对元宇宙中文化的健康发展与跨文化交流造成严重阻碍，违背了文化间性理论中促进文化平等交流与保护文化多样性的宗旨。

三、身份流动性的治理挑战

在元宇宙环境中，算法在用户身份塑造与文化内容传播方面扮演着至关重要的角色。从文化间性理论视角出发，理想的算法应是文化平等交流的促进者，能够精准且公平地识别、传播多元文化元素，助力不同文化背景的用户在虚拟世界中实现深度互动与理解。然而，现实情况却不尽如人意，算法偏见问题广泛存在，严重干扰了文化间的平等交流与有效融合。

算法偏见源于数据收集与算法训练过程中的诸多因素。一方面，数据来源的局限性是导致算法偏见的重要原因。在训练元宇宙相关算法时，数据往往更多地采集自特定文化区域或特定用户群体。例如，在一些虚拟形象生成算法的训练数据集中，西方文化背景下的人物形象特征数据占据较大比例，这使得算法在生成全球通用虚拟形象时，不自觉地偏向西方审美标准。从面部特征来看，可能更倾向于塑造高鼻梁、深眼窝等典型西方面部特征，而忽视了亚洲、非洲等其他文化区域人群面部特征的多样性与独特性。这种对不同文化特征的不均衡呈现，违背了文化间性理论中尊重文化多样性的原则，使得非西方文化背景的用户在使用此类算法生成虚拟形象时，难以获得与自身文化身份相符的理想形象，从而在元宇宙的身份构建初始阶段就遭遇不公平对待。

另一方面，算法设计过程中也可能引入人为偏见。开发者自身的文化背景、价值观以及设计目的等因素，都会影响算法的设计思路。若开发者缺乏对全球多元文化的深入理解与尊重，在算法设计时可能会无意识地嵌入自身文化偏好。例如，在设计元宇宙中的文化推荐算法时，可能会过度推荐开发者所熟悉的本土文化内容，而对其他文化的优质内容关注不足。这就导致在元宇宙空间中，不同文化内容的传播机会不均等，部分文化被边缘化，无法在元宇宙的文化传播舞台上获得应有的展示机会，阻碍了文化间的广泛交流与相互学习，与文化间性理论所倡导的文化平等交流理念背道而驰。

文化过滤机制在元宇宙中本应起到筛选、优化文化内容，促进文化间积极互动的作用。但在实际运行中，由于算法偏见等问题，文化过滤机制往往失效。以元宇宙中的虚拟社交群组推荐为例，理想的文化过滤机制应根据用户的多元文化兴趣，精准推荐由不同文化背景用户组成的社交群组，促进跨文化交流。然而，受算法偏见影响，推荐系统可能更多地将具有相同或相似文化背景的用户聚集在一起，形成文化"孤岛"。例如，亚洲文化背景的用户可能频繁被推荐加入仅由亚洲用户组成的群组，在这样的群组中，用户之间交流的文化内容相对单一，缺乏与其他文化的碰撞与交流。这不仅限制了用户的文化视野，也使得元宇宙作为多元文化交流平台的功能大打折扣，无法实现文化间性理论所期望的不同文化间的深度融合与相互启发。

构建可持续的身份生态是元宇宙发展的重要目标之一，这与文化间性理论所追求的多元文化和谐共生的理念高度契合。可持续身份生态意味着在元宇宙中，用户能够自由、和谐地展现多元文化身份，不同文化身份之间相互尊重、相互促进，形成一个有机的、可持续发展的生态系统。但目前，元宇宙在构建可持续身份生态方面面临诸多困境。

首先，元宇宙平台间的壁垒阻碍了用户身份的跨平台流动与文化传播。不同的元宇宙平台往往由不同的公司或组织开发运营，它们在技术标准、数据格式、运营规则等方面存在差异。从文化间性理论角度看，这种平台壁垒限制了文化在不同元宇宙空间之间的传播与交流，使得原本可以在更广阔虚拟空间中相互碰撞、融合的文化元素被局限在各自的平台"围墙"内，不利于多元文化的广泛传播与全球文化生态的构建。

其次，经济利益驱动下的虚拟资产与身份商业化问题，也对可持续身份生态造成冲击。在元宇宙中，虚拟资产与用户身份紧密相连，一些平台为追求经济利益，过度商业化虚拟身份与相关资产。这就导致在元宇宙中，文化身份的展示与传播受到经济因素的制约，无法实现文化间性理论所倡导的文化平等传播与交流。富有的用户可以通过购买大量虚拟资产，充分展示多元文化身份，而经济条件有限的用户则在文化身份表达上受到限制，进一步加剧了文化传播与身份展示的不平等，破坏了可持续身份生态的平衡。

最后，缺乏有效的身份管理与文化冲突调解机制，也使得可持续身份生态难以构建。在元宇宙的多元文化环境中，不同文化背景的用户在交互过程中难免会产生文化冲突。若平台缺乏相应的身份管理与文化冲突调解机制，这种冲突可能会不断升级，影响用户体验，甚至导致部分用户对元宇宙中的跨文化交流产生抵触情绪。从文化间性理论来看，有效的身份管理与冲突调解机制是促进文化间相互理解、化解矛盾的关键，但目前元宇宙在这方面的缺失，严重阻碍了可持续身份生态的构建。

综上所述，元宇宙中的身份流动性在算法、身份生态构建以及特定文化场景应用等方面面临诸多治理挑战。这些挑战不仅影响用户在元宇宙中的体验与文化交流，也对全球多元文化的和谐共生与可持续发展提出了严峻考验。深入研究并解决这些问题，是推动元宇宙健康发展、实现文化间性理论所倡导的多元文化平等交流与融合这一目标的关键所在。

第五章 │ 冲突情境下的间性智慧

在全球化浪潮的席卷之下，世界各国的联系日益紧密，这也使得各类冲突与矛盾逐渐凸显。中美贸易摩擦、"新疆棉"事件等，这些冲突情境不仅涉及经济、政治领域，更在文化与价值观层面引发了激烈碰撞。深入剖析这一系列事件，探寻其中的间性智慧，对于理解当下国际关系、促进跨文化交流与合作具有至关重要的意义。

中美贸易摩擦，表面上是经济利益的纷争，实则背后隐藏着深刻的政治文化符号博弈。贸易领域的冲突并非仅仅局限于关税、市场份额等物质层面，文化符号在其中扮演着不可忽视的角色。美国试图通过贸易政策和舆论宣传，将自身塑造为"自由市场"的捍卫者，利用"公平贸易""知识产权保护"等文化符号，向国际社会传达其行为的正当性。这些符号背后，是美国长期以来倡导的个人主义、自由主义经济文化价值观。他们强调市场的绝对自由竞争，将知识产权视为个人创造力的绝对保护领域，以此来构建其在贸易谈判中的道德高地。而中国则有着截然不同的文化理念。中国传统文化注重和谐共生、合作共赢，在贸易领域体现为推动构建开放型世界经济，倡导"一带一路"倡议所蕴含的共商、共建、共享理念。在应对中美贸易摩擦时，中国巧妙运用"人类命运共同体"这一文化符号，强调各国经济相互依存、利益交融的现实，呼吁共同发展、共同繁荣。中国企业也在这一过程中，通过提升产品质量、加强科技创新，赋予"中国制造"新的文化内涵，使其从过去的低附加值、大规模制造的刻板印象，逐渐转变为高质量、创新驱动的象征，在国际市场上重塑中国产品的文化形象。

"新疆棉"事件是西方势力蓄意制造的一场闹剧，其本质是对中国的抹黑与打压。在这一事件中，西方媒体和部分势力利用虚假信息和恶意叙事，企图破坏新疆的稳定与发展，损害中国的国际形象。他们将新疆棉与所谓的"强迫劳动"挂钩，这一叙事完全违背事实，是对中国的污蔑。但这也为中国提供了一次叙事突围的实验契机。中国积极运用多种传播渠道和方式，打破西方的话语垄断。官方媒体通过发布翔实的数据、实地调查的视频和图片等，向世界展示新疆棉产业的真实面貌，包括棉农的幸福生活、现代化的生产方式以及企业对劳动者权益的充分保障。社交媒体平台上，中国民众自发地讲述身边的故事，分享新疆的真实情况，形成了强大的民间话语力量。同时，中国企业也积极发声，众多使用新疆棉的品牌通过广告、宣传活动等方式，强调新疆棉的优良品质以及与新疆棉产业合作的积极意义。在国际时尚界，一些中国品牌更是通过设计融入新疆文化元素的服装作品，将新疆的美丽与魅力展示给全球消费者，以时尚为媒介，传递真实的新疆形象，成功实现了在国际舆论场中的叙事突围。

2022 年北京冬奥会，在全球体育和文化交流的版图中占据着极为重要的位置。然而，在筹备和举办期间，北京冬奥会面临着西方势力发起的"外交抵制"等诸多挑战。这些势力试图将政治因素注入这场纯粹的体育盛会，给冬奥会的顺利举办蒙上了阴影。但中国凭借深厚的文化底蕴、先进的科技实力、卓越的外交智慧以及对奥林匹克精神的深刻理解，通过文化符号转译、技术赋能、情感共同体构建以及多边协同合作等多维策略，成功化解了危机，将政治冲突转化为文明对话，实现了"更团结"的奥林匹克精神升华，为跨文化传播提供了宝贵的经验与范例。从文化间性理论的视角来看，这一过程是不同文化意义系统相互碰撞、融合与重构的动态过程，体现了中国在跨文化传播中积极主动地寻求文化间的理解、共生与发展。

综合来看，无论是中美贸易摩擦、"新疆棉"事件还是北京冬奥会认知突围，都反映出在全球化背景下，不同文化、价值观之间的碰撞。在这些冲突情境中，间性智慧体现在尊重差异、寻求共识、以和为贵。各国应摒弃零和博弈的思维，认识到彼此之间的相互依存关系，通过加强跨文化沟通与交流，增进对不同文化符号、叙事方式的理解，以理性和包容的态度处理分歧。

中国在这些冲突中始终秉持和平发展、合作共赢的理念，积极应对各种挑战，通过智慧的话语策略和实际行动，在维护自身利益的同时，也为全球的和平与发展贡献力量。未来，随着全球化的不断深入，国际社会将面临更多复杂的冲突情境，只有充分运用间性智慧，加强对话与合作，才能在多元文化的世界中实现和谐共生，共同推动人类社会的进步与发展。

第一节　中美贸易摩擦的文化符号博弈[1]

在全球化深度交织的当下，中美贸易摩擦早已突破单纯的经济

---

[1]　参见《关于中美经贸摩擦的事实与中方立场》，载 https://www.gov.cn/zhengce/2018-09/24/content_5324957.htm，最后访问日期：2025 年 5 月 22 日。

范畴，演变为一场涵盖政治、文化、意识形态等多领域的综合性博弈。文化符号作为一种特殊的象征系统，承载着丰富的意义和价值观念，在这场贸易摩擦中扮演着关键角色，成为双方争夺话语权、塑造国家形象和引导国际舆论走向的重要工具。从文化间性理论视角深入剖析，能更清晰地洞察这一博弈背后的复杂逻辑与深层内涵。文化间性理论强调不同文化主体之间的相互作用、相互影响以及在交流互动中所产生的意义构建，为理解中美贸易摩擦中的文化符号现象提供了全新的思考维度。

一、经济符号的政治转喻与叙事建构

美国在中美贸易摩擦中，将 5G 技术这一经济领域的关键符号进行了极端的政治化操弄，精心构建起"5G = 数字柏林墙"的荒谬叙事体系。[1] 从文化间性理论来看，这一过程本质上是美国利用自身在国际传播中的主导地位，打破原有的基于技术优势互补与合作的文化间性平衡，单方面将 5G 技术纳入其政治话语体系，构建起一种以"威胁"为核心的文化符号转喻。从话语框架层面深入分析，美国政府及受其影响的主流媒体，充分利用"国家安全"这一在国际政治语境中极具敏感性和战略意义的概念，对中国 5G 技术展开了全方位的污蔑与抹黑。在官方层面，美国政府高官频繁在各类国际场合发表声明，如特朗普执政第一任期，其政府多次在国情咨文、外交政策演讲中，将 5G 技术的主导权渲染为关乎美国国家未来生死存亡的核心议题。他们毫无根据地指控中国的 5G 技术存在严重的安全隐患，声称中国的 5G 网络可能被用于大规模的全球通信监控，甚至恶意揣测中国借此窃取其他国家的关键信息，从而

---

〔1〕 参见王恺雯：《美国安顾问又渲染中国威胁：若中国控制 5G，就能掌握所有人的数据》，载 https：//www.guancha.cn/internation/2020_10_29_569631.shtml？s = zw-yzxw，最后访问日期：2025 年 5 月 30 日。

对美国及盟友的国家安全构成"前所未有的威胁"。这种指控将中国的 5G 技术强行与危害国家安全的行为划等号，试图在国际社会的认知中植入一种"中国 5G 技术是危险代名词"的错误观念。从文化冲突理论角度分析，这是美国以自身文化价值观中的"安全至上"和对技术控制权的绝对追求，对中国 5G 技术所代表的新兴技术力量和发展模式的一种对抗性解读，是文化冲突在政治话语层面的集中体现。

在媒体宣传方面，《纽约时报》《华尔街日报》等美国主流媒体充当了政府叙事的"传声筒"。这些媒体通过大量的专题报道、评论文章，高频次地使用"数字霸权""技术殖民"等具有强烈误导性的隐喻词汇，将华为、中兴等中国 5G 领域的领军企业比喻成受中国政府操控、用于对外扩张的"工具"。例如，《纽约时报》曾发表多篇文章，歪曲中国 5G 企业在海外的商业合作项目，将正常的市场拓展行为歪曲为中国政府意图通过技术手段掌控其他国家基础设施的"阴谋"。这种媒体宣传与官方声明相互呼应，形成了一股强大的舆论攻势，在国际舆论场中广泛传播，误导了许多不明真相的国家和民众。这种密集的负面宣传在一定程度上影响了部分国家对中国 5G 技术的态度，导致一些国家在舆论压力下对中国 5G 企业的合作持谨慎态度，从而延缓了中国 5G 技术在国际市场的拓展进程。

从视觉符号运用来看，美国在涉及 5G 议题的重要场合，如国会听证会，精心设计了"红色警戒"色调的背景环境。红色在西方文化语境中，长久以来都与危险、紧急情况紧密相连，这种视觉元素的运用，旨在营造出一种紧张、危险的氛围，让受众在潜意识中强化对中国 5G 技术的恐惧和警惕心理。通过这种视觉符号与话语叙事的双重强化，美国试图在全球范围内构建起一种"中国 5G 技术是对西方价值观和国家安全的严重威胁"的二元对立认知结构，其核心目的在于维护自身在全球通信技术领域长期占据的霸权地位。中国 5G 技术凭借先进的技术性能、高效的网络覆盖能力以及合理的成本优势，在全球市场迅速崛起，对美国在通信技术领域的传统优势构成了实质性挑战，美国便不惜采用这种政治化、符号化的手段，试图遏制中国 5G 技术的发展势头，继续稳固自己的科技霸权。从文化调适理论视角分析，美国的这种行为是其面对中国 5G 技术崛起这一文化冲击时，采取的一种极端的、抗拒性的文化调适方式，通过构建负面的文化符号和舆论环境，来维护自身在通信技术文化领域的主导地位。

面对美方的无端指责与技术封锁，中国以坚定的"科技自立"为核心，构建起"芯片攻坚＝新长征"的有力叙事话语体系。从文化间性理论出发，这一叙事是中国在尊重国际科技合作交流的基础上，基于自身发展需求和民族精神，积极主动地构建有利于自身科技发展的国际话语空间，是对中美科技文化冲突的一种积极调适。

芯片作为现代科技产业的核心与基石，在信息技术、人工智能、高端制造业等众多关键领域发挥着不可替代的作用。然而，长期以来，中国在高端芯片领域面临着严峻的技术瓶颈，核心技术受制于人，大量高端芯片依赖进口，这在中美贸易摩擦的大背景下，成为制约中国科技产业发展的关键"卡脖子"问题。中国将芯片攻坚这一艰巨任务类比为新长征，具有深刻的历史寓意和时代内涵。将芯片攻坚与新长征相提并论，生动形象地展现了中国在芯片领域突破困境、实现自主创新的坚定决心和无畏勇气。这一叙事不仅唤起了全体中国人民内心深处的民族记忆和奋斗精神，激发了国人的爱国热情和责任感，更向国际社会明确传达了中国追求科技自立自强的坚定信念。从文化符号转喻角度看，这里将长征这一具有深厚历史文化底蕴的符号，转喻到芯片攻坚这一当代科技发展任务中，赋予芯片攻坚以坚韧不拔、团结奋斗等丰富内涵，构建起具有强大凝聚力和激励性的文化符号。

华为作为中国科技企业的杰出代表，在其各类发布会中巧妙运用"破冰船"意象这一视觉符号，进一步强化了中国科技企业突破困境的决心与信心。"破冰船"在现实世界中，是用于在极地等恶劣环境下，破除厚重冰层、开辟前行航道的重要工具，它象征着无畏艰难、勇往直前的开拓精神。华为借助这一视觉符号，向全球受众清晰地传达出其在面对美国等西方国家的技术封锁、贸易制裁等重重困难时，绝不退缩、敢于迎难而上的坚定态度。同时，也寓意着华为将如同破冰船开辟航道一般，为中国科技产业在国际竞争中打破技术壁垒、开拓新的发展空间。与美国在 5G 议题上营造的"红色警戒"负面视觉氛围形成鲜明对比，华为的"破冰船"意象传递出积极、正面的信号，展示了中国科技企业在困境中砥砺前行、追求卓越的精神风貌，有力地塑造了中国科技企业在国际舞台上的良好形象，为中国在全球科技领域赢得了更多的理解与尊重。从传播效果来看，华为通过"破冰船"意象的传播，在国际舆论场中吸引了众多关注，许多国家的科技界人士、普通消费者对华为以及中国科技企业的坚韧和创新精神表示赞赏，提升了中国科技企业的国际声誉，也为中国科技产业在国际合作中争取到了更多机会。从文化间性理论来看，中国的这一叙事与视觉符号运用，促进了不同国家科技文化之间的平等交流与相互借鉴，为构建更加公平、公正、开放的国际科技合作新秩序贡献了积极力量。

二、企业广告的危机修辞与共鸣策略

华为的《Dream It Possible》MV 是其在中美贸易摩擦背景下，运用多模态表达进行危机公关与品牌传播的经典案例。该 MV 巧妙地融入芭蕾元素，将"伤痕美学"与"技术美学"有机融合，全方位、多层次地传递了华为的企业文化和核心价值观，极大地增强了品牌在全球范围内的影响力。从文化符号转喻和文化间性理论视角来看，这一 MV 通过将芭蕾艺术所蕴含的文化内涵与华为的技术发展相结合，实现了文化符号的创新转喻和跨文化传播中的积极互动。

芭蕾艺术作为一种高雅的艺术形式，对舞者的身体条件、专业技能以及艺术表现力都有着极高的要求。在芭蕾舞者追求艺术巅峰的漫长历程中，往往需要经历无数次的伤痛与挫折，从身体上的伤病到精神上的压力，每一次的跌倒与重新站起，都构成了芭蕾艺术独特的"伤痕美学"内涵。在中美贸易摩擦期间，华为所面临的外部环境极其严峻，美国政府的一系列制裁措施，如技术封锁、市场禁入等，给华为的发展带来了前所未有的挑战，这与芭蕾舞者在训练和表演过程中所承受的伤痛有着相似之处。然而，华为如同坚韧的芭蕾舞者一般，在困境中始终坚守对技术创新的追求，不断加大研发投入，积极探索新的技术路径和解决方案。这种在艰难处境中不屈不挠、坚持梦想的精神，正是"伤痕美学"在华为发展历程中的生动体现。从文化冲突理论角度看，华为面临的美国制裁是中美贸易摩擦中文化冲突在企业层面的体现，而华为以"伤痕美学"为内在精神支撑，是对这种文化冲突的一种顽强抵抗与积极调适。

同时，华为在通信技术领域所取得的卓越成就，也展现出鲜明的"技术美学"特征。《Dream It Possible》MV 通过精美的画面呈现、动人的音乐旋律以及富有感染力的故事叙述，将华为的技术理念和创新实力巧妙地融入其中。华为在 5G 技术、芯片研发、通信网络建设等方面的领先成果，不仅为全球用户带来了更加高效、便捷、智能的通信体验，推动了整个通信行业的技术升级与变革，更如同芭蕾艺术带给观众的震撼与美感一样，展现出科技之美、创新之美。例如，MV 中通过展示华为 5G 基站在全球各地的广泛部署，以及 5G 技术支持下的远程医疗、智能交通等应用场景，生动地诠释了华为技术为人们生活带来的积极改变，让观众深刻感受到华为技术的魅力与价值。从传播效果来看，该 MV 在全球各大视频平台广泛传播，引发了大量用户的点赞、评论和分享，许多消费者在观看 MV 后，对华为品牌的好感度大幅提升，华为品牌在全球范围内的知名度和美誉度得到了显著增强。

通过将芭蕾元素与自身技术成就相结合，华为在《Dream It Possible》MV 中实现了"伤痕美学"与"技术美学"的完美融合。这种多模态的表达形式，极大地丰富了品牌传播的内涵与层次，使观众能够从情感和理性两个层面深入理解华为的企业文化和价值观。在国际传播过程中，该 MV 成功打破了因贸易摩擦而产生的误解和偏见壁垒，与全球消费者建立起了深厚的情感连接，有效提升了华为品牌在国际市场上的美誉度和忠诚度，为华为在复杂的国际竞争环境中赢得了更为广阔的发展空间。从文化间性理论来看，华为通过这一 MV 促进了不同文化背景下消费者对华为品牌文化的理解与认同，加强了华为与全球消费者之间的文化互动与交流，在一定程度上缓解了因贸易摩擦导致的文化冲突，实现了文化调适。

大疆作为全球领先的无人机制造商，在中美贸易摩擦的背景下，通过在爱荷华州投放具有针对性的"农业无人机"广告，成功运用了土地伦理共鸣策略，赢得了当地用户的认可与支持，有效缓解了贸易摩擦可能带来的对立情绪。从文化间性理论视角分析，这一广告策略是大疆利用文化符号在特定地域文化环境中的共鸣作用，实现跨文化传播与文化调适的成功实践。

爱荷华州作为美国的农业大州，农业在其经济结构和社会文化中占据着举足轻重的地位。土地对于当地农民而言，不仅是重要的生产资料，更是承载着他们世代相传的生活方式、价值观念以及深厚情感的根基。大疆敏锐地捕捉到这一地域文化特点，在广告内容创作上，紧密围绕农业无人机在爱荷华州农业生产中的实际应用场景展开。广告中展示了大疆农业无人机在广袤农田上空高效作业的画面，它们能够精准地进行农田监测、农药喷洒、种子播种等农业生产任务，不仅大大提高了农业生产效率，降低了农民的劳动强度，还通过科学精准的农事操作，有效保护了土地资源，促进了农业的可持续发展。从文化符号转喻角度看，大疆将农业无人机这一现代科技产品，转喻为当地农业生产中土地保护与发展的有力工具，使其融入爱荷华州的土地文化符号体系中。

这种广告内容的呈现，与爱荷华州当地的土地伦理观念高度契合。当地农民长期以来秉持着对土地的敬畏与热爱之情，注重土地的可持续利用和生态保护。大疆农业无人机所展现出的高效、精准、环保的特点，正好满足了当地农民在农业生产过程中对于土地保护和生产效益提升的双重需求。从传播效果来看，这一广告在爱荷华州当地引起了强烈反响，许多农民对大疆农业无人机产生了浓厚兴趣，部分农民开始尝试使用大疆的产品，大疆在爱荷华州的市场份额得到了显著提升。从文化间性理论角度来看，大疆的这一广告策略成功地在企业与当地用户之间构建起了一座情感沟通的桥梁。它打破了因贸易摩擦可能导致的文化隔阂和对立情绪，让爱荷华州的农民认识到中国企业的产品并非对他们的传统生活方式和经济利益构成威胁，而是能够为他们的农业生产和生活带来切实改善与帮助的有益工具。通过这种基于地域文化特点的共鸣策略，大疆在爱荷华州乃至整个美国农业领域树立了良好的品牌形象，赢得了当地用户的信任与支持，为企业在贸易摩擦的复杂环境中开辟了新的市场空间，同时也为中美企业之间在文化交流与经济合作方面提供了成功的范例，促进了两国在农业科技领域的相互理解与合作共赢，实现了文化冲突背景下的文化调适。

三、民间符号的解构性表达：跨文化语境中的文化调适

在全球化不断深入的当下，中美贸易摩擦所产生的影响已经远远超越了经济领域的范畴，在文化层面引发了西方认知偏见。从文化间性理论视角来审视，该理论着重强调不同文化主体之间存在着相互依存、互动共生的紧密关系。在冲突情境中可借助平等对话以及深度交流等方式来实现文化调适。民间文化交流作为多元文化互动的关键领域，在中美贸易摩擦的大背景下，成为了缓解文化冲突、增进相互理解的重要途径。尤其是 2023 年以来，伴随中国过境免签政策持续优化与"China Travel"热潮兴起，海外博主以亲身经历解构西方媒体固化的文化框架，重构中国文化的国际认知，为东西文化关系良性发展提供了实践样本与理论支撑。

（一）贸易"冷对抗"与文化"热交流"的相悖态势

自 2025 年 3 月起，美国政府延续贸易保护主义策略，对华为、比亚迪等中国科技企业实施密集限制措施，通过高额关税壁垒试图遏制中国高新技术产业发展，重构全球产业链以巩固自身主导地位。在文化传播领域，美国主流媒体延续西方中心主义叙事，对中国科技符号进行恶意污名化：将 5G 技术歪曲为"监控工具"，无视其推动全球通信互联的价值；将高铁抹黑为"隐藏政治目的的载体"，刻意忽略其作为现代化交通枢纽的民生属性。这种舆论操纵本质上是为了构建"中国科技威胁论"的刻板印象，阻碍中国文化的国际认同。

与之形成强烈对比的是，中国过境免签政策的持续优化为民间文化交流打开了便利之门，直接催生"China Travel"全球热潮。

2023 年 11 月，中国将 72/144 小时过境免签适用国家扩展至 54 国；2024 年 12 月，进一步将停留时间延长至 240 小时（10 天），新增 21 个入境口岸，政策红利使外国游客来华门槛显著降低。据中国国家移民管理局数据显示，截至 2025 年 3 月底，全国各口岸入境外国人达 922 万人次，比去年同期增长了 40%。大量海外博主以"数字游牧民"身份开启中国深度游，形成文化"热交流"态势。

美国博主在 YouTube 发布 4 小时上海游 Vlog，从外滩夜景、磁悬浮列车到人民公园相亲角，真实的记录使视频播放量突破 20 万次，直言"视频里的'认知颠覆时刻'，让更多人看到不一样的中国"；"酒仙夫妇"漫步北京王府井胡同，与当地大爷畅谈美食与胡同文化，一句"和北京大爷一起喝酒！好 City 啊"的感叹在 TikTok 走红；加拿大博主的新疆旅行视频，用"畅通无阻探索乌鲁木齐"的实景，驳斥"新疆不对外国人开放"的谣言，评论区大量欧美观众留言"感谢你展示了我们未见过的中国"。这些海外博主通过 Twitch、YouTube、Tiktok 等平台，累计贡献"China Travel"话题超 10 亿次播放量，构建起跨越国界的文化传播场域，打破了官方政策与舆论壁垒的限制。

两相对比可见，一方面是白宫"数字保护主义"与民间"数智化连接"的对垒，美国试图筑起"数字柏林墙"隔绝中国科技与文化，而海外博主用一部手机、一段 Vlog 便打破信息茧房；另一方面是制度差异与文化共鸣博弈，美国"交往限制令"的冰冷，与"China Travel"话题评论区中美网友共赞"中国安全便捷"的热烈氛围形成反差。这充分证明，即便在贸易摩擦背景下，基于民众自发需求的民间文化传播，仍能展现强大生命力，为中美人民相互理解开辟新渠道。

（二）"China Travel"热潮中的文化调适机制

1. 科技符号的再阐释与去刻板化

长期以来，西方媒体对中国科技符号的负面编码构建"威胁叙事"框架。但海外博主通过亲身实践完成了对符号的正向重构与再阐释。英国博主在深圳体验无人机外卖服务，第一视角记录无人机精准送餐的全过程；镜头里"时速 350 公里的高铁上流畅直播""支付宝扫码秒付"的场景，将高铁、移动支付从"政治化标签"中剥离，置于创新普惠的语境下。

从符号学视角看，海外博主的实践打破了符号意义的固定性。索绪尔提出"符号是能指与所指的结合"，而"China Travel"相关话题短视频中，海外博主通过"视觉能指"重构"文化所指"。法国博主拍摄中国高铁时，特意对比欧洲列车时速，用"中国高铁不仅快，还能在车厢里安稳喝咖啡"的细节，将"高铁"的所指从被污名化的"政治威胁"修正为"科技创新与民生便利"。印度博主记录上海北外滩花海时，顺带展示 5G 网络下 4K 视频实时上传无卡顿，让"5G ＝ 监控"的谣言不攻自破。这种实证式传播，用生活化场景替代政治叙事，让中国科技符号的意义回归其本质价值，有效消解了西方媒体的虚假编码。

2. 情感符号对政治化标签的消解

中美贸易摩擦中，美国曾用"强迫劳动"等无依据的政治化标签抹黑中国，而"China Travel"中的民间情感互动成为破解这类标签的关键。越南博主在济南街头，被市民热情邀请"尝一口油旋"，镜头里"街头摊主主动加量""路人帮忙推荐景点"的温情场景，在 YouTube 获得超 50 万点赞；澳大利亚博主在重庆夜市遗失钱包，半小时后便被摊主主动归还，在视频中哽咽"在中国，陌生人的善意比钱包更珍贵"。这些场景蕴含的"热情好客""诚信友善"等情感符号，极易引发跨文化共鸣。

有效的跨文化传播需经历情感共鸣、理性共识到行为共力的递进过程。民众热情投喂海外博主的画面，首先让海外观众产生强烈的情感共鸣，这种基于真实生活场景的情感连接，进一步促使外国观众开始质疑"强迫劳动"标签的真实性，形成理性共识。当情感共鸣与理性共识相互叠加，最终推动大量外国观众产生计划来华旅游的行动意愿，完成从认知到行动的转化。网友用"所谓'强迫劳动'？我们只'强迫'你爱上中国美食"的幽默调侃，消解了政治化标签带来的负面影响；美国网友在"中国夜市安全"主题视频下留言，称凌晨 3 点独自逛重庆夜市比在纽约街头更安心，这种基于真实体验的情感认同，彻底打破了"中国不安全"的刻板印象。民间自发的情感互动，用充满烟火气的生活场景替代了冰冷的政治叙事，成为修复中美文化关系的重要黏合剂，也为"China Travel"热潮的持续升温提供了情感基础。

3. 多维度文化展示与具身传播效应

海外博主的"China Travel"Vlog 多采用无剪辑、去滤镜叙事，从市井生活到文化底蕴，全方位展示真实中国。在西安大唐不夜城，博主身着汉服体验唐宫夜宴实景演出，镜头捕捉"武僧晨练""皮影戏表演"细节；在云南大理，博主记录"白族三道茶"的制作过程，连村民用太阳能路灯照明的小场景也纳入视频中；在湖南张家界，悬浮山的自然奇观与民宿老板用微信预订房间的现代服务同框，打破了西方媒体对中国"落后"与"威胁"的二元对立认知框架。

这种具身传播让外国观众产生虚拟在场感，文化和社会的媒介化使人们在理解文化与社会时越来越依赖媒介及其逻辑，而"China Travel"的第一人称视角恰好强化了这种媒介依赖的真实性。海外博主在新疆夜市拍摄"凌晨 2 点仍热闹的街头"，镜头扫过安保人员友善巡逻、市民载歌载舞的画面，观众仿佛身临其境，感受中国的国泰民安；日本博主在上海老弄堂体验中医把脉，评论区大量外国观众留言"想亲自体验中医推拿"。这种沉浸式体验打破了文化"他者化"认知，让海外受众跨越文化鸿沟，真切理解中国文化的多元与鲜活。

（三）青年文化视角下的传播创新与受众拓展

青年文化视角下的传播创新与受众拓展"China Travel"热潮的一大亮点在于其精准契合全球 Z 世代的传播偏好，实现了中国文化与青年亚文化的深度融合。这一融合过程包括媒介拓展、主体转化、文化融合与视角融通，四个维度相互支撑，共同推动中国文化在青年群体中的有效传播。

从媒介拓展维度来看，海外博主善于运用短视频平台的视觉化、碎片化与互动化特征，这种选择精准适配了 Z 世代"短平快"的信息消费习惯。德国博主以"赛博朋克风重庆夜景"为主题创作快剪视频，搭配中文流行音乐，镜头在解放碑霓虹与洪崖洞吊脚楼之间快速切换，使"8D 魔幻山城"相关话题在 TikTok 平台的播放量突破 700 万次；法国博主记录的"高铁上偶遇中国乘客弹吉他"片段，因其中蕴含的松弛感与烟火气成为热门梗图，二次创作量超 50 万次。这类创作内容完全符合 Z 世代"解构严肃、追求趣味"的亚文化特征。动态视觉符号与情感化语言的组合，能够有效激活 Z 世代的启发性认知机制，帮助他们快速理解并接受中国文化元素。

在主体转化维度，海外博主的"他者身份"显著降低了 Z 世代的文化防御心理。受众更倾向于相信与自身文化背景相似的叙述者，海外博主作为与 Z 世代同属的"他者群体"，其讲述的中国故事更易被这一群体接纳与认同。例如，"City 不 City"这一热梗从海外博主的 Vlog 中衍生，随后在抖音、TikTok 等平台形成"跨国玩梗"热潮，美国 Z 世代用"Is it City?"调侃本国城市设施，中国青年则以"Super City!"回应互动，截至 2025 年 4 月，仅抖音平台相关内容的播放量便达 20 亿次；美国 Z 世代网友还在"中国新能源汽车"相关视频下留言"My China EV Dream"，表达希望未来来华试驾比亚迪的期待。这些现象充分印证了"他者叙事"在青年受众群体中的强大影响力，也体现了主体转化维度在跨文化传播中的关键作用。

从文化融合维度分析，"China Travel"的创作内容实现了中国文化与青年亚文化的杂糅创新。文化杂糅能够打破传统的二元对立格局，生成新的文化意义。海外博主的实践正是这一理论的具象化呈现。英国博主的孩子身着汉服跳街舞，汉服的传统纹样与街舞的现代节奏相互融合，相关视频在 YouTube 平台获得百万次播放；美国博主采用"游戏化语言"描述中国旅行，将重庆比作"现实版塞尔达"，这种表述方式让 Z 世代在熟悉的游戏语境中轻松理解中国的地理文化特征。文化融合不仅有效拓展了中国文化的传播边界，更使高铁、汉服、新能源汽车等中国符号成为 Z 世代圈层中的流行标识，进而推动中美青年在科技与流行文化领域实现深度交流。

（四）政策与民间的协同赋能机制

中国政府的政策支持为"China Travel"热潮提供了制度保障，而民间传播的活力与平台技术的赋能，共同构建起政策、民间、技术的协同生态。政府、平台与创作者三方力量的相互配合推动文化传播现象持续发展。

在政策赋能层面，过境免签政策的优化是"China Travel"兴起的核心前提。政策的落地直接激活了民间传播主体的参与热情。除入境政策外，文旅部门还主动搭建民间传播赋能框架，上海、重庆等地文旅局在 Facebook、X 等海外平台定向投放"China Travel"精选内容，通过分析用户行为锁定"一年内搜索过中国旅游"的目标群体，实现精准传播。从上海市文旅局的实践来看，这一成效直观印证了政策在传播精准性上的引导价值。

在民间响应层面，海外博主的在地创作与国内民众的互动配合形成了传播合力。跨文化传播内容需嵌入当地语境才能提升真实感与感染力，海外博主的实践恰好遵循这一原则。美国博主在视频中记录"与北京胡同大爷学方言""和重庆摊主讨价还价"的日常场景，这些充满生活气息的在地互动，让内容更易引发海外受众的情感共鸣；国内民众的主动配合同样不可或缺，这类自发互动成为视频中的情感亮点，进一步推动内容获得更高传播度。民间传播的活力还体现在流量反哺效应上，重庆洪崖洞因海外博主的视频走红后，入境游客大幅增加，形成传播经济的正向循环，展现出民间传播对地方发展的推动作用。

在技术衔接层面，短视频平台的算法推荐与互动功能成为连接政策与民间的重要纽带。TikTok、YouTube 等平台的个性化推荐算法，能够通过分析用户的浏览历史、互动行为与兴趣标签，将"China Travel"相关内容精准推送给"旅游爱好者""文化探索者"等目标群体，形成由精准触达到互动扩散的传播链条。以 YouTube 的"时间戳功能"为例，海外博主可将视频按"景点""美食""文化体验"拆分为章节，用户能直接跳转至感兴趣的内容。此外，平台的评论区共创功能进一步强化了民间传播的互动性，美国网友在"中国夜市"视频下分享自身的夜市经历，中国网友补充夜市隐藏美食推荐，这种跨文化对话不仅丰富了传播内容，更拉近了不同文化背景受众的心理距离，为协同生态的稳定运行提供了技术支撑。

（五）文化间性下的跨文化新范式

"China Travel"热潮不仅是一种跨文化传播现象，更催生了跨文化传播的新范式。这一范式可从叙事转型、空间重构、形象塑造三个维度，结合文化间性理论进行深度解析。

1. 叙事转型：从宏大叙事到微观个体叙事

长期以来，中国对外传播多采用宏大叙事的方式，聚焦国家成就展示与政策解读等内容。但在西方舆论环境中，这类宏大叙事易遭遇认知壁垒，西方民众受本土媒体长期影响，对这类宏大的宣传内容往往持怀疑态度，难以产生情感共鸣。而微观叙事通过讲述个体故事，能够更直接地引发受众的情感共鸣。海外博主恰好跳出宏大的国家层面叙事，转而聚焦个人在华的真实生活体验，让传播内容更贴近受众认知。受众接触媒介的核心需求是获取情感满足与认知满足，而微观叙事更易实现这两方面需求的平衡。"以小见大"的传播方式，让西方民众从具体的个体故事中，直观感知中国文化的温度，避免了宏大叙事可能带来的距离感。

从实践效果看，微观叙事有效打破了西方媒体"他塑"的刻板印象。西方媒体对中国的报道常采用选择性框架，通过聚焦负面议题构建"暗黑滤镜"，而民间微观叙事能够通过真实细节修正这一框架。西方媒体曾抹黑中国"环境污染"，而博主镜头里"北京胡同的蓝天""深圳海滨的绿植"等画面，成为反驳这类虚假叙事的直接证据。这种叙事转型让中国文化从西方媒体定义的抽象符号转变为受众可感知、可体验的真实存在，实现了中国形象从"他塑"到"自塑"的重要跨越。

2. 空间重构："第三空间"与文化杂糅

依据霍米·巴巴的混杂性理论，文化杂糅能够生成打破传统二元对立的"第三空间",不同文化可实现交织融合并产生新的文化意义。"China Travel"中,海外博主的实践,正是对"第三空间"的具象化构建。东西文化在此过程中相互碰撞、渗透,形成兼具两种文化特质又突破单一文化边界的新形态,为跨文化交流提供了全新场域。

从视觉到言语维度,"第三空间"的构建依赖符号的跨文化接合。海外博主通过视觉符号与言语解读的有机组合,实现文化杂糅的深度呈现。澳大利亚博主用英语翻唱中文歌曲《成都》,方言歌词承载的文化符号与英文发音的跨文化表达相结合,相关视频在YouTube评论区引发中美网友的共唱热潮,歌词中"成都街头"的意象成为跨文化共鸣点,让不同文化背景的受众产生情感连接。

从意义生成维度来看,"第三空间"的核心在于文化间意义的互构。跨文化传播强调意义共创,认为不同文化主体通过互动能够共同生成新的文化意义,而非一个单一文化向另一文化的单向输出。海外博主将"东北大花袄"与"牛仔外套"搭配,创造出传统服饰与现代时尚的穿搭风格,这种互动体现了文化意义的共同建构。文化杂糅并非对单一文化的消解,而是不同文化元素的创新共生,为文化交流开辟了突破传统边界的新路径。

3. 形象塑造:民间外交的"涟漪效应"与立体国家形象

"China Travel"的传播形成了从信息触达到信息解码再到说与做协同的完整链条,这一链条背后是民间外交的"涟漪效应"。个体层面的文化传播引发群体层面的共鸣,进而推动国家形象的立体塑造,"软化"国际舆论环境,在公众态度与行为塑造中发挥关键作用,其核心优势在于传播内容的真实性与传播主体的平民性。这种效应打破传统官方外交的局限,向国际社会传递中国形象的多元维度。

从形象塑造效果看，"China Travel"实现了硬实力与软实力的融合，构建起传统与现代并存的立体中国形象。"China Travel"塑造的中国形象可概括为五个维度，分别是烟火气浓、生活美好、文化深厚、绿水青山、国泰民安，这五个维度恰好是硬实力与软实力的有机结合。高铁、5G、新能源汽车等元素展现中国的硬实力，火锅、汉服、少林功夫等元素则传递中国的软实力，两者共同构成多元立体的国家形象。这种全面展示弥补了以往传播中的单一维度缺陷，让国际社会更清晰地看到中国的多元面貌，有效提升了中国文化的国际影响力。

（六）关于"China Travel"的优化传播策略思考

尽管"China Travel"热潮在跨文化传播中成效显著，但仍存在"文化传播浅层化""商业植入违和化""传播伦理模糊化"等问题，需从政府、民间、平台三方协同视角，提出针对性优化策略，确保传播质量的可持续提升。

从文化传播浅层化来看，部分海外博主为追求流量，将中国文化简化为视觉符号，忽略其深层内涵，这种浅层化处理导致海外观众"只知其表，不知其里"。如在故宫拍摄时，一些海外博主过度关注"红墙拍照打卡"，让文化传播流于表面，而缺乏深度解释的视觉符号，易引发文化误读。从商业植入违和化来看，部分地方文旅在推广过程中，强行插入商业内容，破坏了传播的真实性与公信力，部分景区强行植入商业广告，引发"过度营销"的批评。从传播伦理模糊化来看，少数海外博主存在文化偏见或价值偏向，其内容隐含西方中心主义视角，与文化间性的平等对话原则不符。部分海外博主过度强调"中国与西方的差异"，如将中国广场舞解读为集体主义的体现，却未提及广场舞背后的社区社交功能，这种解读易强化文化他者化认知。

　　为优化传播效果，官方应充分发挥主导作用，建立丰富且专业的文化数据库，如非遗数据库。该数据库需全面涵盖中国悠久历史中积淀的各类非物质文化遗产，从传统手工艺、民间音乐舞蹈，到古老戏曲、民俗活动等，运用数字化技术进行系统整理、妥善保存与高效展示。民间传播者可依据自身风格定位、受众需求及传播目标，从中精准选择适配内容，开展分层叙事，既能确保文化内容的专业性与权威性，又能满足不同受众的多样化需求，显著提升文化传播的针对性与精准度。

　　网络平台也应积极作为，利用大数据、人工智能等先进技术，开发"文化敏感性推荐模型"。通过对用户浏览历史、兴趣偏好、停留时间、互动行为等多维度数据的深度挖掘与精准分析，精准把握用户的文化需求与兴趣点，优先推送深度互动内容。借助算法的精准推荐，大幅提高优质文化内容的曝光度，将有价值的文化信息精准推送给对文化交流感兴趣的用户，有力促进文化间性的深入发展，推动不同文化背景的人们在网络空间实现更深入、更有效的交流与互动。

　　"China Travel"热潮的实践表明，在中美贸易摩擦的背景下，民间符号是打破文化壁垒的关键力量。相较于西方政治叙事，真实的中国体验更具说服力；相较于官方话语，贴近生活的"民间Vlog"更易跨越文化差异。未来，在国际传播中，需进一步激活政策、民间、技术的协同生态：以过境免签政策为依托，以海外博主为载体，以算法技术为助力，让更多的"真实中国"片段融入全球文化交流，推动不同文明在互动中实现共生共荣，为构建人类命运共同体奠定文化基础。

第二节 "新疆棉"事件的叙事突围与间性智慧实践

间性智慧强调在冲突情境中，不同主体之间通过积极的沟通、深度的理解和相互尊重，寻求共同利益和价值，实现和谐共处与合作。它超越了单一主体的视角，关注主体之间的关系和互动，倡导在多元文化和价值观的背景下，以包容、平等的态度对待各方差异，从而化解冲突、增进合作。国际舆论争夺与话语权博弈在大国竞争中的重要性日益凸显，信息传播的快速性与复杂性使得舆论事件极易引发广泛关注和深远影响。在国际舆论冲突中，间性智慧表现为能够理解不同国家和地区的文化背景、政治立场和利益诉求，通过巧妙的话语表达和行动策略，打破误解和偏见，建立起有效的沟通桥梁，促进不同主体之间的相互理解与协作。这一理论的核心在于认识到不同主体之间的相互依存关系，以及通过积极互动实现共同发展的可能性。它不仅仅是一种应对冲突的方法，更是一种构建良好国际关系、促进全球和谐发展的理念。在以"新疆棉"事件为代表的国际舆论冲突中，间性智慧为中国提供了一种全新的思维方式和应对策略，有助于中国在复杂的国际舆论环境中更好地维护自身利益，同时推动国际社会实现公正与合作。

"新疆棉"事件是西方反华势力蓄意制造的一起恶意舆论攻击，他们企图通过编造谎言，污蔑中国新疆存在"强迫劳动"，进而抹黑中国形象、破坏中国经济发展，扰乱全球棉花产业链的正常秩序。这一事件引发了国际社会的广泛关注，对中国的国际形象和相关产业造成了严重冲击。在这一背景下，中国各方力量积极行动，展开了一场叙事突围之战。中国官方、商业品牌、民间自组织等不同主体，运用各自的方式和策略，在国际舆论场中发出中国声音，传递真实信息，努力打破西方的舆论封锁。同时，冲突情境下的间性智慧理论为理解和分析这一事件提供了新的视角，该理论强调在不同主体之间通过沟通、理解和相互尊重，实现和谐共处与合作，在"新疆棉"事件的叙事突围中发挥了重要作用。深入研究这一事件中的叙事策略和间性智慧的应用，不仅可以为中国应对类似舆论危机提供宝贵经验，还有助于推动国际舆论场朝着更加公正、客观的方向发展。

一、"新疆棉"事件的背景与发展脉络

2020 年 3 月，瑞士良好棉花发展协会（BCI）无端指控新疆地区对少数民族人民实行"强迫劳动"，宣称将暂停向该地区棉农发放许可证，并不再使用新疆棉花，要求各国际品牌对此倡议做出回应，"新疆棉"事件由此发端。在此后的一年里，事件处于缓慢发酵状态，虽然在国际上尚未引起大规模的舆论反响，但西方反华势力借此在幕后不断造势，为后续的舆论攻击埋下伏笔。

直至 2021 年 3 月，事件突然升级并走向爆发阶段。2021 年 3 月 11 日，欧盟对新疆的 4 名中方官员和 1 家实体企业进行制裁；3 月 21 日，美国总统拜登污蔑中国政府对新疆维吾尔族人民进行"虐待"；3 月 22 日，欧盟、英国、加拿大、美国等宣布制裁新疆官员。中国政府迅速做出对抗行动，制裁了欧盟的 10 名官员和 4 家实体企业。3 月 24 日，H&M 公司发布"禁用新疆棉花和相关外包工厂"的激进声明冲上微博热搜，与此同时，NIKE、Adidas、Puma 等品牌在境外官网"禁用新疆棉花"的声明也被扒出，这一系列举动引发了中国国内舆论的强烈愤慨，共青团中央官方微博发布博文谴责，使得"新疆棉"话题在中国范围内引起轩然大波，迅速成为舆论焦点。

西方反华势力制造"新疆棉"事件有着多重险恶目的。从政治层面看，他们试图通过抹黑中国在新疆的政策，干涉中国内政，破

坏中国的稳定与发展，遏制中国的崛起。从意识形态层面看，他们利用所谓的"人权问题"大做文章，将新疆描绘成一个"人权地狱"，试图误导国际社会对中国的认知，推行其"中国威胁论"。从经济层面看，中国是全球最大的棉花消费国和重要的棉花生产国，新疆棉花在国际市场上占据重要地位。西方反华势力通过打压新疆棉花产业，企图破坏中国的经济发展，为其本国相关产业谋取利益。他们鼓动一些国际品牌抵制新疆棉花，试图扰乱中国棉花产业链，削弱中国在全球经济领域的竞争力。

为了达到这些目的，西方反华势力采用了多种手段。他们利用自身在国际媒体中的话语权优势，通过主流媒体和社交平台，大肆传播关于新疆棉的虚假信息，制造舆论热点。BCI 作为一个具有一定国际影响力的组织，被西方反华势力利用，其发布的不实声明成为西方媒体攻击中国的"依据"。西方政客也纷纷发表涉疆不当言论，误导公众。此外，他们还通过经济胁迫的方式，迫使一些国际品牌加入抵制新疆棉的行列，试图形成一种"国际共识"，对中国进行孤立。

二、从事实澄清到"全球棉花产业链共同体"叙事升级

在"新疆棉"事件初期，中国官方话语主要聚焦于事实澄清。面对西方反华势力的造谣抹黑，中国外交部等官方部门通过摆事实、列数据，有力地反驳了所谓"强迫劳动"的谎言。[1] 例如，指出新疆棉花产业高度机械化，大量使用先进农业设备，人力需求大幅减少，从根本上否定了西方的不实指控。同时，强调中国政府在促进新疆地区经济发展、保障人民权益方面所做出的努力，展示

---

［1］ 参见《美国实施涉疆产品全面禁令 商务部回应》，载 http：//www. banyuetan. org/yw/detail/20220622/1000200033137441655858941029472371_1. html，最后访问日期：2025 年 5 月 19 日。

新疆人民安居乐业的真实生活场景，让国际社会了解事件的真实面貌。

随着事件的发展，中国官方话语逐渐向"全球棉花产业链共同体"叙事升级。这一转变体现了中国在国际舆论场中从被动回应到主动引领的角色转换。中国从全球视野出发，强调各国在棉花产业中相互依存、互利共赢的关系，提出构建全球棉花产业链共同体的理念，倡导共同维护公平、公正、开放的全球棉花市场环境。通过这一叙事，中国不仅展示了自身在棉花产业中的重要地位和责任担当，还呼吁国际社会共同抵制西方反华势力的恶意行径，维护全球产业链的稳定与发展。

为了更清晰地呈现官方话语框架迁移的过程，通过梳理事件时间轴上的关键节点和官方回应内容，进行对比分析（见下表）。从时间轴可以看出，中国官方话语随着事件发展不断丰富和深化，从单纯的事实反驳逐渐转向倡导国际合作的更高层面。事件初期，中国外交部的声明与海外媒体报道之间存在明显的对立关系，西方媒体的报道充斥着虚假信息和恶意抹黑，如"强迫劳动""人权问题"等，这些节点与中国外交部声明中的事实陈述节点相互孤立，几乎没有正向关联，反映出西方媒体对中国的偏见和故意歪曲。随着中国官方话语的升级，语义关联网络逐渐发生变化。中国提出的"全球棉花产业链共同体""合作共赢"等理念节点，开始与一些国际友好媒体的报道节点产生正向关联，这些友好媒体逐渐关注到中国在棉花产业中的重要地位以及中国倡导的合作理念。同时，一些原本受西方舆论影响的中立媒体，也开始重新审视"新疆棉"事件，其报道节点与中国外交部声明的关联度有所增加。这表明中国官方话语的转变逐渐在国际舆论场中产生积极影响，吸引了更多国际力量的关注和支持，打破了西方媒体的舆论封锁，为中国在国际舆论场中赢得了更多的话语权。

"新疆棉"事件关键节点及官方回应

时间	事件发展	中国官方回应重点	话语特点
2020 年 3 月	BCI 指控新疆"强迫劳动",暂停向新疆棉农发放许可证	强调新疆棉花产业真实情况,驳斥"强迫劳动"谣言	以事实为依据,针对性反驳
2021 年 1 月 13 日	外交部首次回应"新疆棉"问题	再次明确"强迫劳动"为虚假信息,展示新疆发展成果	坚定立场,阐述事实
2021 年 3 月 11 日-24 日	欧盟、美国等对新疆实施制裁,H&M 等品牌发布"禁用新疆棉花"声明	谴责西方行径,强调中国主权,提及全球棉花产业链合作的重要性	态度强硬,开始引入合作共赢理念
2021 年 4 月之后	事件持续发酵,国际舆论持续关注	深入阐述"全球棉花产业链共同体"理念,呼吁国际合作	积极引领,构建共同价值框架

三、民间自主叙事抵抗的间性策略

(一)李宁"棉花研究所"直播:具身化传播的实践

中国李宁在"新疆棉"事件中推出"支持新疆棉"系列,把民族纹样印在潮 T 上,将爱国情怀直接穿在身上,相关词条#李宁把新疆棉写在标签上#阅读量超 3 亿次,李宁在 2021 年 3 月 25 日抖音直播活动中,展示新疆棉花从采摘到加工的全过程,通过这种具身化传播方式,让观众直观地看到新疆棉花产业的现代化生产场景。这一举措不仅有力地反驳了西方关于"强迫劳动"的谣言，从传播效果来看，单场总观看人次达 1425 万，销售额达 1095 万元，商品交易总额（GMV）翻了 30 倍。单场弹幕总数 18.9 万条，弹幕人数 8.7 万人次，弹幕内容大多是"支持国货""中国李宁"。许多观众在评论表示，通过直播他们看到了真实的新疆棉花产业，对新疆棉的品质有了新的认识，并且对李宁支持新疆棉的行为表示赞赏。在直播活动举办后，"新疆棉花""李宁支持新疆棉"等话题的热度大幅上升，且正面情感倾向的讨论明显增多。这表明，李宁的具身化传播策略成功地引发了公众的关注和积极讨论，有效地传播了新疆棉花产业的真实情况，同时提升了品牌的形象和声誉。

（二）H&M 中国区代言人解约声明：文化适配度分析

纵观整个舆情走势图，可以发现这次事件共有两个峰值，第一个峰值出现在 2021 年 4 月 1 日，主要为 H&M 抵制新疆棉引发网友热议，微博话题#央视评 H&M 抵制新疆棉花#登上热搜榜；第二个峰值出现在 2021 年 4 月 6 日，主要为网友一致支持中国新疆棉，微博话题#我支持新疆棉花#登上热搜榜，微博话题#央视评 H&M 抵制新疆棉花#、#我支持新疆棉花#、#李宁把新疆棉写在标签上#、#一张支持新疆棉的大长图#等持续登上微博热搜榜，话题#央视评 H&M 抵制新疆棉花#、#我支持新疆棉花#等阅读量均超 5 亿次，其中话题#我支持新疆棉花#阅读量达 78.1 亿次，讨论量达 4163 万次。

H&M 中国区代言人解约声明在不同平台呈现出不同的文化适配度。在微博平台，解约声明以简洁明了、态度坚决的方式发布，强调代言人尊重中国国家主权和消费者权益，与 H&M 集团错误行径划清界限。许多中国消费者在评论中表示支持代言人的决定，并对 H&M 集团的行为进行谴责，这表明该声明符合中国文化中对国家主权和民族情感的重视，成功地赢得了中国消费者的支持。

而在 Instagram 平台，由于其用户群体具有不同的文化背景和价值观，H&M 中国区代言人的解约声明在表述上更加注重跨文化传播的技巧。声明在传达明确立场的同时，采用了更加委婉、客观的语言风格，避免使用过于强硬或情绪化的词汇。通过引用国际通用的商业道德准则和人权理念，来阐述解约的原因，使国际受众更容易理解和接受。从该平台的用户反馈来看，虽然部分西方用户仍然受到西方反华舆论的影响，但也有不少用户对代言人的立场表示理解和尊重，这说明这种文化适配的策略在一定程度上取得了效果。

为了更直观地对比两个平台的差异，对两个平台上的评论进行了情感分析。可以发现，微博平台上的评论以正面支持和对 H&M 集团的批评为主，情感倾向较为强烈；而 Instagram 平台上的评论虽然也有一定比例的支持声音，但相对较为分散，中立和负面评论的比例高于微博平台。这一结果充分体现了不同文化背景下用户对同一声明的不同反应，也证明了文化适配策略的重要性。

（三）民间自组织的对抗性生产

民间自组织在"新疆棉"事件中发挥了重要作用，抖音平台发起的"新疆棉花挑战赛"就是参与式传播的典型案例。该挑战赛获得了极高的参与度，话题播放量高达 32 亿次，吸引了大量用户参与创作和分享。从参与用户的地域分布来看，不仅涵盖了国内各个地区，还包括众多海外华人以及对中国文化和"新疆棉"事件感兴趣的国际友人。他们通过创作短视频，展示新疆棉花的优质品质、新疆人民的美好生活，以及表达对西方反华势力的谴责。这些短视频以生动、接地气的方式传递真实信息，极大地增强了信息的传播力和感染力。通过对参与用户的年龄层次进行分析，可以发现 18～

35 岁的年轻用户群体参与度最高，这一年轻群体善于利用新媒体平台表达自己的观点，他们的积极参与使得"新疆棉花挑战赛"在网络上迅速传播，形成了强大的舆论声势。许多年轻用户通过创意视频、舞蹈、歌曲等形式，展现了对新疆棉花的支持，这种创新的表达方式吸引了更多人的关注，进一步扩大了事件的影响力。

四、叙事持续优化与间性调适策略

在"新疆棉"事件中，官方、商业品牌和民间自组织形成了多主体叙事的格局，在间性调适理论的作用下，产生了显著的协同效应。官方话语的框架迁移为整个叙事奠定了坚实的基础，从事实澄清到构建"全球棉花产业链共同体"的叙事升级，明确了中国在国际舆论场中的立场和态度，为其他主体的叙事提供了方向指引。商业品牌的间性策略，如李宁的具身化传播和 H&M 中国区代言人解约声明的文化适配，通过贴近消费者的方式，将官方立场以更易接受的形式传递给大众，增强了信息的传播效果。民间自组织的参与式传播和海外 KOL 的"反向带货"，则从更广泛的层面和多元的视角，在国际舆论场中扩散真实信息，进一步丰富了叙事内容，扩大了影响力范围。

通过对社交媒体平台上相关话题的热度分析，可以发现多主体叙事协同作用下，相关话题的热度在不同阶段持续上升。在事件初期，官方的发声引发了初步关注；随着商业品牌和民间自组织的加入，话题热度迅速攀升并维持在较高水平，形成了强大的舆论声势。例如，在"新疆棉"话题热度曲线中，当官方发布有力声明、商业品牌采取行动以及民间自组织积极参与后，话题的搜索量、讨论量和曝光量都出现了显著增长，这表明各主体之间的协同合作有效地推动了信息的传播和舆论的引导。这种协同效应不仅体现在话题热度上，还体现在对公众态度的影响上。通过多主体的共同努力，越来越多的人开始关注"新疆棉"事件的真相，对中国的立场表示理解和支持。

中国在"新疆棉"事件中的叙事策略和间性调适实践，对国际舆论格局产生了深远的影响。从国际媒体报道的倾向变化来看，在事件初期，受西方反华势力的影响，部分国际媒体对"新疆棉"事件进行歪曲报道，给中国形象带来了负面影响。但随着中国多主体叙事的推进，越来越多的国际媒体开始关注到事件的真相，报道倾向逐渐发生转变。此外，中国的叙事突围还引发了国际社会对西方舆论霸权的反思。一些国际学者和舆论界人士开始关注到西方媒体在报道类似事件时的双重标准和偏见，对西方媒体的公信力产生了质疑。这使得国际舆论场逐渐呈现出多元化的趋势，打破了西方媒体长期以来的垄断地位，为中国在国际舆论场中营造了更公正、客观的舆论环境。

未来，在应对类似国际舆论冲突事件时，应进一步强化官方、商业品牌和民间自组织之间的联动机制。官方应继续发挥主导作用，及时、准确地发布权威信息，为其他主体的叙事提供坚实的事实依据和政策指导。同时，官方应加强与商业品牌、民间自组织的沟通与协作，引导他们更好地参与国际舆论传播。

商业品牌要更加敏锐地捕捉市场和消费者的需求，将企业的社会责任与品牌传播相结合，通过创新的营销活动和传播策略，积极传播正面信息。例如，在宣传中，服装品牌可以推出以"支持新疆棉，倡导公平时尚"为主题的系列产品，不仅在产品设计上体现新疆文化元素，还在宣传过程中讲述新疆棉花产业的故事，让消费者在购买产品的同时，深入了解新疆棉的优势以及西方反华势力抹黑行为的本质。此外，商业品牌之间也可以加强合作，共同发起支持新疆棉的倡议，形成行业合力，提升在国际市场上的话语权。

　　民间自组织则要充分发挥其广泛的群众基础和创造力优势，鼓励更多民众参与国际舆论传播。政府可以通过提供培训和资源支持，提升民间自组织的传播能力。例如，开展社交媒体传播技巧培训，帮助民间创作者更好地制作和传播有影响力的内容。同时，民间自组织应加强与国际民间团体的交流与合作，通过文化交流、民间友好往来等方式，增进国际社会对中国的了解和信任。比如组织海外志愿者到新疆实地体验棉花产业，让他们将真实的所见所闻分享给更多人。

　　随着信息技术的飞速发展，新兴技术为国际传播带来了新的机遇。在"新疆棉"事件及未来类似事件的叙事与间性调适过程中，要充分利用人工智能、大数据、虚拟现实（VR）、增强现实（AR）等新兴技术拓展传播渠道。借助人工智能技术，可以实现对国际舆论的实时监测与分析，精准把握国际受众的需求和关注点，从而为叙事内容的创作和传播策略的制定提供有力支持。通过自然语言处理技术，分析不同地区、不同文化背景受众的语言习惯和情感倾向，使传播内容更具针对性。利用大数据技术，可以对海量的传播数据进行挖掘和分析，了解受众对不同叙事方式和内容的反馈，进而优化传播策略。例如，通过分析社交媒体上用户的互动数据，了解哪些话题和形式更能引起国际受众的关注和共鸣，从而有针对性地调整叙事重点和传播方式。VR/AR 技术能够为受众提供沉浸式的体验，增强传播的吸引力和感染力。比如，可以利用 VR 技术打造虚拟的新疆棉花种植和生产场景，让国际受众身临其境地感受新疆棉花产业的真实情况，打破因地域和文化差异造成的认知障碍，更加直观地了解中国在新疆棉产业发展中的成就以及对劳动者权益的保障。通过 AR 技术，可以在产品宣传中增加互动元素，让消费者通过手机扫描产品标签，就能获取关于新疆棉花的详细信息和背后的故事，提升消费者的参与度和对产品的认同感。

在全球化背景下，跨文化传播能力是实现有效叙事和间性调适的关键。要加强对跨文化传播理论和实践的研究，深入了解不同国家和地区的文化特点、价值观和传播习惯，制定更加精准有效的跨文化传播策略。培养具备跨文化传播能力的专业人才队伍至关重要。这些人才不仅要精通外语，还要熟悉国际传播规则和不同文化的差异，能够运用恰当的语言和方式进行传播。在叙事内容的创作上，要注重文化元素的融合与创新，将中国的立场和价值观以符合国际受众认知和接受习惯的方式呈现出来。例如，在宣传新疆棉产业发展时，可以结合国际上普遍关注的可持续发展、环境保护等话题，强调新疆棉产业在这些方面的积极贡献，使国际受众更容易产生共鸣。还可以通过与国际媒体、文化机构等的合作，借助他们的平台和渠道进行传播，提高中国叙事的国际影响力。积极参与国际文化交流活动，举办各类与新疆棉产业相关的文化展览、研讨会等，增进国际社会对中国新疆地区的了解和认识，为中国在国际舆论场中的叙事突围创造更有利的条件。

面对复杂多变的国际舆论环境，构建长期的国际舆论应对体系是实现持续叙事突围和间性调适的重要保障。这一体系应包括完善的舆情监测机制、快速反应机制、战略规划机制等。在舆情监测方面，要建立全方位、多层次的监测网络，实时跟踪国际舆论动态，及时发现潜在的舆论风险和挑战。利用先进的技术手段和专业的分析团队，对舆情信息进行深入分析，准确判断舆论走向和趋势。例如，通过设置关键词监测，及时掌握国际媒体和社交平台上关于新疆棉或其他涉华议题的讨论热度、情感倾向以及主要观点，为后续的应对措施提供依据。快速反应机制要求在面对突发舆情事件时，能够迅速做出反应，及时发布权威信息，回应国际社会的关切。制定科学合理的应急预案，明确各部门和主体的职责分工，确保在危机时刻能够协同作战，有效应对舆情危机。比如在"新疆棉"事件中，如果能在西方反华势力发布谣言的第一时间，就通过多渠道发布翔实的反驳资料和证据，就能在一定程度上遏制谣言的传播。战略规划机制则需要从长远角度出发，制定全面的国际舆论传播战略。明确在不同阶段、不同领域的传播目标和重点，合理配置资源，有计划地推进国际舆论工作。持续加强对国际舆论传播规律的研究，不断总结经验教训，根据国际形势的变化及时调整战略规划，以适应不断变化的国际舆论环境。通过构建这样一个长期、完善的国际舆论应对体系，为中国在未来的国际舆论斗争中赢得更多的主动权，更好地维护国家形象和利益。

在国际舆论冲突中，间性智慧具有重要的应用意义。首先，它有助于打破西方话语霸权。长期以来，西方媒体在国际舆论场中占据主导地位，他们凭借强大的传播资源和话语权，对中国等发展中国家进行无端指责和抹黑。间性智慧强调通过平等的沟通和交流，让不同的声音得以表达，打破西方媒体的信息垄断，使国际舆论场更加多元化和公正。

其次，间性智慧能够促进国际社会的理解与合作。在全球化背景下，各国之间的联系日益紧密，相互依存度不断提高。通过运用间性智慧，各国能够更好地理解彼此的立场和利益诉求，避免因误解和偏见引发冲突，从而促进国际社会在各个领域的合作。在"新疆棉"事件中，中国运用间性智慧，向国际社会展示新疆棉花产业的真实情况，强调中国与各国在棉花产业上的共同利益，有助于增进国际社会对中国的理解，推动全球棉花产业链的合作与发展。

此外，间性智慧还有助于提升国家的软实力和国际形象。一个善于运用间性智慧的国家，能够在国际舆论场中展现出开放、包容、负责任的大国形象，赢得国际社会的尊重和信任。这对于提升国家的软实力，增强在国际事务中的影响力具有重要意义。

第三节　北京冬奥会跨文化智慧与调适：从认知博弈到全球盛会

在全球化的宏大背景下，国际体育赛事已成为跨文化传播的关键平台，承载着促进各国文化交流、增进相互理解的重要使命。2022 年北京冬奥会，作为一场举世瞩目的体育盛事，不仅是运动员们展现竞技风采的舞台，更是不同文化相互碰撞、交流与融合的契机。然而，北京冬奥会在筹备和举办过程中，遭遇了西方国家势力发起的诸多挑战。把对手妖魔化，一直就是美国所谓"价值观外交"的伎俩。一段时间以来，美国通过大打"人权牌"等对华施压。同样，美国再次故技重施，在冬奥会开幕前夕打起了"冬奥牌"。美国以中国在新疆"侵犯人权"为由，呼吁"外交抵制"北京冬奥会，以实现其预期的地缘政治利益。在美国的话语体系里，美国"只做正确的事"，站在"民主和人权""正义和道德"的制高点，担负着拯救全世界的责任。针对西方媒体的议程设置、框架报道、叙事污名、话语霸权，我方有力回击，指出："美方炮制所谓新疆存在'种族灭绝'的世纪谎言，早已被事实戳穿"；"冬奥会不是政治作秀和搞政治操弄的舞台"[1]。冬奥会这一重大外交事件是意识形态表达的重要场域。面对西方的认知博弈，北京冬奥会取得瞩目外交成果，共有来自近 70 个国家、地区和国际组织的约170 位官方代表出席北京冬奥会，其中包括 30 多位国家元首、政府

---

〔1〕《2021 年 12 月 7 日外交部发言人赵立坚主持例行记者会》，载 https：//www.fmprc.gov.cn/web//wjdt_674879/fyrbt_674889/202112/t20211207_10463549.shtml，最后访问日期：2025 年 3 月 28 日。

首脑、议长、重要王室成员和国际组织负责人。"冬奥之约""新春之会"，世人瞩目。作为全球媒介事件，北京冬奥会举世瞩目，取得良好传播效果，形成全媒体矩阵，开幕式相关报道跨媒体总触达人次为 69.14 亿人次，创历届奥运会开幕式受众数新高。在收视率、话题讨论度、海外社交媒体舆论层面引发热议。从新晋"顶流"谷爱凌、任子威、武大靖，到冬奥吉祥物冰墩墩、雪容融，再到台前幕后的冬奥运动员"吃播"和基层志愿者互动，北京冬奥借助社交媒体成功塑造了多维、立体、全面的"动感中国""萌感中国"和"乐感中国"国际传播形象，打破了西方势力试图将政治因素渗透到体育领域、阻碍冬奥会顺利举办的幻想。中国凭借深厚的文化底蕴、先进的科技实力、卓越的外交智慧，成功化解了重重危机，实现了从外交抵制困境到全球盛会的华丽转身，为跨文化传播提供了宝贵的经验与范例。

一、文化符号的转译与重构：从对抗到共鸣

文化符号在跨文化传播中扮演着核心角色，它是文化意义的载体，能够跨越语言和文化的障碍，传递丰富的信息。北京冬奥会巧妙地运用中国元素，对文化符号进行创新转译与重构，将原本可能引发对抗的文化差异转化为全球观众共鸣的基础，使中国文化在国际舞台上焕发出独特魅力。这一过程不仅展示了中国文化的深厚底蕴，还促进了不同文化之间的理解与交流，为跨文化传播提供了新的思路和方法。

（一）中国元素的全球叙事

北京冬奥会开幕式的二十四节气倒计时，堪称将中国传统文化符号转化为普世审美语言的经典范例。二十四节气是中国古人在长期的生产生活实践中，根据太阳在黄道上的位置变化而制定的时间体系，它蕴含着中国人对自然、生命与时间的深刻理解，是中国传统农耕文明的智慧结晶。在冬奥会开幕式这个全球瞩目的舞台上，二十四节气倒计时以创新的数字艺术形式呈现，将每个节气的特点与现代科技完美融合。从"立春"的万物复苏，到"大寒"的冰天雪地，通过简洁而富有诗意的画面，生动地展现了时间的流转和生命的轮回。这种创新的呈现方式，打破了文化之间的隔阂，让全球观众能够直观地感受到中国传统文化的独特魅力。美国滑雪运动员安娜·霍夫曼在其社交媒体上感叹长城背景的跳台"太酷了"，这一反馈充分体现了文化符号的跨文化通约性。长城作为中国古代的伟大建筑奇迹，是坚韧、守护的象征，它与现代化的跳台相结合，创造出一种古今交融的独特景观，这种景观超越了文化差异，引发了不同文化背景观众的共鸣，使他们能够感受到其中蕴含的力量与美感。

颁奖花束中的非物质文化遗产——海派绒线编结技艺，以及"岁寒三友"装饰（松、竹、梅），以东方美学传递着深刻的价值观。海派绒线编结是上海地区的传统手工艺，其细腻的针法和丰富的色彩展现了中国民间艺术的精湛技艺。而松、竹、梅在中国文化中象征着坚韧、高洁和不屈不挠的精神，同时也寓意着团结。在颁奖这一庄重的时刻，这些元素的融入，不仅为花束增添了独特的艺术价值，更以一种含蓄而有力的方式传递了奥林匹克运动所倡导的坚韧不拔和团结协作的精神。它们弱化了政治对抗性，让人们将注意力聚焦于体育精神和文化交流上。这种将中国传统文化元素与奥林匹克精神相结合的方式，实现了不同文化价值体系之间的对话与融合，使颁奖花束成为了文化交流的温馨媒介，让不同文化背景的人们在欣赏其艺术之美的同时，也能感受到其中蕴含的精神力量，促进了文化间的理解与尊重。

（二）吉祥物的情感中介作用

冰墩墩的全球爆红，是北京冬奥会文化符号成功运用的典型案例。这一吉祥物凭借其"萌态可掬"的视觉形象，跨越了意识形态的壁垒，成为了跨文化共情的强大载体。冰墩墩的设计巧妙地融合了熊猫这一全球认知度极高的中国符号与冰壳这一冬奥主题元素。熊猫作为中国的国宝，以其可爱、温和的形象深受全世界人民的喜爱，它是中国与世界友好沟通的象征，代表着中国文化的亲和力。而冰壳的设计则赋予了熊猫现代感和科技感，与冬奥会的冰雪主题紧密相连，体现了冬季运动的活力与激情。

在社交媒体上，冰墩墩的相关话题热度持续攀升，无论是在欧美地区还是亚洲地区，人们都被它的可爱形象所吸引。它成为人们表达喜爱、分享快乐的情感纽带，让不同国家、不同文化背景的人们在对冰墩墩的喜爱中找到了共同话题。这种"可爱即正义"的情感穿透力，使得冰墩墩不仅仅是一个吉祥物，更是一种文化交流的使者。从文化传播的角度来看，冰墩墩利用人们对可爱形象的普遍喜爱，打破了文化和意识形态的界限，激发了全球观众的情感共鸣。人们在对冰墩墩的喜爱中，不自觉地对其所代表的中国文化产生了兴趣和好感，从而为中国文化的跨文化传播创造了有利条件。

具有特色的文化符号能够在跨文化传播中引发情感共鸣，增强文化的吸引力和影响力。[1] 冰墩墩正是这样一个成功的文化符号，它让中国文化以一种柔软而有力的方式走进了全球民众的心中，为跨文化传播搭建了一座温暖的桥梁，促进了不同文化之间的情感交流与融合。它的成功表明，在跨文化传播中，通过巧妙设计具有吸引力的文化符号，可以有效地打破文化隔阂，增进不同文化之间的理解和认同。

---

〔1〕 刘学聪：《北京冬奥会媒体跨文化传播策略和效果研究》，西南科技大学 2024年硕士学位论文。

二、技术赋能的传播策略：从单向输出到互动共创

在数字化时代，技术的飞速发展为跨文化传播带来了新的机遇和挑战。北京冬奥会借助先进的技术手段，实现了从传统的单向文化输出到与全球观众互动共创的转变。这一转变不仅极大地拓展了传播的广度和深度，还使全球观众能够更加深入地参与到冬奥会的文化体验中来。从传播理论的角度来看，技术作为一种中介力量，改变了文化传播的方式和效果，促进了不同文化主体之间的互动与交流，为文化间的理解和共生创造了新的可能性。

（一）科技与文化的共生叙事

北京冬奥会运用 5G+8K 超高清转播与"云上奥运"技术，打破了地理限制，为全球观众带来了前所未有的观赛体验。5G 网络的高速率和低延迟，使得 8K 超高清画面能够实时传输到世界各地的屏幕上，让观众仿佛亲自置身于比赛现场。这一技术的应用，尤其惠及了拉美、非洲等传统弱势传播区域，让这些地区的观众也能够清晰地欣赏到冬奥会的精彩赛事。例如，在一些非洲国家，以往由于技术和基础设施的限制，观众很难实时观看高质量的体育赛事。但北京冬奥会借助先进的转播技术，让非洲观众也能感受到冬奥会的魅力，增进了他们对冰雪运动的了解和兴趣。

首钢滑雪大跳台则是科技与文化融合的又一典范。它将工业遗产冷却塔与现代竞技场巧妙结合，以"新旧共生"的景观叙事展现了中国独特的发展观。曾经的工业冷却塔，见证了中国工业的发展历程，承载着历史的记忆。而在冬奥会的舞台上，它们被赋予了新的生命，与现代化的滑雪设施相得益彰。这种将工业遗迹转化为体育文化场所的创新举措，不仅保留了城市的历史风貌，还展示了中国在城市更新和可持续发展方面的积极探索。国际奥委会赞誉其为"城市复兴典范"，这一认可不仅是对首钢滑雪大跳台建筑本身的肯

定，更是对中国将科技与文化深度融合、推动城市发展这一理念的高度赞扬。从城市发展和文化传播的角度来看，首钢滑雪大跳台作为一个文化符号，承载了中国过去的工业文化和现在的创新发展理念。它在不同文化的时间维度上建立了联系，让世界看到中国在现代化进程中，如何尊重历史、传承文化，并以创新的方式实现经济发展与文化保护的双赢。

（二）算法推荐的文化适配

TikTok 等平台在冬奥会期间借助算法优化，为北京冬奥会的文化传播提供了新的动力。算法推荐技术基于大数据分析，能够根据用户的兴趣、行为等特征，为用户提供个性化的内容推荐。在冬奥会的传播中，这一技术将"中国风"赛事片段，如谷爱凌夺冠瞬间，精准地定向推送至兴趣群体。通过分析用户的浏览历史、搜索记录等数据，平台可以判断出用户对体育、中国文化等方面的兴趣程度，然后有针对性地推送相关内容，提高了文化传播的精准度和有效性。

同时，平台屏蔽了敏感政治标签，避免了政治因素对文化传播的干扰，实现了文化内容的安全传播。在国际传播中，政治因素往往会影响文化传播的效果，甚至引发误解和冲突。TikTok 等平台通过屏蔽敏感政治标签，营造了一个专注于文化和体育的传播环境，让观众能够更加纯粹地欣赏和感受冬奥会所传递的文化价值。例如，在推送谷爱凌夺冠的视频时，平台避免了将其与敏感政治话题关联，而是聚焦于她的体育成就和拼搏精神，使更多人能够关注到中国运动员的精彩表现和中国文化的魅力。

这种基于算法推荐的文化适配策略，体现了对不同文化受众需求的尊重和理解。从传播效果来看，它能够根据用户的文化偏好和兴趣，将特定的文化内容传递给目标受众，促进了文化的有效传播和交流。通过个性化的推荐，用户更容易接触到与自己兴趣相关的内容，从而增加对冬奥会和中国文化的了解和认同。这一策略也为跨文化传播提供了新的思路，即利用先进的技术手段，精准地满足不同受众的需求，提高文化传播的效果。在媒介化公共外交中，利用技术手段进行精准传播能够更好地实现传播目标，提升国家的文化影响力。TikTok 等平台的算法推荐在冬奥会期间的成功应用，充分证明了这一策略的有效性，为未来的跨文化传播提供了有益的借鉴[1]。

三、情感共同体的构建：从政治博弈到价值共享

在全球化的背景下，体育赛事不仅仅是竞技的舞台，更是不同国家和民族之间情感交流与价值共享的重要契机。北京冬奥会在面对美西方政治抵制的压力下，积极构建情感共同体，通过话语重塑和集体记忆的间性书写，成功地将政治冲突转化为价值共享的契机，让奥林匹克精神在全球范围内得到更广泛的认同和传播。这一过程基于文化间性理论，强调在不同文化的情感和价值层面寻求共识，通过情感共鸣和价值认同打破政治分歧带来的隔阂，促进文化间的和谐共生。

（一）"更团结"的话语重塑

中国积极呼应国际奥委会新增的"更团结"（Together）格言，将其融入冬奥会的开闭幕式中，强化了"人类命运共同体"的意象。雪花火炬台的设计别具匠心，一片片小雪花汇聚在一起，象征着"微火聚光"，寓意着世界各国虽渺小却能汇聚成强大的力量。而烟花打出的"天下一家"（ONE WORLD ONE FAMILY）字样，更是以直观的视觉符号消解了对立叙事，传递出全球团结、共同发展的美好愿景。从符号学的角度来看，这些视觉符号成为不同文化之

---

〔1〕 刘宇锟：《中美博弈下的奥运：从媒介化公共外交视角看中美两国的北京冬奥会框架与议程建构》，上海外国语大学 2023 年硕士学位论文。

间沟通的桥梁，它们超越了语言和文化的差异，以一种直观而有力的方式传达了共同的价值观念。

在闭幕式上，志愿者代表登台亮相，他们的辛勤付出和奉献精神通过全球直播展现在世人面前。志愿者们用热情的服务和真诚的微笑，为各国运动员和观众提供了温暖的关怀，成为中国友好形象的代表。这种通过"奉献精神"的伦理叙事，构建了超越国界的情感认同。正如学者吴明华、胡晓灵指出，通过展示积极的情感和行为，可以引发他人的情感共鸣，进而促进跨文化的理解和认同[1]。志愿者们的奉献精神触动了全球观众内心深处的道德情感，让人们意识到，尽管各国存在差异，但在追求和平、友谊和团结的道路上，大家是紧密相连的。

（二）集体记忆的间性书写

在冬奥会期间，中国通过各种方式塑造"共克时艰"的集体身份，进行集体记忆的间性书写。在全球新冠肺炎疫情的背景下，北京冬奥会的成功举办本身就是对人类团结精神的有力证明。中国在疫情防控方面采取了严格而有效的措施，为冬奥会的顺利举办提供了坚实保障。这些措施不仅保护了参赛人员和观众的健康安全，也向世界展示了中国应对挑战的决心和能力。通过展示各国运动员在赛场上共同克服困难、追求卓越的画面，以及各国人民相互支持、共同抗疫的故事，中国唤起了全球观众的共同记忆和情感共鸣。

从集体记忆理论的角度来看，哈布瓦赫在《记忆的社会性结构》中将其定义为"一个特定社会群体之成员共享往事的过程和结果，保证集体记忆传承的条件是社会交往及群体意识需要提取该记

---

[1] 吴明华、胡晓灵：《情绪感染与认知调节：冬奥会运动员的跨文化共情传播路径研究》，载《跨文化传播研究》2024年第2期。

忆的延续性"〔1〕。集体记忆是不同文化群体在特定历史事件中共同经历和感受的结果，它是文化间交流和认同的重要基础。北京冬奥会期间，中国通过媒体传播、文化活动等多种方式，将这些共同记忆呈现给全球观众，让他们在回忆和感受这些经历的过程中，产生强烈的情感共鸣。例如，在一些报道中，展现了各国运动员在疫情防控下依然坚持训练、参赛的坚韧精神，以及他们在比赛中相互鼓励、相互支持的感人瞬间。这些内容唤起了人们共同经历困难和挑战，以及大家携手应对的团结精神，使人们深刻认识到，在面对全球性挑战时，人类是一个命运共同体，只有团结一心，才能战胜困难，共同走向美好的未来。这种集体记忆的间性书写，超越了政治分歧，将人们的注意力聚焦于共同的目标和价值，促进了全球范围内的情感融合和价值共享，为跨文化传播中的情感共同体构建提供了有力支撑。通过符号化的传播手段，可以唤起人们的集体记忆，强化共同的价值观念，促进文化的传播和认同。北京冬奥会在这方面的成功实践，为未来的跨文化传播提供了宝贵的经验〔2〕。

四、多边协同与南南合作：从孤立到联盟

在外交层面，北京冬奥会面临着西方国家的"外交抵制"，这一挑战对冬奥会的国际环境和中国的国际形象构成了威胁。然而，中国积极推动多边协同与南南合作，打破了西方国家的孤立企图，构建了广泛的国际联盟，为北京冬奥会的成功举办创造了有利的国际环境。这一过程体现了中国在国际事务中的影响力和担当，也为跨文化传播提供了坚实的政治基础。从国际关系理论的角度来看，

---

〔1〕 ［法］莫里斯·哈布瓦赫：《论集体记忆》，毕然、郭金华译，上海人民出版社2002年版，第435页。

〔2〕 孙婷、方静：《传播符号学视域下北京冬奥精神国际化传播研究》，载《佳木斯大学社会科学学报》2024年第5期。

多边协同和南南合作强调国家之间的相互合作、平等互利，通过建立广泛的联盟关系，可以增强国家在国际舞台上的话语权和影响力，促进不同文化背景国家之间的交流与合作。

（一）"去中心化"外交策略

面对美澳等国的"外交抵制"，中国积极联合俄罗斯、巴基斯坦及非洲国家等，形成了有力的反制联盟。48 国联署支持冬奥会非政治化，这一行动表明，大多数国家都认可奥林匹克运动的纯粹性，反对将政治因素过度介入体育赛事。阿根廷总统顶住压力出席冬奥会并签署军购协议，这不仅体现了阿根廷对中国的支持，也展示了南南合作的力量。这种合作模式强调各国之间的平等、互利和共赢，促进了不同文化背景国家之间的相互理解和支持。中国与俄罗斯在政治、经济、文化等多个领域有着长期的合作关系，双方在冬奥会问题上的紧密协作，不仅增强了彼此的战略互信，也为其他国家树立了榜样。

国际奥委会与多国奥委会也公开反对抵制，强调"运动员至上"的原则。这一立场削弱了美方的道德制高点，使其的"外交抵制"行为显得更加孤立和不合理。国际奥委会作为奥林匹克运动的领导机构，其对抵制行为的反对，向全世界传达了一个明确的信号：体育应该超越政治分歧，为全人类的团结和交流提供平台。多国奥委会的响应，也表明了国际体育界对奥林匹克精神的坚守和对中国举办冬奥会的支持。这种国际体育界的团结协作，体现了体育文化在全球范围内的共识和凝聚力，为北京冬奥会的顺利举办营造了良好的国际氛围。正如学者袁蓁杉、李淑娇提到，国际体育组织和各国奥委会的支持对于奥运会的成功举办至关重要，他们的行动有助于维护奥林匹克精神的纯粹性，促进不同国家和地区之间的体育交流与合作。[1]

（二）利益共同体的务实构建

中国通过"冬奥+"经济合作，将冬奥会转化为长期伙伴关系的纽带。在冬奥会筹备和举办过程中，中国与多个国家开展了广泛的经济合作，涉及基础设施建设、体育产业发展、文化旅游等多个领域。例如，中国与一些国家在冰雪运动项目上进行技术交流和人才培养合作，共同推动冰雪运动的发展；在文化旅游方面，中国与各国合作推出了一系列与冬奥会相关的旅游产品和线路，促进了人员往来和文化交流。这些合作不仅为参与国家带来了实际的经济利益，也增进了各国之间的相互了解和信任。

从经济学和国际关系的角度来看，这种利益共同体的构建是基于不同国家之间的经济互补性和文化交流的需求。通过经济合作，各国在物质利益上形成了相互依存的关系，这种关系为文化交流和理解提供了坚实的物质基础。在合作过程中，不同国家的人们有更多的机会接触和了解彼此的文化，促进了文化的交流和融合。通过"冬奥+"经济合作，中国与合作伙伴构建了利益共同体，使抵制冬奥会的政治成本远高于收益。这种务实的合作模式，让更多国家认识到与中国合作的重要性和价值，进一步巩固了中国在国际合作关系中的地位，也为未来的国际交流与合作提供了有益的借鉴。通过经济合作带动文化传播是提升国际传播能力的重要途径，北京冬奥会期间的经济合作举措为中国文化的国际传播创造了有利条件，有助于增强中国文化的国际影响力[2]。

---

〔1〕 袁蓁杉、李淑娇：《具身传播视域下奥运运动员塑造国家形象的可行性初探——以北京冬奥会为例》，载《中国传媒科技》2024 年第 11 期。

〔2〕 岳豪：《跨文化视域下提升中国国际传播能力研究——以北京冬奥会为例》，载《今传媒》2024 年第 7 期。

北京冬奥会在面对西方国家"外交抵制"的困境时，通过文化符号转译、技术赋能、情感共同体构建以及多边协同合作等策略，成功实现了从政治冲突到文明对话的转变，弘扬了"更团结"的奥林匹克精神。这一历程不仅为中国在跨文化传播领域积累了宝贵经验，也为全球体育事业的发展和国际文化交流提供了卓越范例，彰显了中国在推动全球文明交流互鉴中的积极作用和大国担当。

从理论层面来看，北京冬奥会的成功实践丰富了跨文化传播理论的内涵。文化符号的创新运用，为不同文化之间的理解和沟通提供了新的视角和方法，证明了巧妙的符号转译可以有效跨越文化差异，引发全球共鸣。技术赋能的传播策略，展示了数字技术在跨文化传播中的巨大潜力，打破了传统传播的时空限制，实现了与全球观众的互动共创，拓展了文化传播的深度和广度。情感共同体的构建，强调了在跨文化传播中关注情感共鸣和价值共享的重要性，为化解政治冲突、促进文化和谐共生提供了新的思路。多边协同与南南合作的外交实践，则为国际体育赛事的顺利举办以及国际文化交流中的政治保障提供了成功范例，丰富了国际关系理论在体育外交领域的应用。

从实践层面来看，北京冬奥会的经验为未来国际体育赛事的举办和跨文化传播活动提供了可借鉴的模式。在赛事筹备和举办过程中，注重挖掘和运用本国特色文化符号，将其与国际通用的体育文化相结合，能够提升赛事的文化内涵和国际吸引力。借助先进的技术手段，创新传播方式，实现个性化、精准化传播，能够更好地满足不同受众的需求，提高传播效果。积极构建情感共同体，通过体育赛事传递积极的情感和价值观，有助于打破文化隔阂，增进国际社会对主办国的理解和认同。在外交层面，加强多边合作，争取国际组织和各国的支持，共同抵制政治对体育的干扰，能够为体育赛事创造良好的国际环境。

　　然而，我们也应清醒地认识到，跨文化传播是一个长期而复杂的过程，北京冬奥会虽然取得了显著成就，但在未来的国际传播中仍面临诸多挑战。国际舆论环境依然复杂多变，西方部分势力对中国的偏见和误解依然存在，文化差异引发的冲突和矛盾时有发生。因此，中国需要不断总结经验，持续提升跨文化传播能力。进一步加强对国际传播规律的研究，深入了解不同国家和地区的文化特点和受众需求，制定更加精准有效的传播策略。加大对文化创新和技术创新的投入，培育更多具有国际影响力的文化符号和传播平台。加强国际文化交流与合作，积极参与国际文化规则的制定，提升中国在国际文化领域的话语权。

　　展望未来，随着全球化的深入发展，国际体育赛事在跨文化传播中的作用将愈发重要。中国应继续秉持开放、包容、合作的理念，以举办更多国际体育赛事为契机，深化跨文化交流与合作。通过体育这一桥梁，促进不同国家和民族之间的相互理解、尊重和信任，为构建人类命运共同体贡献更多中国智慧和中国力量。北京冬奥会的成功只是一个开始，中国将在未来的国际舞台上，以更加自信的姿态展示中华文化的魅力，推动全球文化的多元共生与繁荣发展。

第六章 ｜基于中国经验的间性对话范式构建

　　全球化的持续推进，促使世界各国在经济与政治领域的联系愈发紧密，逐渐形成休戚与共的命运共同体。与此同时，不同文化间的交流与碰撞也愈发频繁，这一态势深刻改变了全球文化生态。在此背景下，文化间性理论的兴起，为深入理解全球文化互动提供了全新的视角与分析框架。本章以中国在跨文化交流中积累的丰富且独特的经验为切入点，致力于构建基于文化间性的全球对话范式。这一探索不仅旨在丰富跨文化传播理论体系，为学术研究注入新的活力，更期望为推动多元文明共生、化解全球文化冲突，提供具有创新性与可行性的中国方案。

　　本章提出"文化互鉴－价值共享"模型，该模型以文化间性理论为坚实的哲学基础，将对话主体从单一国家拓展为涵盖国家、国际组织、非政府组织、企业与个体的五级联动体系。随着全球治理体系不断向多元化、民主化方向演进，这种主体结构的创新设计，高度契合了文化传播去中心化的时代趋势。不同主体在文化传播过程中发挥着不可替代的独特作用：国家凭借其强大的政策制定能力和资源调配能力，能够从宏观层面引导文化交流的战略方向，为文化交流提供政策支持与资源保障；国际组织以其广泛的国际影响力与权威性，搭建起全球性的文化交流平台，并制定相关的规则与标准，确保文化交流在规范、有序的框架内进行；非政府组织凭借其灵活性和贴近民众的优势，深入民间开展形式多样的文化交流活动，增进不同国家和地区人民之间的文化理解与情感共鸣；企业通过商业活动，将文化元素巧妙地融入产品和服务之中，实现文化的商业传播，拓展文化交流的广度与深度；个体则通过日常的文化实践，如旅行、社交媒体互动等，成为文化交流最直接、最鲜活的载体。这些主体相互协作、相互补充，共同构建起一个多层次、多维度的文化交流网络，极大地激发了文化交流的活力与创造力。

在对话内容方面，本章创新性地提出了符号层、制度层、价值层的结构设计，实现了文化表征与深层价值的有机融合。在符号层，语言、艺术、习俗等文化表征系统构成了文化交流的外在形式，它们承载着丰富的文化信息，是文化交流的重要载体；制度层的合作机制与规则体系为文化交流提供了坚实的保障，确保文化交流能够在有序、稳定的环境中进行；价值层的共享理念与伦理共识则是文化交流的核心与灵魂，促进了不同文化在价值层面的深度沟通与相互认同。以"一带一路"文化交流为例，这一结构设计的优势得到了充分彰显。在符号层，各国通过联合开展文化遗产数字化项目，运用先进的数字技术对文化遗产进行全面记录、有效保护与广泛展示，实现了文化符号的跨时空传播与交流；在制度层，各国借助签署多边文化合作协议，建立起常态化的文化交流合作机制，为文化交流提供了制度保障；在价值层，各国秉持人类命运共同体理念，在文化交流中寻求价值共识，共同推动文化的繁荣发展。这种结构设计有效地克服了传统传播内容碎片化的问题，通过对文化基因的深度挖掘与重组，实现了文化价值的再生与共享，促进了不同文化在交流中实现价值的升华与创新。

对话机制的闭环系统融合了触发机制的文化势能差理论、互动机制的传播技术创新、反馈机制的文化共生指数评估，形成了一个动态调适、自我优化的运行逻辑。文化势能差理论认为，不同文化在影响力、吸引力、传播力等方面存在的差异，会引发文化交流的内在需求。当一种文化具有独特的魅力与价值，能够对其他文化形成强大的吸引力时，就会激发文化交流。互动机制借助虚拟现实、人工智能、大数据等前沿技术，打破了时空限制，极大地增强了文化交流的互动性与体验感，使文化交流更加生动、有趣、高效；反馈机制通过构建文化共生指数评估体系，从符号转译深度、价值共创频度、社区参与度等多个维度，对文化交流效果进行科学、全面、量化的分析，为后续交流策略的调整与优化提供了有力依据。亚洲文明对话大会便是这一机制的成功实践典范。大会通过精心设置具有前瞻性和吸引力的议题、运用前沿技术打造沉浸式文化体验场景、开展全面深入的效果评估，为文化互动的可持续发展提供了坚实的制度保障。

中国在全球对话中的丰富实践，为"文化互鉴−价值共享"理论模型提供了大量翔实的实证支撑。在传统文化传播方面，孔子学院的"语言＋文化"双轨模式取得了显著成效，已广泛覆盖众多国家，培养了数以千万计的学员。该模式将语言教学与丰富多彩的文化体验活动有机结合，有效地提升了学员的文化共情能力与跨文化交际能力，为中华传统文化的国际传播提供了成功范例。在现代化进程中，中国在科技、经济与教育领域的文化对话实践同样开辟了新的路径，积极推动技术与文化的深度融合，为发展中国家的文化现代化提供了宝贵的借鉴经验。

本章在主体间性理论拓展方面，强调各国文化在国际交流中享有平等的地位与权利，为构建公平、公正、包容的国际文化秩序奠定了坚实的理论基础。在文化势能理论应用方面，首次将物理学中的势能概念引入文化传播研究领域，综合考虑文化资源的丰富程度、传播渠道的畅通性、受众需求的多样性等因素，为准确预测文化互动趋势提供了全新的工具与方法。在文化共生指数体系构建方面，通过符号转译深度、价值共创频度、社区参与度三个维度，对文化互动效果进行科学、系统、全面的评估，为优化文化交流策略提供了客观、准确的依据。平衡文化势能，将促进不同文化的均衡发展；共建制度规则，为文化交流提供稳定、有序的环境；培育价值共识，能够增进不同文明间的理解与信任，从根本上化解文化冲突，实现文化的和谐共生。

中国经验为全球对话范式带来了诸多实践启示。在文化传播方面，树立"接口"思维，建立文化转译系统，能够有效破解文化折扣难题。在制度设计方面，遵循"弹性边界"原则，在文化内核与本土需求之间保持动态平衡。在技术创新方面，实施"文化嵌入"策略，将文化元素深度融入科技产品。如短视频平台通过优化算法，精准推荐跨文化内容，极大地提升了文化传播的精准度与效率。

中国经验的理论升华与实践验证为多元文明共生提供了切实可行的方案。在人类命运共同体理念的指引下，这一范式将不断发展完善，为构建新型国际关系、推动人类文明新形态的形成，提供坚实的理论支撑与实践路径。后续研究需持续关注全球文化交流的新趋势、新动态，不断优化这一范式，使其更好地服务于全球文化发展的大局，为人类文明的繁荣进步贡献更多的智慧与力量。

第一节　全球对话范式的理论框架建构

一、全球对话范式的核心概念

全球对话范式的理论框架建构，处于文化间性理论与全球化理论相互交织的复杂语境之中。只有深入剖析这两种理论，才能透彻理解全球对话范式的深刻内涵与重大价值。文化间性理论作为全球对话范式的关键哲学基石，打破了传统哲学以自我为中心的固有思维模式，突出了"他者"的重要地位。在与"他者"的深度对话中，人们能够对自我与他者形成全新的认识，为不同文化间开展平等对话筑牢了思想根基，促使人们摒弃文化中心主义，以开放、包容的心态接纳其他文化。

文化并非孤立存在，而是在不同文化的持续协商与互动中，不断碰撞、交融，进而产生新的文化意义。"第三空间"突破了单一文化的界限，成为孕育文化创新的肥沃土壤。以好莱坞电影为例，许多作品融入了世界各地的文化元素，这些元素在电影创作过程中相互碰撞、融合，创造出全新的文化体验，吸引了全球观众的喜爱。全球对话范式正是这一理论在全球化时代的具体实践延伸。它打破了传统"中心-边缘"的文化传播模式，在传统模式下，文化传播呈现出明显的单向性，强势文化凭借政治、经济和军事优势，向边缘文化进行输出，导致文化交流的不平等与不均衡。而全球对话范式致力于构建多向度、多层次的文化互动网络，让每一种文化都能在平等的基础上参与对话，分享自身的价值与魅力，推动全球文化的多元共生。

从跨文化传播学的专业视角审视，全球对话范式与传统传播模式有着本质区别。传统传播模式以"文化输出"为导向，其核心目标在于争夺文化影响力，实现文化的单向流动。在殖民时代，西方列强通过武力征服和经济掠夺，将自身文化强行输出到殖民地，试图重塑殖民地人民的价值观和生活方式，这是典型的以文化输出为导向的传播模式。例如，英国在印度的殖民统治期间，推行英语教育，传播西方文化，对印度本土文化造成了巨大冲击。而全球对话范式以"文化共生"为目标，注重文化间的相互理解与意义共建。它强调不同文化在交流过程中，相互学习、相互借鉴，共同创造新的文化价值。这种转变深刻反映了全球化进程中文化权力结构的重大变化，即从文化霸权主义向文化多元主义的逐步演进。随着全球化的深入发展，各国之间的联系日益紧密，文化的多元性得到越来越广泛的认可，文化霸权主义逐渐失去了生存的土壤，文化多元主义成为时代的主流。

平等性、互动性与动态性构成了全球对话范式的三大核心特征。平等性原则要求对话主体在文化主权上完全对等，这与后殖民理论对文化帝国主义的批判高度契合。后殖民理论指出，文化帝国主义通过文化输出，侵蚀其他国家的文化主权，破坏文化的平等交流。全球对话范式的平等性原则，旨在消除这种文化霸权，确保每一种文化都能在平等的基础上参与对话。例如，在联合国教科文组织的文化交流活动中，各国无论大小、强弱，都享有平等的话语权，共同推动全球文化的发展。互动性强调对话过程中的双向反馈机制，这与传播学家罗杰斯的创新扩散理论中"意见领袖"与"接受者"的互动模型相符。在创新扩散过程中，意见领袖通过与接受者的互动，将新的观念和行为传播开来。在全球对话范式中，不同文化主体之间的互动同样能够促进文化的传播与创新。比如，社交媒体平台为全球用户提供了互动交流的空间，用户可以分享自己的文化体验，与其他用户进行互动，增进对不同文化的了解。动态性则体现了文化系统的开放性特征，与耗散结构理论中"非平衡态"

促进系统进化的原理相契合。耗散结构理论认为，一个开放系统在远离平衡态的情况下，通过与外界环境的物质、能量和信息交换，能够形成新的有序结构。文化系统也是如此，在全球对话的过程中，不同文化相互交流、碰撞，不断吸收新的元素，推动文化系统的持续进化。以日本动漫文化为例，它在发展过程中，吸收了美国动漫、电影等多种文化元素，不断创新，形成了独具特色的动漫文化，在全球范围内产生了广泛影响。

二、理论框架的构建逻辑

基于文化间性理论，全球对话范式的构建遵循"差异-协商-共识"的逻辑链条。首先，承认文化差异的本体论地位，这与文化人类学的文化相对论观点一致。文化相对论认为，每一种文化都有其独特的价值和意义，不存在绝对优越的文化。不同文化之间的差异是人类文化多样性的体现，是文化发展的重要动力。例如，非洲的木雕艺术、印度的瑜伽文化等，都以其独特的魅力，丰富了人类文化的宝库。其次，通过对话协商实现文化间的理解与调适，这与哈贝马斯的交往理性理论相呼应。哈贝马斯认为，交往理性是通过语言进行的、以达成理解为目的的理性活动[1]。在全球对话中，不同文化主体通过平等、开放的对话，增进对彼此的了解，调整自身的观念和行为，以实现文化间的和谐共处。比如，在国际商务谈判中，了解并尊重对方的文化习惯，如见面礼仪、沟通方式、决策模式等，有助于营造良好的谈判氛围，促进合作的达成。最终，达成共享意义的生产，这符合符号互动理论中"意义协商"的核心命题。符号互动理论认为，意义不是事物本身所固有的，而是在人们的互动过程中通过协商产生的。在全球对话中，不同文化主体通过

---

〔1〕 ［德］尤尔根·哈贝马斯：《交往行为理论：行为合理性与社会合理化》，曹卫东译，上海人民出版社 2004 年版，第 289 页。

对文化符号的解读和交流，共同创造出共享的文化意义。例如，奥运会作为全球体育盛会，不仅是体育竞技的舞台，也是不同文化交流的平台。各国运动员、观众和媒体汇聚一堂，通过对体育精神、文化符号的共同解读，形成了共享的文化意义。

结合中国丰富的跨文化交流经验，本书提出"文化互鉴-价值共享"模型。该模型的构建基于对中国文化"和合共生"传统的现代诠释。中国传统文化一直强调和谐共生的理念，追求人与人、人与自然、人与社会的和谐统一。费孝通先生的"各美其美，美人之美，美美与共，天下大同"十六字箴言，为模型的构建提供了重要启示[1]。"各美其美"强调每个文化都要珍视自身的价值和特色；"美人之美"倡导尊重其他文化的独特之处；"美美与共"追求不同文化的相互融合与共同发展；"天下大同"则表达了对人类和谐共处的美好愿景。在当代实践中，中国通过"一带一路"倡议、亚洲文明对话大会等重要平台，将这一理念转化为具体的文化互动模式。"一带一路"倡议不仅促进了"一带一路"国家的经济合作，也推动了不同文化之间的交流与互鉴。例如，中国与柬埔寨合作开展吴哥古迹保护项目，在保护这一人类文化遗产的同时，增进了两国之间的文化交流与友谊。亚洲文明对话大会则为亚洲各国提供了一个高层次的文化交流平台，促进了亚洲文明的相互理解与共同发展。

---

〔1〕 费孝通：《人的研究在中国——缺席的对话——个人的经历》，载《读书》1990 年第 10 期。

第二节　文化间性视域下的对话原则与机制

文化间性理论的兴起，打破了单一文化研究的封闭格局，为不同文化平等对话提供了理论支撑，由此衍生的全球对话范式以尊重差异、协同合作、持续发展为基本原则，其落地需依托对话原则、对话机制与反馈机制的协同构建。对话原则上，让各文化主体在保持独立性的同时相互倾听，摒弃"中心-边缘"思维，在"和而不同"中实现视域融合；对话机制需搭建多维平台，官方通过文化论坛构建制度框架，民间依托艺术交流促进个体互动，推动理念交流转向行动协同；反馈机制要形成动态闭环，通过量化与质性结合的评估，监测文化误解消解等情况，再将结果转化为策略优化，调整合作模式，确保对话螺旋上升，践行持续发展原则。

一、对话原则

尊重差异原则，本质是对文化多样性的尊崇。它认可每种文化的独特价值与意义，主张在文化交流中，不以单一文化标准评判其他文化，而是珍视文化差异的本体性价值，将其视为文化创新与发展的源泉。文化人类学中的文化相对论为这一原则筑牢理论根基。美国人类学家博厄斯提出，人类文化多元且平等，每种文化都适配其特定社会和自然环境，打破了文化中心主义的束缚。文化间性理论强调文化的相对性与互动性，指出文化在与其他文化的对话交流中形成发展，进一步论证了尊重文化差异的必要性。在文化交流过程中，尊重差异原则从多个层面发挥作用。其中，在认知层面，它要求交流主体对不同文化保持开放和好奇，主动了解其他文化的特点与价值；交流过程中，避免文化偏见和歧视，尊重其他文化的表达方式与习惯；此外，还鼓励文化主体间相互学习借鉴，促进文化融合与创新。这一原则是实现有效文化对话的基础，营造出平等、包容的对话氛围，激发对话主体的积极性与创造性，增进文化间的相互理解与欣赏，避免文化误解引发的冲突。在艺术领域，毕加索受非洲艺术夸张造型、强烈色彩和独特表现手法的启发，开创立体主义绘画风格，打破传统绘画单一视角，丰富了现代艺术表现形式。中国敦煌莫高窟汇聚中原、西域、印度、波斯等多元文化艺术元素，形成独特艺术风格，成为人类艺术宝库中的明珠。在国际商务谈判中，了解并尊重对方文化习惯，如与日本企业谈判时尊重其团队合作精神和等级观念，有助于营造良好谈判氛围，促进合作达成。

协同合作原则倡导不同文化主体在文化交流中摒弃孤立和竞争思维，通过整合资源、优势互补，共同开展文化项目，实现互利共赢，推动全球文化交流健康发展。社会学中的合作理论表明，在社会互动中，合作往往能带来比竞争更优的结果，尤其在解决复杂问题时。在文化交流领域，不同文化主体合作可汇聚各方资源与智慧，应对文化冲突、文化霸权等问题。全球治理理论强调全球事务的多元共治，为文化领域协同合作提供理论依据。协同合作原则的落地，首先，需建立有效的沟通机制，确保不同文化主体充分交流信息，明确合作目标与方向；其次，制定合理的合作规则与制度，保障合作的公平性与可持续性；最后，通过资源共享和分工协作，发挥各文化主体优势，实现合作效益最大化。该原则为文化对话提供强大动力与保障，整合各方资源，推动文化项目深入开展，促进文化广泛传播与交流，同时增进不同文化主体间的相互了解与信任，深化文化对话层次。在文化遗产保护领域，面对自然灾害、战争破坏和经济发展对文化遗产造成的严峻挑战，各国通过合作汇聚技术、资金和人才资源，共同制定科学保护方案。中国与柬埔寨合作开展吴哥古迹保护项目，双方在技术交流、文化研究和人才培养等方面协同合作，不仅有效保护了这一人类文化遗产，还增进了两国人民的文化交流与友谊。在文化产业领域，好莱坞与其他国家电影公司合作，融入多元文化元素，制作出一系列具有全球影响力的电影作品，实现商业成功的同时，促进不同文化在全球的传播与交流。

持续发展原则强调文化是动态发展的系统，全球对话范式应鼓励文化主体在交流中不断反思、创新，为全球文化可持续发展注入新活力。这一原则要求对话主体不仅要关注当下文化交流成果，更要着眼未来，探索文化创新与发展的新路径。文化进化论将文化类比为生物进化，认为文化是不断发展演变的过程。创新理论则突出创新在推动社会和文化发展中的重要作用。在全球文化交流背景下，文化主体通过持续创新，适应时代发展需求，推动全球文化持续进步。持续发展原则的运行，首先，要营造鼓励创新的文化环境，激发文化主体的创新意识与创造力；其次，加强文化教育和人才培养，为文化创新提供智力支持；最后，通过政策引导和资源投入，推动文化与科技融合，为文化创新提供技术保障。这一原则为文化对话注入源源不断的活力，促使文化对话不断更新内容与形式，适应时代发展变化。通过文化创新，能够创造出更具吸引力和影响力的文化产品，提升文化对话的质量与效果。在科技与文化融合的时代背景下，人工智能、大数据、虚拟现实等技术为文化传播和创作带来新机遇。一些文化机构利用人工智能技术，通过算法分析用户文化偏好，创作个性化文化作品，满足人们日益增长的文化需求。例如，音乐平台利用人工智能技术，根据用户音乐历史记录推荐符合用户口味的音乐作品，为音乐人提供创作灵感和推广渠道。在文化教育领域，一些国际学校采用跨文化教育模式，将不同国家文化课程融入教学体系，培养学生跨文化交流能力和创新思维，同时借助在线教育平台打破时空限制，让更多人接触优质文化教育资源，促进文化的广泛传播与发展。

对话主体基于"文化互鉴-价值共享"模型形成了"国家-国际组织-非政府组织-企业-个体"的五级联动体系。这种分层结构借鉴了社会学中的组织理论，不同主体在文化传播中承担着不同的角色。国家作为文化传播的重要主体，凭借其强大的资源调配能力和政策制定权，主导战略对话。例如，中国政府通过制定文化发展战略，推动中华文化在国际上的传播，提升国家文化软实力。中国政府举办的春节文化庙会，吸引了众多外国友人参与，让他们近距离感受中国传统文化的魅力。国际组织则凭借其广泛的影响力和资源整合能力，为全球文化交流提供制度框架。联合国教科文组织通过制定文化遗产保护公约、开展文化交流项目等方式，促进全球文化的交流与保护。该组织发起的"世界记忆工程"，旨在保护和传播世界各国的文献遗产，促进不同国家之间的文化了解与尊重。非政府组织以其灵活性和贴近民众的特点，积极开展民间交流。许多民间艺术团体通过在国际上举办文化展览、艺术演出等活动，增进了不同国家人民之间的文化了解和友谊。例如，中国的民间剪纸艺术团体在国外举办展览，展示中国民间剪纸的独特魅力，受到当地民众的热烈欢迎。企业在商业活动中，将文化元素融入产品和服务中，推动商业文化融合。例如，华为公司在全球推广其通信技术和产品的同时，也传播了中国的创新文化和企业文化。通过参与国际标准制定、开展技术合作等方式，华为与全球各国的企业和机构开展广泛的交流与合作，促进了不同文化在科技领域的交流与融合。个体作为文化传播的最基层单位，通过日常的文化实践，如旅行、社交媒体交流等，传播自身的文化体验，拉近不同文化之间的距离。例如，留学生在海外学习生活期间，不仅在课堂上学习专业知识，还积极参与当地的文化活动，与当地居民建立深厚的友谊，成为文化交流的使者。

对话内容依托模型构建了"符号层-制度层-价值层"的结构。符号层包括语言、艺术等文化表征系统，是文化的外在表现形式。语言作为文化的重要载体，不仅是交流的工具，还蕴含着丰富的文化内涵。不同国家和民族的语言各具特色，反映了其独特的文化背景和思维方式。例如，汉语中的成语、俗语，承载着中国悠久的历史和文化传统。艺术则通过各种形式，如绘画、音乐、舞蹈等，表达人们的情感和价值观，展示文化的魅力。制度层涵盖合作机制与规则体系，是文化交流的保障。在全球文化交流中，建立公平、合理的合作机制和规则体系，能够确保文化交流的顺利进行。例如，在国际文化贸易中，制定相关的贸易规则，能够避免文化贸易争端，促进文化产品的自由流通。价值层涉及共享理念与伦理共识，是文化交流的核心。不同文化在价值观层面存在着一定的共性，如对真、善、美的追求，通过文化交流，能够进一步深化这些共享理念与伦理共识，促进人类文明的共同进步。例如，在全球抗击新冠肺炎疫情的过程中，各国展现出的团结协作、人道主义精神等，体现了人类在价值层面的共识。这种分层与文化结构理论中的"显型文化-隐型文化"划分具有对应关系。符号层对应显型文化，是文化的外在表现；制度层和价值层对应隐型文化，是文化的内在核心。

对话机制通过模型建立了"触发-互动-反馈"的闭环系统。触发机制依赖于文化势能差的存在。文化势能是指不同文化之间在影响力、吸引力等方面的差异，当这种差异达到一定程度时，就会引发文化交流的需求。例如，当一种先进的科技文化与传统农业文化相遇时，由于科技文化的强大吸引力，会促使传统农业文化主动寻求与科技文化的交流与合作。互动机制借助传播技术创新，打破时空限制，促进不同文化主体之间的深度交流。随着互联网技术的发展，社交媒体、在线视频平台等成为文化交流的重要渠道，让人们能够随时随地与世界各地的人进行文化交流。例如，抖音等短视频平台在全球范围内的流行，为用户提供了展示和分享自身文化的平台，促进了不同文化之间的互动。反馈机制运用效果评估模型，对文化交流的效果进行评估和分析。通过收集和分析相关数据，了解文化交流的成效与不足，为进一步优化文化交流策略提供依据。例如，通过对文化活动参与者进行问卷调查、对社交媒体上的评论进行分析等方式，了解他们对文化活动的评价和建议，从而改进文化交流活动的内容和形式。这种机制设计符合控制论中的"负反馈调节"原理，通过不断调整和优化，使文化交流系统更加稳定、高效地运行。

全球对话范式的理论框架为我们理解和推动全球文化交流提供了重要的理论指导。通过深入研究这一框架，我们能够更好地把握全球文化交流的规律，促进不同文化之间的相互理解、相互尊重和共同发展。在未来的研究和实践中，我们应不断完善这一理论框架，以适应不断变化的全球文化交流环境。

二、对话机制

文化间性对话的触发机制是什么？如何启动跨文化对话？跨文化对话的开启绝非偶然，其触发机制是多元复杂因素彼此交织、协同发力的成果，这些因素广泛覆盖社会、经济、技术以及文化自身演进需求等多个层面。从理论溯源视角而言，文化在本质上是一个开放性与动态性兼具的体系。依据文化传播学的开放性理论，文化具备天然的向外传播并开展交流的内在驱动力。当不同文化体系彼此并置时，它们在文化价值观、行为规范、艺术表现形式以及技术发展水准等方面呈现出的差异与互补特性，为对话奠定了潜在的可能性基础。文化间性理论着重指出，不同文化并非孤立存在，而是在相互关联与互动之中构建意义。这种文化间的差异与互补，恰恰是文化间性得以彰显的基石。而触发机制的核心职能，就在于将这种潜在的对话可能性转化为实实在在的对话行动。

重大国际事件往往作为触发跨文化对话的强效催化剂。以奥运会这一全球瞩目的体育盛会为例，它不仅是体育竞技的顶尖殿堂，更是一场规模宏大的文化交流狂欢节。就如 2022 年北京冬奥会，其吸引力辐射全球，成功吸引了来自 91 个国家和地区的 2800 余名运动员及随队官员踊跃参与。开幕式上，极具巧思的二十四节气倒计时，以诗意的方式展现了时间的流转与古老智慧；"黄河之水天上来"的创意表演，凭借磅礴的气势与独特的视觉呈现，淋漓尽致地向全球观众展示了中华文化的深厚底蕴与独特魅力。各国运动员身着融入本国特色文化元素的队服，在赛场上穿梭往来，成为移动的文化展示窗口，吸引着来自不同地域观众的目光。赛场之外，各类精心策划的文化展览、丰富多彩的交流活动纷至沓来。据北京市文化和旅游局统计数据显示，北京冬奥会举办期间，北京的文化旅游收入相较于上一年度同比增长了 35.4%，各类文化交流活动的参与人数超过 180 万人次。这些直观的数据充分凸显了此类国际事件对于跨文化对话强大的触发效能。

新媒体平台的蓬勃兴起，为跨文化对话开拓出一条全新且高效的触发路径。在互联网时代，社交媒体凭借其强大的技术优势，彻底打破了传统的时空限制，使信息能够以近乎光速的速度传遍全球的每一个角落。依据媒介环境学理论，新媒体平台重新构建了人们的传播与交流环境，极大地改变了信息传播的模式与受众的接收方式。不同国家和地区的人们借助社交媒体平台，能够极为便捷地分享各自丰富多彩的文化生活、别具一格的传统习俗以及充满创意灵感的艺术创作等内容。以抖音平台为例，截至 2024 年，其海外版 TikTok 在全球范围内拥有超过 15 亿的月活跃用户。在这个庞大的平台上，大量用户积极发布具有鲜明地域文化特色的短视频，内容涵盖从中国行云流水、刚柔并济的传统武术表演，到非洲充满原始活力、热情奔放的部落舞蹈展示；从日本精致典雅、仪式感十足的茶道仪式，到意大利令人垂涎欲滴、独具风味的美食制作过程等。社交媒体平台所采用的算法推荐机制，依据用户的浏览历史、兴趣偏好、互动行为等多维度数据，进一步推动了跨文化内容的精准传播，将不同文化的独特魅力精准推送给感兴趣的用户，有力地激发了他们对其他文化的好奇心与探索欲望，从而极大程度地促进跨文化对话的发展。相关传播学研究表明，在近三年的时间里，TikTok 上与跨文化内容相关的话题播放量年均增长率达到 67%，参与讨论的用户覆盖了全球 200 多个国家和地区。这一显著的数据清晰地表明新媒体平台在促进跨文化对话方面的影响力正与日俱增，不断拓展着文化交流的边界。

文化外交在跨文化对话的触发进程中占据着至关重要的地位。政府通过高层互访、签订文化合作协议等一系列积极举措，为文化对话营造有利的政策环境，构建起稳固的合作框架。从国际关系学中的文化外交理论来看，文化外交是国家软实力的重要体现形式，它以文化为载体，在国际交流中发挥着独特而重要的作用。例如，中国与众多国家开展的文化年活动，在文化年期间，双方会精心筹备并举办一系列涵盖艺术、教育、科技等多元领域的交流活动。在 2019 年中法文化之春活动期间，法国众多知名艺术展览、精彩绝伦的音乐会、引人入胜的戏剧演出等活动在中国多个城市陆续举办，让中国民众近距离领略到法国文化的浪漫与优雅；与此同时，中国的传统戏曲、精美绝伦的民间工艺等也在法国各地精彩展示，向法国民众展现了中华文化的博大精深。据文化和旅游部统计数据显示，活动期间，中法两国文化产品贸易额增长了 23.7%，文化合作项目数量增加了 18 个[1]。这一系列数据充分体现了文化外交在推动跨文化交流方面所取得的显著成效，为不同国家之间的文化对话搭建起坚实的桥梁。

文化间性对话的互动机制如何开展？如何实现文化间的深度交流？实现文化间的深度交流，离不开行之有效的互动机制。该机制旨在打破文化之间存在的无形隔阂，促进不同文化元素之间的相互渗透与有机融合，从而推动文化的共同发展与创新。互动机制的构建涉及交流形式的创新、交流内容的深化以及交流环境的营造等多个紧密相连且相互影响的方面。从文化间性的理论层面深入剖析，文化间的深度交流建立在文化所具备的开放性与可交流性基础之上。依据文化互动理论，通过积极有效的互动，不同文化能够相互学习、彼此借鉴，进而实现文化的创新与发展，推动文化间性向更深层次拓展。

虚拟现实（VR）、增强现实（AR）等新兴技术为文化互动带来了前所未有的全新体验与变革。以博物馆领域为例，许多博物馆充分借助 VR 技术精心打造沉浸式展览，综合运用计算机图形学、人机交互技术等前沿科技手段，让观众仿佛穿越时空隧道，身临其境般深度感受不同历史时期和地域的独特文化氛围。故宫博物院推出的数字故宫项目堪称这方面的典范之作，借助 VR 技术，观众无需亲临现场，便能足不出户游览故宫的各个宫殿。通过高精度建模与实时渲染技术，观众可以清晰、细致地了解文物背后蕴含的丰富

---

[1] 数据来源：文化和旅游部 2019 年度文化贸易报告。

历史文化故事。在这一过程中，观众不再仅仅是被动的信息接受者，而是可以通过便捷的互动操作，如先进的手势识别技术、精准的语音指令等，深入探索自己感兴趣的内容。依据北京大学教育学院的一项专门研究，参与数字故宫 VR 体验的观众，相较于采用传统参观方式的观众，对故宫文化的理解程度有了显著提升，对相关历史文化知识的记忆保持率提高了 38%。这一研究结果充分体现了新兴技术在促进文化深度互动方面所蕴含的巨大优势，为文化交流带来了全新的可能性。

文化工作坊、艺术创作营等实践活动，为文化间的深度交流提供了直接且高效的互动平台。在这些活动中，来自不同文化背景的参与者汇聚一堂，共同投身于文化创作、展开热烈讨论并进行深度交流。从艺术社会学的视角来看，此类活动为不同文化背景的创作者提供了一个宝贵的交流场域，促进了多元文化的碰撞与融合。例如，2023 年举办的"全球艺术共创营"以"可持续未来"为主题，吸引了来自 30 多个国家的艺术家热情参与。在创作过程中，艺术家们积极分享各自独特的创作理念、精湛的技巧以及背后深厚的文化内涵。中国艺术家巧妙运用传统水墨画技法，细腻地表现人与自然和谐共生的理念，以独特的笔墨语言展现对可持续发展的理解；西方艺术家则采用现代雕塑手法，通过创新的造型与材质运用，大胆地展现有关可持续发展的独特视角。在交流与合作过程中，双方不仅极大地拓展了自己的创作思路，更让不同文化在艺术创作中实现了深度交融，创作出如融合了水墨意境与现代雕塑造型的"共生之树"雕塑等一系列极具创意与内涵的佳作。这些作品不仅是艺术创作的成果，更是文化深度交流与融合的生动体现。

线上交流社区的搭建，彻底打破了传统交流模式的时空限制，为全球范围内的文化互动提供了便捷且广泛的途径。在这些社区中，人们能够围绕特定的文化话题展开深入讨论、自由分享经验与独到见解。以豆瓣小组中的"世界文化交流"小组为例，截至 2024 年，该小组已拥有超过 50 万名成员。小组成员来自世界各地，他们在此分享自己在旅行、学习、生活中接触到的不同文化，运用文化比较研究的方法，深入探讨文化差异与共性，积极交流跨文化体验。通过对该小组的数据分析发现，每月新增的讨论话题数量超过 500 个，参与讨论的用户来自不同国家和地区。仅在 2023 年一年中，该小组新增话题数量达到 6300 个，参与讨论的用户来自全球 80 多个国家和地区。这一数据充分显示出线上交流社区在促进文化互动方面所蕴含的强大活力与巨大潜力，成为推动文化间深度交流的重要力量。

三、反馈机制

文化间性对话的反馈机制是什么？如何评估对话效果并优化对话策略？反馈机制是确保文化间性对话持续发展与不断优化的核心关键环节。通过构建科学合理的反馈机制，能够精准地评估对话效果，敏锐地察觉对话过程中存在的问题与不足之处，从而为优化对话策略提供坚实可靠的依据，推动文化间性对话朝着更加高效、深入的方向发展。反馈机制的构建涵盖评估指标的确定、数据收集与分析方法的选择以及反馈结果的应用等多个相互关联且不可或缺的重要方面。

确定科学合理的评估指标是构建反馈机制的基石。在文化间性对话情境中，评估指标应全面且系统地涵盖文化传播的广度与深度、参与者的文化理解与认同程度以及文化交流对社会和文化发展产生的影响等多个关键维度。从文化传播效果评估理论来看，文化传播的广度可以通过文化活动的参与人数、传播渠道的覆盖范围以及相关信息的曝光量等量化指标来衡量。例如，一场国际文化展览的实际参观人数、线上直播的观看人次以及社交媒体上相关话题的浏览量等数据，都能直观清晰地反映出文化传播的广度。文化传播的深度则可以通过参与者对文化内容的理解程度、对文化价值观的接受程度等方面进行深入评估。通过精心设计问卷调查、开展深度访谈等方式，深入了解参与者对文化活动中所传达的文化内涵、艺术表现形式等方面的理解情况，以此精准判断文化传播的深度。例如，在一次国际文化展览后，通过对 3000 名参与者的问卷调查发现，有 65% 的参与者能够准确阐述展览中所展示文化的核心价值观，表明文化传播在深度方面取得了一定成效。这一数据为评估文化传播效果提供了有力支撑，有助于进一步了解文化传播的实际影响力。

数据收集与分析方法的恰当选择直接影响反馈结果的准确性与可靠性。在数据收集方面，可以有机地综合运用定量与定性的多元化方法。定量方法如精心设计问卷调查、运用高效的数据分析软件等，能够快速收集大规模的数据，并运用统计学方法进行量化分析。通过科学设计问卷，收集参与者对文化活动的满意度、对不同文化元素的喜好程度等数据，借助数据分析软件进行严谨的统计分析，从而得出具有普遍性和代表性的结论。定性方法如深度访谈、焦点小组讨论等，则能够深入挖掘参与者的内心感受、实际体验与独特观点。通过与参与者进行面对面的深度访谈，了解他们在文化交流过程中的真实收获、遇到的困惑以及对未来活动的期望，为优化对话策略提供更具针对性和建设性的建议。在数据分析过程中，务必注重多维度数据的综合分析，坚决避免单一数据所带来的片面性。例如，将问卷调查数据与访谈结果相结合，从不同视角分析文化间性对话的效果，能够更全面、更深入地了解对话过程中存在的问题与优势。通过对某文化交流活动的多维度数据分析发现，虽然该活动在传播广度上取得了较好效果，但在文化深度理解方面，仍有 32% 的参与者存在理解偏差，为后续优化提供了明确方向。这种综合分析方法能够为反馈机制提供更全面、准确的信息，有助于制定更有效的优化策略。

反馈结果的有效应用是反馈机制的最终目标指向。根据精准的评估结果，及时灵活地调整对话内容、创新对话形式与拓展对话渠道，全面优化对话策略。如果评估结果显示文化活动的传播渠道效果欠佳，参与人数较少，那么可以考虑积极拓展传播渠道，如加大在社交媒体平台的推广力度、与当地具有广泛影响力的文化机构合作宣传等。如果发现参与者对文化内容的理解存在困难，那么可以对文化内容进行优化，采用更通俗易懂、生动有趣且贴合受众需求的方式进行呈现。同时，将反馈结果及时反馈给对话主体，促进各方的深刻反思与积极改进。例如，在一场国际文化交流活动结束后，将参与者的反馈意见精心整理成详细报告，发送给活动主办方、参与的文化机构以及相关政府部门。各方依据反馈结果，认真总结经验教训，为未来的文化交流活动提供宝贵参考，不断提升文化间性对话的质量与效果，推动文化间性对话持续向纵深方向发展。有效应用反馈结果，能够不断完善文化间性对话机制，使其更好地适应文化交流的需求，促进不同文化之间的深度理解与融合。

第三节　中国经验在全球对话中的应用与实践

中国传统文化底蕴深厚，宛如一座取之不尽、用之不竭的宝库，在全球对话的舞台上占据着举足轻重的地位。中国凭借多样化的传播手段，全力以赴地将传统文化推向世界，为与各国的文化交流与对话搭建起稳固的桥梁。

一、中国传统文化的全球对话实践

文化传播促进全球对话。在文化遗产传播领域，中国对众多文化遗产开展了全面且深入的保护与宣传工作。故宫，作为世界上现存规模最大、保存最为完好的木质结构古建筑群之一，宛如一颗璀璨的明珠，承载着华夏大地数千年的历史文化信息。近年来，故宫博物院紧跟时代步伐，积极运用数字化技术，全力打造"数字故宫"项目。通过运用先进的高清图片采集技术，将故宫内的珍贵文物以超高分辨率的图像形式呈现给全球观众，让人们能够清晰地观赏到文物的每一处细节；借助 3D 建模技术，对故宫的宫殿建筑进行精准还原，观众能够身临其境般漫步于宫殿之中；虚拟现实（VR）和增强现实（AR）技术的运用更是让体验进一步升级，观众可以通过佩戴设备，沉浸式地感受故宫在不同历史时期的风貌。截至 2024 年，"数字故宫"平台的访问量一路飙升，已突破 5 亿人次大关，其影响力覆盖全球 200 多个国家和地区。在 2023 年成功举办的"数字故宫国际论坛"上，来自世界各地的文物保护专家、数字技术领域精英以及文化研究学者齐聚一堂，共同围绕文化遗产数字化传播的创新模式展开深入探讨。这不仅极大地提升了故宫文化在全球的知名度与影响力，更为不同文化间就历史文化遗产保护与传播的交流对话提供了广阔的平台，有力地推动了全球文化遗产保护事业的发展。

传统艺术形式同样是中国文化传播的重要媒介。京剧，作为中国的国粹，融合了唱、念、做、打等多种精湛的表演技艺，是中国传统文化艺术的杰出代表。中国京剧团多次踏上海外的舞台，将《霸王别姬》《贵妃醉酒》等经典剧目带到世界各地。在 2024 年中国京剧团欧洲巡演期间，足迹遍布法国、德国、意大利等国的 10

个城市，累计举办了 20 场精彩绝伦的演出，场场座无虚席，观众人数累计超过 5 万人次。演出结束后，剧团还精心组织了京剧文化讲座与工作坊，邀请外国观众近距离接触京剧的服饰、道具，亲身体验京剧的唱腔与表演动作，深入讲解京剧的历史渊源、唱腔特点、脸谱含义等丰富的文化内涵。这种深度的文化体验活动，极大地激发了外国观众对中国传统文化的浓厚兴趣，促使他们主动去探索和了解中国文化，有力地促进了不同文化间的深度交流与对话。

中国的传统节日文化在全球的传播进程中也发挥着不可忽视的作用。春节，作为中华民族最为重要的传统节日，如今已逐渐演变为具有广泛全球影响力的文化盛事并列入非遗。在世界许多国家的主要城市，如纽约、伦敦、悉尼等，每年春节期间都会举办规模盛大的庆祝活动。以纽约为例，曼哈顿的唐人街在春节期间宛如一片欢乐的海洋，盛大的游行队伍中，色彩斑斓的舞龙舞狮表演吸引了众多目光，传统戏曲表演也为节日增添了浓郁的文化氛围。据纽约市旅游局的统计数据显示，2024 年纽约春节庆祝活动吸引了超过 100 万当地居民和来自世界各地的游客参与其中，相关活动在社交媒体平台上的曝光量更是高达 10 亿次以上。春节文化的广泛传播，让外国友人亲身感受到中国传统文化中欢乐、祥和的节日氛围，同时也促进了不同文化间在节日习俗、家庭观念等深层次文化层面的交流与对话，增进了各国人民对中国文化的理解与认同。

语言和文化教育推动跨文化交流。语言作为文化的关键载体，在中国推动跨文化交流的进程中发挥着基础性作用。中国通过大力推广汉语教育，为世界各国人民打开了一扇了解中国文化的窗户。孔子学院作为汉语国际教育的核心平台，在全球范围内广泛布局。截至 2023 年，孔子学院已在全球 162 个国家（地区）成功设立了 541 所孔子学院和 1170 个孔子课堂。孔子学院的教学内容丰富多样，不仅涵盖系统的汉语语言知识教学，还精心开设了书法、武术、中医等极具中国特色的文化课程。以英国为例，英国境内的孔子学院多年来持续深耕汉语教育与文化传播，累计培养了超过 50 万名汉语学员。众多学员在学习汉语的过程中，逐渐被中国文化的魅力所吸引，进而主动深入研究中国的历史、文学、哲学等领域。在孔子学院定期组织的文化活动中，如精彩纷呈的"中国文化周"活动、竞争激烈的"汉语桥"比赛等，英国学员们热情高涨，积极参与，与中国教师和留学生们展开深入交流，在互动中增进了对中国文化的理解，也加深了中英两国人民之间的友谊与互信。

除了孔子学院，中国还充分利用互联网技术，通过线上教育平台开展汉语和文化教育。"中文联盟"等线上教育平台，为全球汉语学习者提供了海量且免费的学习资源，其中包括系统的在线课程、生动的教学视频以及丰富多样的互动练习等。据统计，"中文联盟"平台的注册用户数量已突破 300 万人，这些用户来自全球 180 多个国家和地区。线上教育模式彻底打破了时空限制，让世界各地的汉语爱好者能够随时随地便捷地学习汉语和中国文化。许多外国学习者通过线上平台与中国教师进行实时互动交流，分享自己在学习过程中对中国文化的独特理解与感悟，这种跨越国界的互动交流极大地促进了跨文化交流的深入开展，使中国文化能够更广泛地传播到世界的每一个角落。

在中国国内，针对外国留学生的文化教育活动也开展得如火如荼。中国高校凭借优质的教育资源和独特的文化魅力，吸引了大量外国留学生前来深造。2023 年，在华留学生人数达到 49.22 万人，他们来自全球 195 个国家和地区。高校为留学生精心设计了一系列中国文化类课程，如全面系统的"中国传统文化概论"、富有艺术鉴赏性的"中国艺术鉴赏"等，同时还积极组织留学生参与各类丰富多彩的文化体验活动，包括参观历史悠久的博物馆，让留学生近距离感受中国历史文化的厚重；参与传统手工艺制作，如剪纸、陶艺等，亲身体验中国传统技艺的精妙；前往民俗村落考察，深入了解中国民间的风土人情。通过这些活动，留学生们亲身沉浸在中国文化的氛围中，与中国师生和普通民众进行面对面的交流互动，将自己的本土文化与中国文化相互交融，极大地提升了跨文化交流的多样性与深度，为中外文化交流注入了新的活力。

二、中国现代化进程中的全球对话实践

科技、经济、教育领域的全球化实践促进了文化对话。在科技领域，中国的 5G 技术、高铁技术、电子商务等前沿成果在全球的广泛推广与应用，不仅带来了技术层面的巨大变革，更为文化对话创造了丰富的契机。以 5G 技术为例，中国在 5G 技术的研发与应用方面始终走在世界前列。中国的通信企业积极拓展国际合作，与全球各国携手共建 5G 网络。在这一过程中，中国独特的通信文化与各国本土文化相互碰撞、交流与融合。中国 5G 技术所秉持的高效、便捷、创新的服务理念，与不同国家的商业文化、消费文化产生了强烈的共鸣。在与欧洲国家的合作项目中，中国通信企业与当地企业紧密协作，共同探索 5G 技术在智慧城市建设、智能交通管理等领域的创新应用。在项目推进过程中，双方团队就技术标准的制定、服务模式的优化、用户需求的满足等方面展开深入交流与探讨，这种交流不仅是技术层面的切磋，更是不同文化观念的碰撞与融合。据相关数据统计，在 2023 年中国与欧洲的 5G 合作项目中，双方组织的技术交流与文化交流活动达 100 余次，参与人员超过 5000 人次。通过这些交流活动，双方增进了对彼此文化的理解，为 5G 技术在全球的更好应用奠定了坚实的文化基础。

中国的高铁技术在全球的输出同样带动了文化的交流与对话。

中国高铁以其卓越的高效性、安全性和舒适性，赢得了世界各国的广泛认可与青睐。在助力其他国家建设高铁的过程中，中国不仅输出了先进的技术和精良的设备，还将中国独特的铁路文化传播到世界各地。从高铁建设过程中严谨规范的工程管理模式，到运营阶段贴心周到的服务理念，再到中国铁路人精益求精、追求卓越的工作态度，都成为文化交流的重要内容。在印度尼西亚雅万高铁项目中，中国建设团队与印尼当地员工并肩作战，共同为项目的顺利推进而努力。在项目实施过程中，通过开展技术培训活动，中国团队将高铁建设技术毫无保留地传授给印尼员工；同时，积极组织各类文化交流活动，如举办中印尼文化节、开展传统美食分享会等，让双方员工在工作之余增进对彼此文化的了解。中国团队在与印尼员工的日常交流中，深入了解印尼的宗教文化、生活习俗等本土文化特色，印尼员工也在与中国团队的合作中，感受到中国文化中团结协作、吃苦耐劳的精神品质。截至 2024 年，雅万高铁项目中举办的各类文化交流活动已超过 50 次，参与的印尼员工超过 2000 人次。这些文化交流活动不仅促进了项目的顺利开展，更增进了两国人民之间的友谊与相互理解。

在电子商务领域，中国的阿里巴巴、京东等电商平台在全球市场的影响力与日俱增。这些电商平台不仅为全球消费者提供了琳琅满目的商品选择，还在不经意间传播了中国独特的商业文化和消费文化。在跨境电商交易过程中，中国商家与外国消费者通过线上平台实现了便捷的沟通与交流。中国商家在商品介绍中，巧妙地融入中国传统节日促销活动的元素，详细阐述商品所蕴含的文化内涵，如中国传统丝绸制品的制作工艺、文化寓意等，这些都成为文化交流的绝佳契机。据阿里巴巴国际站的数据显示，2023 年平台上的跨境交易中，涉及文化交流的咨询与互动次数超过 1 亿次。外国消费者对中国商品所承载的文化元素表现出浓厚的兴趣，他们在购买商品的同时，也深入了解了中国的传统文化和商业理念，这种基于商品交易的文化交流极大地促进了中国文化在全球范围内的传播与对话。

在教育领域，中国积极投身于国际教育合作与交流项目，不断拓展国际教育合作的广度与深度。中国高校与世界各国的顶尖高校建立了广泛而紧密的合作关系，共同开展学生交换项目、联合科研项目以及各类学术交流会议等活动。以清华大学为例，清华大学与全球 50 多所知名高校建立了长期稳定的合作关系。每年，清华大学都会选派超过 1000 名优秀学生赴海外交流学习，让他们在不同的文化环境中拓宽视野、增长见识；同时，也热情欢迎来自世界各地的 800 多名交换生来到清华大学，感受中国的学术氛围和文化魅力。在联合科研项目中，清华大学与国外高校的科研团队携手合作，共同攻克一系列科研难题。在学术交流过程中，不同文化背景的学者们各抒己见，分享各自独特的研究思路、先进的研究方法以及背后所蕴含的文化视角。这种跨文化的学术交流不仅促进了学术研究的创新与发展，还加深了不同文化间的相互理解与尊重。在 2023 年清华大学举办的国际学术会议中，来自 30 多个国家的 500 多名学者齐聚一堂，会议期间精心组织的文化交流活动，如中国传统文化体验日、学术文化座谈会等，让各国学者深入体验了中国的学术文化氛围，进一步加强了国际学术合作与文化对话，为全球学术研究的繁荣发展注入了新的活力。

中国在全球治理中的角色影响跨文化传播。中国在全球治理中扮演着日益重要的角色，这一角色的转变对跨文化传播产生了积极而深远的影响。在国际组织中，中国积极参与并全力推动各项议程的制定与实施。以世界卫生组织为例，在应对全球性公共卫生危机，如新冠肺炎疫情的严峻挑战时，中国展现出了大国担当，积极与世界卫生组织展开深度合作。中国毫无保留地分享疫情防控的宝贵经验，包括疫情监测、隔离措施、医疗救治等方面的成功做法；向全球提供先进的医疗技术和大量的医疗物资，为全球抗疫贡献了中国力量。中国专家组奔赴多个国家，与当地卫生部门和医疗机构的专业人员进行面对面的交流与合作，深入探讨疫情防控策略。在这一过程中，中国先进的医疗文化、团结协作共克时艰的精神以及负责任大国的良好形象得到了广泛传播。据世界卫生组织的统计数据显示，在疫情期间，中国向 150 多个国家和国际组织提供了医疗援助，举办了超过 300 场技术交流视频会议，参与国家超过 200个。这些援助与交流活动极大地促进了不同国家间医疗文化的交流与合作，显著提升了中国在全球医疗治理领域的影响力，为全球公共卫生事业的发展作出了重要贡献。

在应对气候变化方面，中国始终积极践行绿色发展理念，并致力于将这一理念传播到全球各地。中国提出的碳达峰、碳中和目标，彰显了中国在应对气候变化方面的坚定决心。同时，中国在可再生能源发展、生态保护等方面积累了丰富的实践经验，为全球应对气候变化提供了可借鉴的模式。中国与其他国家携手开展了一系列绿色发展项目，如在非洲建设太阳能发电站，充分利用非洲丰富的太阳能资源，为当地提供清洁、可持续的能源供应；在东南亚推广生态农业技术，帮助当地提高农业生产效率的同时，注重生态环境保护。在这些项目的实施过程中，中国的绿色发展文化与当地文化相互交融、共同发展。在非洲的太阳能发电站建设项目中，中国团队深入当地社区，通过举办科普讲座、技术培训等活动，向当地居民详细介绍太阳能技术的原理、优势以及对环境保护的重要意义；同时，中国团队积极了解当地的能源需求特点和独特的文化传统，将中国的绿色发展理念与当地实际情况紧密结合，探索出适合当地的能源发展模式。截至 2024 年，中国在非洲的绿色能源项目已覆盖 10 余个国家，受益人口超过 1000 万。相关的文化交流活动极大地促进了非洲当地对可持续发展文化的认同与接受，为非洲的绿色发展注入了新的活力。

三、中国经验的启示

中国经验在全球对话范式中具有多维度的重要贡献。

在文化传播层面，中国借助多元化的传播渠道和丰富多元的文化内容，为全球文化交流提供了全新的思路与模式。中国在传统文化传播过程中，注重深入挖掘文化内涵，并运用现代科技手段创新传播方式。以文化遗产数字化为例，中国故宫的成功实践为世界各国提供了宝贵的借鉴经验。许多国家纷纷效仿，对本国的历史建筑、珍贵文物等进行数字化保护与传播，通过建立数字化博物馆、线上展览平台等方式，让更多人能够跨越时空限制，领略到本国文化遗产的魅力。这种数字化传播模式不仅有利于文化遗产的保护与传承，更促进了全球文化遗产保护与传播事业的发展，推动了不同文化间对历史文化的交流与理解。

在语言和文化教育领域，中国构建了一套全方位、多层次的汉语和文化教育体系，为全球汉语学习者提供了多样化的学习途径。孔子学院在全球的广泛设立，以及线上教育平台的蓬勃发展，为世界各国人民学习汉语和了解中国文化提供了便捷的渠道。其他国家可以从中汲取经验，建立完善的语言和文化教育推广机制，加强国际教育合作与交流。例如，一些国家开始设立类似孔子学院的文化教育机构，在海外积极推广本国语言和文化，通过开展语言培训、举办文化活动等形式，增进了不同国家人民之间的相互了解与文化交流，促进了全球文化教育的多元化发展，丰富了全球文化交流的内涵。

在现代化进程中的全球对话实践方面，中国在科技、经济、教育等领域的全球化实践，为文化对话开辟了新的路径。中国的 5G 技术、高铁技术、电子商务等在全球的推广应用，以及在国际教育合作中的积极探索，充分展示了科技、经济与文化相互融合、促进对话的模式。这启示各国应重视在自身优势产业发展过程中融入文化元素，借助产业的全球拓展推动文化交流。例如，一些国家在发展特色旅游产业时，借鉴中国将文化深度融入旅游产品设计、推广中的做法，提升了旅游产业的文化附加值与国际竞争力，同时也促进了本国文化的对外传播。

中国在全球治理中积极担当的角色，为跨文化传播注入了新动力。中国秉持人类命运共同体理念，在国际组织、应对全球性问题以及"一带一路"倡议推进中，展现出负责任的大国形象，推动不同文化间平等交流、合作共赢。中国在全球卫生治理、气候变化应对等领域积极作为，为世界各国提供了合作范例，带动了全球范围内跨文化交流与合作的深入开展，促使各国在文化交流中更注重相互理解、共同发展。

尽管如此，中国经验在跨文化传播中仍有可持续优化的空间。

在文化传播方面，尽管传播渠道多元，但传播内容有时缺乏精准定位。部分对外文化输出内容未充分考量不同国家受众的文化背景、兴趣偏好与接受能力，导致传播效果未达预期。例如，一些传统文化艺术表演在海外演出时，因节目编排未契合当地观众审美习惯，吸引力不足。同时，传播效果评估体系尚不完善，多以传播量为指标，对受众的文化理解、态度转变等深层次效果缺乏长期跟踪与量化分析，难以准确衡量文化传播的实际影响力。

在语言和文化教育方面，汉语教育质量有待提升。部分孔子学院及汉语教学机构存在教学方法陈旧、教材更新不及时等问题，难以激发学习者兴趣。汉语师资队伍在数量和质量上均存在缺口，部分教师跨文化教学能力欠缺，无法有效应对不同文化背景学生的学习需求。在留学生教育方面，对留学生文化适应问题关注不够深入，心理辅导、文化融入活动等配套支持不足，影响留学生对中国文化的学习体验与理解深度。

在现代化进程中的全球对话实践方面，文化融合的深度还不足。在科技、经济合作项目里，文化交流常作为附属内容，未充分挖掘合作项目中的文化价值。如跨境电商平台上，商品文化内涵展示多流于表面，未深入挖掘商品背后的历史、技艺传承等元素，消费者难以通过商品交易实现深度文化认知。在国际教育合作中，学术交流与文化交流融合不够紧密，联合科研项目多聚焦学术成果，忽视文化差异对科研思路、合作方式的影响，未能充分发挥文化交流对学术创新的促进作用。

在全球治理的跨文化传播方面，中国在国际舆论场的话语权有待增强。面对复杂的国际舆论环境，中国的传播内容易被西方媒体片面解读甚至歪曲。传播渠道上，依赖国际主流媒体平台，而自主的国际传播平台影响力有限，传播策略也相对单一，缺乏对不同地区受众的精准传播方案，难以有效传递中国在全球治理中的理念、实践与成果。

针对上述可优化内容，中国可采取一系列改进措施。

在文化传播方面，强化受众调研工作的针对性，依据不同国家的文化特点、受众兴趣定制传播内容，如针对欧美受众偏好，优化传统文化艺术呈现形式，融入现代元素与互动环节。完善传播效果评估体系，运用大数据、人工智能技术，从受众认知、情感、行为等多维度长期跟踪评估，为调整传播策略提供依据。

在语言和文化教育方面，推进汉语教学改革，引入互动式、情境式教学方法，更新教材内容，融入时代元素与多元文化案例。加大汉语师资培养力度，开展跨文化教学培训，提升教师的文化敏感度与教学能力。在留学生教育中，增设文化适应课程，丰富校园文化活动，建立心理辅导机制，助力留学生融入中国文化环境。

在现代化实践的文化融合方面，深化科技、经济项目的文化挖掘，跨境电商平台可通过文化故事、短视频等形式深度呈现商品文化价值；国际教育合作中，在科研项目里设置文化交流环节，鼓励不同文化背景的学者分享研究背后的文化渊源，促进学术与文化深度融合。

在全球治理的跨文化传播方面，加强国际传播能力建设，打造自主可控的国际传播平台，培养专业的国际传播人才。创新传播策略，针对不同地区的受众特点，采用分众化、差异化传播方式，利用社交媒体、国际文化活动等多元渠道，讲好中国在全球治理中的故事，提升中国国际话语权与文化影响力。

第四节　全球间性对话范式的创新路径

全球对话范式的创新绝非偶然天成，而是深深植根于多学科理论所构筑的深厚且肥沃的土壤之中。文化间性理论、跨文化传播理论、传播学理论、社会行为学理论，以及群体心理和认知偏差相关理论，乃至主体性理论，从多元维度为其提供了不可或缺、至关重要的理论支撑，协同勾勒出全球对话范式创新的宏伟理论蓝图。

一、创新路径的理论基础

文化间性理论在全球对话范式创新进程里占据着核心枢纽地

位。依据该理论，不同文化绝非孤立绝缘、彼此割裂的存在，而是在相互交织、彼此影响的动态过程中构建起独树一帜、别具一格的意义体系。文化所天然具备的开放性与可交流性特质，使其能够跨越地域的山川河海与国家的边界藩篱，借由对话与交流这一关键桥梁，实现不同文化间的相互理解、相互借鉴，进而有力地驱动文化的创新与发展。以文学领域为例，当读者沉浸于文学作品中的世界时，吸引他们的远不只其别出心裁、独具匠心的叙事风格，更在于读者能够透过作品中精心雕琢的场景、栩栩如生的人物以及扣人心弦的情节，深度且全面地探寻独特的文化氛围、民众的精神面貌以及独树一帜的审美观念。这一理解过程并非单向度、直线式的简单接收，而是在自身文化与作品所承载文化的持续碰撞、深度交融中不断深化、拓展与升华，淋漓尽致地展现了文化间性的丰富内涵与强大活力。从更为深邃的层次审视，文化间性的充分实现，高度依赖于不同文化主体在交流互动过程中始终如一地秉持开放包容、海纳百川的态度，积极主动地拆除横亘在彼此之间的文化壁垒，全身心地深度参与到文化意义的共商共建共享的伟大进程之中。在国际文化艺术交流展览的广阔舞台上，各国艺术家们将各自文化中的艺术元素与价值观念进行创造性的融合与重组，催生出一系列超越单一文化范畴、独领风骚的新艺术形式，这一实践成果强有力地印证了文化间性对文化创新发展的巨大推动效能。

　　跨文化传播间性理论为全球对话范式创新提供了提纲挈领的传播视角与切实可行的实践指导。该理论聚焦于不同文化背景下个体、群体或组织之间信息的传播与互动这一核心过程。在全球化进程加速前行的当下，跨文化传播变得愈发频繁、密集且具有深远重要性，其传播内容广泛涵盖文化价值观、信仰体系、风俗习惯、艺术表现等多个维度的丰富领域。在国际商务交流的复杂场域中，不同国家的企业之间的合作绝非仅仅局限于经济利益的单纯交换，而是深度涉及管理文化、商务礼仪等多层面的跨文化传播。例如，当中国企业与欧美企业携手合作时，中国企业务必深入洞悉对方的决策模式，精准把握其是倾向于层级式决策的严谨逻辑，还是团队协作式决策的民主氛围；透彻了解其沟通风格，明确其是直来直去的坦率直白，还是较为委婉含蓄的迂回婉转；清晰知晓其对时间和效率的观念，分辨其是严格守时、追求高效的雷厉风行，还是相对灵活、注重过程的从容不迫。与此同时，中国企业也需向对方全面且精准地介绍自身注重人际关系、秉持集体主义的文化特点。通过这种精准无误、行之有效的跨文化传播方式，能够显著减少合作过程中可能滋生的误解与冲突，为合作的顺畅高效推进筑牢坚实根基。随着互联网技术的迅猛发展与广泛普及，新媒体平台如雨后春笋般蓬勃兴起，已然成为跨文化传播的前沿阵地与核心渠道。社交媒体、视频分享网站等新兴媒介平台，使得文化内容得以以惊人的速度迅速传播至全球的每一个角落。具有地域特色的美食文化视频，如四川火锅热气腾腾、麻辣鲜香的制作过程展示，让全球用户直观且真切地感受到中国饮食文化的独特魅力；传统手工艺制作视频，如中国剪纸艺术以一把剪刀、一张红纸创造出万千奇妙图案的精妙演示，吸引着全球用户的目光，极大程度地增进了不同文化之间的相互理解与欣赏。跨文化传播理论尤为着重对传播效果的深入探究与系统研究，通过科学严谨地分析受众对不同文化信息的接受程度、理解偏差等关键要素，为优化全球对话中的传播策略提供坚实可靠、极具针对性的依据[1]。例如，一项针对某国际文化宣传活动的深入调研发现，不同国家的受众对同一文化信息的理解存在显

---

〔1〕 ［美］威廉·古迪孔斯特、金荣渊：《跨文化交际：国际传播的路径》，关世杰译，北京大学出版社 2003 年版，第 72 页。

著且不容忽视的差异。这就要求传播者依据受众的不同特点，精准灵活地调整传播内容与方式，巧妙采用契合受众文化背景的叙事技巧和表现形式，如为欧美受众制作简洁明了、突出实用价值的茶文化宣传视频，为亚洲其他国家受众策划深入解读茶文化内涵的系列讲座，以此大幅提升文化传播的准确性与有效性。

传播学理论为全球对话范式创新提供了纷繁多样的传播机制与高瞻远瞩的策略指导。传播媒介的发展历程宛如一部波澜壮阔、气势恢宏的史诗巨著，对信息传播效果产生了极为深远、举足轻重的影响。从人类文明伊始的口头传播——彼时人们通过面对面的口耳相传传递信息，到文字传播的横空出世——使得信息能够跨越时空的限制得以长久保存和广泛传承，再到近代报纸、广播、电视等大众传播媒介的异军突起——极大地拓展了信息传播的范围与速度，直至现代互联网、社交媒体的蓬勃兴盛，彻底重塑了传统的传播格局。以社交媒体平台为例，Facebook、Twitter、微博等社交媒体凭借其强大卓越的功能与便捷高效的使用体验，吸引汇聚了庞大的用户群体，覆盖全球各个国家和地区，宛如一张无形却坚韧无比的大网，将世界各地的人们紧密相连、融为一体。这些平台使得信息能够以裂变式的传播方式呈指数级迅速扩散，彻底打破了传统传播方式在时间和空间维度上的重重桎梏。在重大国际事件发生的关键时刻，如奥运会这一全球体育盛会的盛大举办，或是全球性灾难如新冠肺炎疫情的暴发，社交媒体上会瞬间掀起全球范围的讨论热潮。不同国家的人们能够在第一时间获取最新、最全面的信息，并从各自独特、别具一格的文化视角发表观点和看法。这种传播的即时性与广泛性，宛如强大的催化剂，极大地促进了文化的碰撞与融合。传播学中的议程设置理论明确指出，通过合理缜密地设置传播议程，精准聚焦气候变化、可持续发展等全球性核心关键议题，能够成功吸引更多受众的目光与关注，有力激发不同文化背景的人们积极踊跃地参与对话。例如，媒体对气候变化相关新闻的持续深度追踪报道，从冰川融化的震撼视觉画面到极端气候事件的深度理性剖析，引发了全球公众对这一关乎人类命运前途议题的高度重视与深刻思考，促使各国政府、社会组织以及广大民众齐心协力，共同投身于应对气候变化的热烈讨论与实际行动之中。沉默的螺旋理论则如同一面高悬的明镜，时刻提醒我们在传播过程中要高度重视多元声音的全面呈现，坚决有力地避免单一观点的过度主导与垄断。在全球对话的广袤舞台上，不同文化背景的人们由于成长环境、价值观念、教育经历等诸多因素的显著差异，持有千差万别的观点和立场。只有充分尊重并全面立体地呈现这些多元声音，才能确保对话的公平性与全面性，有效防止部分群体的声音被无情淹没在信息洪流之中，从而成功实现更加健康、包容、和谐的全球对话生态。此外，涵化理论深刻表明，长期持续接触特定的文化传播内容会如同滴水穿石般，潜移默化地影响受众的价值观与认知体系，这意味着在全球对话中，持续不断、积极向上且多元丰富的文化传播有助于在全球受众心中塑造出更开放、包容、多元的文化观念。例如，一些国际知名的纪录片频道长期坚持不懈地播放世界各地的文化纪录片，从非洲部落原始质朴的传统生活到亚洲古老文明源远流长的传承历程，让观众在不知不觉中拓宽了文化视野，增进了对不同文化的理解与包容。

社会行为学理论为理解全球对话中的人类行为与互动提供了至关重要、不可或缺的理论支持。该理论专注于研究个体和群体在社会环境中的行为模式、动机根源以及相互影响机制[1]。在全球对

---

〔1〕 Bandura, A., *Social Learning Theory*, Prentice-Hall, 1977, pp. 168-172.

话的复杂多元情境下，不同文化背景的个体和群体行为深受其文化价值观、社会规范等深层次、根本性因素的影响与塑造。在集体主义文化背景下，如许多亚洲国家，人们在对话中往往更倾向于关注群体利益的维护与增进，极力追求和谐融洽、团结友爱的人际关系，在表达观点时倾向于采用委婉含蓄、迂回曲折的方式，小心翼翼地避免直接冲突，以全力维护整体的和谐稳定氛围。而在个人主义文化背景下，如欧美部分国家，人们更着重强调个人观点的充分、自由表达，执着追求自我价值的实现与彰显，在对话中表现得更为直接、坦率和自信，注重淋漓尽致地展现个人的独特见解与个性魅力。深入了解这些行为差异，犹如掌握了一把精准的钥匙，有助于我们在全球对话中精准无误地理解对方的行为动机与意图，有效地减少误解的产生与蔓延。社会行为学中的群体动力学理论认为，群体成员之间的互动会如同神奇的化学反应一般，自然而然地形成特定的群体氛围和行为规范。在全球对话中，当不同文化背景的群体参与对话时，这种群体动力学效应同样显著、深刻地存在。在国际学术交流会议中，来自不同国家的学者们汇聚一堂，组成一个临时但充满活力、富有创造力的群体。在交流过程中，他们逐渐营造出一种既尊重各自文化差异，又追求共同学术目标的群体氛围。这种积极向上、开放包容的氛围不仅有助于促进学术观点的交流与创新，为学术研究注入源源不断的新活力，同时也为全球对话中的文化交流营造了宽松、和谐、积极的环境。社会学习理论表明，个体在社会环境中犹如一块渴望汲取知识的海绵，会通过细致入微的观察和积极主动的模仿，不断学习他人的行为和观念。在全球对话中，人们通过与不同文化背景的人交流互动，能够广泛汲取其他文化的精华、优秀成果，从而为自身文化观念的更新与发展注入强大的动力与活力。例如，一位中国设计师在与欧美设计师的深度交流合作中，学习借鉴了西方简约主义的设计理念，并将其巧妙、有机地融入中国传统设计元素之中，创造出一系列兼具现代感与民族特色的优秀设计作品。

群体心理学理论在全球对话中具有独特非凡、不可替代的应用价值。不同文化背景的群体在参与对话时，会充分地展现出鲜明独特、极具辨识度的群体心理特征。群体认同在其中起着关键核心的纽带与凝聚作用。同一文化群体的成员通常对自身文化怀有强烈深厚、坚如磐石的认同感，这种认同感如同一种无形却强大的精神力量，深刻且全方位地影响着他们在对话中的态度与行为。在文化遗产保护国际研讨会上，不同国家的文化保护群体基于对本国文化遗产的深厚情感与强烈认同，从自身文化群体立场出发，深入且专业地讨论保护策略与价值认知。以埃及文化遗产保护群体为例，他们在面对古埃及金字塔等珍贵文物的保护问题时，会从埃及悠久灿烂的历史文化传承、独特神秘的宗教意义等独特视角出发，提出具有针对性、建设性的保护方案。同时，群体极化现象不容忽视，在群体讨论过程中，成员的观点可能会如同被放大镜聚焦一般，朝着更极端的方向迅速发展。在全球关于人工智能伦理的讨论中，由不同文化群体组成的讨论小组可能由于内部交流不断强化原有的文化认知，导致对人工智能伦理标准出现两种截然不同、针锋相对的极端观点。一部分文化群体可能基于对科技发展的乐观积极态度和对个人自由的强调，主张较为宽松、灵活的伦理标准，以全力促进人工智能的快速创新发展；而另一部分文化群体可能出于对人类安全、社会公平等因素的深切担忧，秉持较为严格、审慎的伦理标准。这就需要在对话中精心巧妙地引导群体理性冷静思考，通过引入多元观点、组织深度辩论等有效方式，避免极端观点阻碍对话的深入推进，确保对话能够在理性、客观、公正的轨道上稳健前行。

　　认知偏差理论为全球对话提供了深刻独到、发人深省的洞察视角。在跨文化交流中，认知偏差如同隐藏在暗处、不易察觉的礁石，广泛地存在且深刻影响着人们对其他文化信息的接收与理解。刻板印象是常见的认知偏差之一，部分西方人士对中国文化存在根深蒂固、陈旧落后的"古老、神秘"的刻板印象，在接触中国现代文化成果时，如中国在 5G 技术、电子商务、高铁等领域的卓越成就，往往由于刻板印象的严重束缚而忽视其创新性与先进性。归因偏差也时常出现，当面对不同文化背景下的行为差异时，人们可能错误地将其归因于个体特质而非文化因素。例如，看到一个亚洲人在商务谈判中表现得较为含蓄内敛，可能会不假思索地认为是其个人性格内向，而忽略了亚洲文化中强调谦逊、委婉表达的特点。深入了解这些认知偏差，对于传播者而言，能够助力他们在全球对话中精准巧妙地调整传播方式，采用更具针对性、有效性的传播策略，打破受众的认知壁垒；对于接收者来说，则有助于增强自身的文化敏感度，提升对不同文化信息的解读能力与理解深度，减少因认知偏差导致的误解，促进文化间的有效沟通与理解。例如，在国际文化交流活动的宣传推广中，传播者可以针对西方受众对中国文化的刻板印象，制作一系列展示中国现代创新成果与传统文化融合的宣传资料，以新颖独特的视角和生动鲜活的形式打破固有认知；而作为信息接收者的西方民众，在接触中国文化信息时，若能意识到可能存在的认知偏差，便会更加主动积极地去深入了解，避免误解的产生。

　　主体性理论在全球对话范式中具有举足轻重、至关重要的意义。该理论着重强调，在任何文化交流与对话中，每个文化实体都是独立自主且充满生机活力的主体。在全球对话的宏大广阔背景下，不同国家、民族和文化社群都拥有其独特鲜明、不可替代的文化身份与价值观，它们绝非被动消极的接受者，而是对话过程中积极主动、富有创造性的参与者。例如，在全球本土文化交流的大舞台上，世界各地的本土社群积极踊跃地作为，大力地推广他们世代传承、底蕴深厚的传统知识，如非洲部落对草药药用价值的独特认知与实践；展示丰富多彩、绚丽多姿的艺术形式，如南美洲原住民独特的舞蹈和音乐；传播蕴含生态智慧、可持续发展理念的生活方式，如太平洋岛国对海洋资源可持续利用的宝贵经验。他们主动热情地与世界分享自己的文化遗产，同时积极深入地参与全球文化政策的讨论与协商，坚定有力地维护自身的文化权益。这种积极主动的主体性不仅极大地拓展了全球对话的内容，使其更加多元、立体、丰富，还有力地促进了对话各方地位的平等，对于构建更加公正、包容、和谐的全球文化秩序具有不可估量的积极作用。在国际文化遗产修复合作过程中，不同国家的文化遗产保护机构作为独立主体，充分发挥各自的技术优势，如意大利在古建筑修复方面的精湛绝伦技艺；贡献深刻独到的文化理解，如中国对传统建筑文化内涵的深刻精准把握；提供清晰独特的历史视角，如希腊对古代文明发展脉络的清晰准确认知。通过深入广泛的合作与对话，共同推动文化遗产的有效修复和可持续发展，这一过程充分彰显了主体性对促进全球对话在文化遗产领域创新发展方面的积极作用与巨大价值。

综上所述，文化间性理论、跨文化传播理论、传播学理论、社会行为学理论，以及群体心理、认知偏差和主体性相关理论相互交织、相互补充，共同为全球对话范式的创新构建了一个全面系统、深入透彻的理论基础。这些理论从文化交流的本质、传播机制与策略、人类行为规律及文化主体能动性等多个维度与角度，为探索全球对话范式创新路径提供了清晰明确的方向指引，助力构建高效、平等、多元的全球对话体系，推动不同文化在对话中相互学习、相互促进、共同发展与繁荣，为全球文化交流与人类文明进步提供坚实可靠、强大有力的理论支撑。

二、创新路径的具体策略

在全球化深入发展与数字化浪潮的双重推动下，全球对话范式创新迫在眉睫。这一创新旨在打破传统对话模式的局限，促进不同文化间更深入、广泛且有效的交流与理解，构建更加开放、包容、高效的全球对话体系。以下从传播渠道、对话形式、内容优化、人才培养、主体协同以及技术应用等维度，系统阐述全球对话范式创新的具体策略。

一是拓展多元传播渠道。在数字化时代，信息传播格局经历着深刻变革。传统传播渠道，如报纸、广播、电视等，因线性传播模式、固定播出时段与版面以及有限的覆盖范围，在满足全球对话的即时性、广泛性与互动性需求上困难重重。麦克卢汉的"媒介即讯息"理论表明，媒介形式深刻影响信息传播的方式、速度、范围与受众接受程度。传统媒介受物理属性与技术架构制约，传播效率与覆盖范围存在天然短板。例如，报纸的出版周期与版面限制使其信息更新滞后，难以实时呈现全球动态；广播和电视受播出时段规划与信号覆盖限制，无法随时随地为全球受众提供即时信息服务，严重阻碍全球对话的高效开展。与之形成鲜明对比的是，新媒体平台依托数字化与网络化技术，展现出强大活力与潜力，成为拓展全球对话传播渠道的关键力量。社交媒体平台凭借庞大用户基数，构建起跨越地理边界与时间限制的虚拟社交网络，颠覆了传统传播的时空模式。依据卡斯特的"网络社会"理论，社交媒体重塑了社会关系与信息传播模式，信息发布后能近乎实时地抵达全球用户终端，极大提升传播即时性。重大国际事件发生时，社交媒体瞬间涌现大量现场图文与视频，全球用户可同步关注并通过评论、转发等互动功能深度参与讨论。

这种广泛的全球覆盖特性，使不同国家与文化背景的个体汇聚于同一数字化平台，为多元文化交流搭建广阔舞台。从文化传播学视角看，极大拓宽了全球对话的参与主体范围，推动文化传播走向多元化与全球化。霍尔的"编码与解码"理论指出，不同文化背景的个体在社交媒体上基于自身文化认知对信息进行编码与解码，丰富了信息的文化内涵，促进不同文化间的深度交流与理解。此外，在线视频平台、虚拟现实（VR）与增强现实（AR）技术等也为传播渠道的拓展注入新活力，通过打造跨越时空限制的沉浸式文化体验场景，增强文化传播的直观性与感染力。多元传播渠道的构建，重塑了传统的传播生态，为全球对话注入创新活力，顺应全球文化多元共生、交流互鉴的发展大势。

二是创新对话形式。传统全球对话形式的单一性制约了交流的深度与广度，创新对话形式势在必行。多样化、互动性强的对话形式能激发参与者的积极性，促进文化的多元碰撞与融合。线上线下融合的对话活动为全球对话开辟新路径，如"国际戏剧创作工作坊"，不同国家的戏剧创作者汇聚于此，分享各自国家戏剧的表演风格、剧本创作特点，分组合作创作融合多元文化元素的戏剧作品。在创作过程中，中国创作者融入传统戏曲的水袖表演与脸谱艺术，西方创作者带来现代戏剧的舞台灯光设计与表演技巧，非洲创作者贡献独特的民间故事元素，创作出的作品深受不同文化背景的观众喜爱，促进戏剧文化在全球的创新发展。游戏化的对话形式受年轻一代青睐，以"全球文化拼图"手机游戏为例，玩家扮演文化探索者，通过完成文化知识问答、模拟体验、场景搭建等任务解锁新关卡。玩家在游戏中深入了解不同国家的文化知识，并通过与其他玩家合作或竞争分享文化见解，推动全球文化的传播与交流。

三是优化对话内容。在全球对话中，优化对话内容是提升交流质量的核心。依据内容性质与特点，可分为全球性议题类、多元文化领域类、文化传承与特色类，针对不同类型需运用相应理论，制定差异化优化策略。对于全球性议题类内容，如气候变化、全球公共卫生安全、能源危机等，涉及众多国家与群体利益，影响广泛深远。在对话中，应邀请各国政府代表、专家学者、国际组织工作人员与民间团体代表多方参与，从政策制定、科学研究、实践经验、社会影响等多维度深度剖析。各方联动，为全球协同应对提供知识与实践基础。对于多元文化领域类内容，在文化艺术领域，应采取多元形式展示与跨文化融合策略。搭建多元展示平台，汇聚不同国家、风格的艺术作品与表演，鼓励艺术家跨文化创作。举办国际艺术展览，设置传统艺术与新媒体艺术展区，展示各国艺术特色。在艺术创作工作坊中，不同文化背景艺术家合作，聚焦理念交流与实践共享。对于文化传承与特色类内容，在传统文化传承上，采用故事化叙事与现代技术融合策略，将传统文化元素融入生动故事，借助 VR、AR、数字化展示等技术提升呈现效果。

四是培养跨文化对话人才。跨文化对话人才是推动全球对话范式创新的核心动力。这类人才需具备跨文化沟通能力、多元文化理解能力与全球视野。教育体系在跨文化对话人才培养中起基础性作用。跨国企业对员工跨文化能力有迫切需求，为派驻不同国家的员工开展跨文化培训，内容涵盖当地商务礼仪、市场消费心理、沟通风格差异等，通过模拟商务场景训练、举办当地文化专家讲座等方式提升员工适应能力。社会组织如国际志愿者组织，在志愿者奔赴海外服务前，进行系统培训，包括学习当地语言、了解宗教信仰禁忌、掌握沟通技巧等，确保志愿者能与当地社区有效互动，促进文化交流与融合。

五是建立多元主体协同机制。全球对话范式创新需政府、国际组织、企业、社会组织与个人等多元主体协同合作，构建高效协同机制，整合各方资源，形成创新合力。政府在全球对话中起引领与统筹作用。国际组织在全球对话中充当桥梁与平台的角色，如联合国教科文组织通过制定文化保护公约、举办国际文化会议，促进全球文化保护与交流，世界遗产大会推动各国文化遗产保护交流；世界贸易组织制定文化贸易规则，促进文化产品与服务在全球流通；国际非政府组织如无国界医生组织、国际特赦组织，在人道主义援助、人权保护等领域开展对话合作。企业利用商业网络与品牌影响力推动文化的全球化传播，如微软在非洲开展"数字文化教育"项目，为当地学校捐赠设备、引入文化教育资源。社会组织与个人在全球对话中同样重要，文化协会、民间艺术团体等通过举办文化活动促进文化传承交流，如民间摄影协会举办国际摄影大赛；个人通过旅游、留学、线上社交等进行跨文化对话，如中国留学生在国外介绍中国传统节日，了解当地文化。建立多元主体协同机制，需搭建沟通协作平台，促进信息共享与资源整合，如各方联合举办大型国际文化交流活动，提升活动影响力与效果，推动全球对话深入开展。

六是利用大数据与人工智能技术。大数据与人工智能技术为全球对话范式创新提供强大技术支撑，提升对话的效率与质量。大数据技术可收集与分析全球的文化交流数据。在社交媒体平台，通过监测用户对文化话题的讨论热度、情感倾向与传播路径，文化传播机构能精准把握公众文化兴趣点，如分析 Twitter 上电影话题讨论数据，发现全球用户对韩国电影关注度上升，电影发行公司可加大推广力度。大数据还可分析文化贸易数据，洞察市场需求趋势，如音乐制作公司通过分析音乐流媒体平台数据调整创作发行策略。人工智能技术在全球对话中应用广泛。智能翻译技术能够消除语言障碍，如谷歌翻译、腾讯翻译君等支持多种语言即时互译。语音识别与合成技术能够提供便利，如在国际会议中语音识别可实时将发言转化为文字，语音合成可将文字转化为语音。人工智能的智能客服功能在全球文化交流平台发挥重要作用，如国际旅游网站利用智能客服功能为游客提供在线服务。人工智能还能通过数据分析与机器学习算法，为用户提供个性化文化内容推荐，如 Netflix 通过算法为用户推荐影视作品，提高用户满意度与参与度，促进全球影视文化的传播交流。

综上所述，拓展多元传播渠道、创新对话形式、优化对话内容、培养跨文化对话人才、建立多元主体协同机制以及利用大数据与人工智能技术等策略相互关联、相互促进，共同构成全球对话范式创新路径的具体策略体系。通过实施这些策略，能打破传统全球对话范式的局限，促进不同文化间深入交流与合作，推动全球文化繁荣发展，为构建人类命运共同体提供坚实的文化支撑。在全球化不断深入的当下，持续探索与实践这些创新策略，对提升全球对话质量、增进不同文化间的理解与尊重具有重要现实意义。

三、创新路径的实践案例

在全球对话范式创新的进程中，诸多国家与国际组织积极探索，积累了丰富且具有借鉴意义的实践经验。通过对中国以及其他国家和国际组织相关实践案例的深入剖析，能够更直观地理解创新路径在实际应用中的成效与价值。

中国在推动全球对话方面展现出积极主动的姿态，开展了一系列富有创新性的实践活动，其中"亚洲文明对话大会"堪称典范。"亚洲文明对话大会"于 2019 年在北京隆重举行，此次大会以"亚洲文明交流互鉴与命运共同体"为主题，旨在促进亚洲乃至世界各国文明的交流互鉴与共同发展。大会内容丰富多样，涵盖了开幕式、平行分论坛、亚洲文化嘉年华、亚洲文明周等多个板块。在开幕式上，国家领导人发表重要讲话，强调了文明交流互鉴对于人类社会发展的重要性，为大会奠定了坚实的思想基础。平行分论坛设置了多个议题，包括"亚洲文明的多元共生""亚洲文明与世界文明的交流互鉴""亚洲文明的传承与创新"等。来自亚洲各国的政府官员、专家学者、文化名人等齐聚一堂，围绕这些议题展开深入探讨。例如，在"亚洲文明的多元共生"分论坛中，各国代表分享了本国在促进多元文化和谐共处方面的经验与做法。印度代表介绍了印度文化中多种宗教、民族文化相互交融的历史与现状，强调了尊重文化差异、倡导包容精神在维护社会和谐稳定中的关键作用；日本代表则分享了在现代社会中如何传承与发展传统文化，实现传统文化与现代文明有机结合的实践经验。

亚洲文化嘉年华作为大会的重要活动之一，以精彩纷呈的文艺演出展现了亚洲文化的多样性与独特魅力。演出融合了音乐、舞蹈、戏剧等多种艺术形式，汇聚了亚洲各国的顶尖艺术团队。中国的传统舞蹈《丝路霓裳》以丝绸之路为背景，通过优美的舞姿展现了中国与亚洲各国在文化交流方面的悠久历史；韩国的传统歌舞表演《四物游戏》则以其独特的节奏与表演风格，展现了韩国传统文化的活力与魅力。这场文化盛宴通过电视直播、网络平台转播等多种渠道，向全球观众展示了亚洲文明的绚丽多彩，吸引了全球范围内的广泛关注。

亚洲文明周活动则通过举办亚洲美食节、亚洲文化展等系列活动，让民众亲身感受亚洲各国的文化特色。在亚洲美食节上，来自亚洲各国的特色美食琳琅满目，从日本的寿司、韩国的泡菜，到印度的咖喱、泰国的冬阴功汤等，让人们在品尝美食的过程中，领略到亚洲各国饮食文化的独特魅力。亚洲文化展则展示了亚洲各国的历史文物、艺术作品、传统手工艺品等，为观众呈现了一场丰富的视觉盛宴。例如，在展览中，中国的青花瓷、日本的浮世绘、伊朗的波斯地毯等珍贵展品吸引了大量观众驻足欣赏，人们在欣赏展品的同时，也深入了解了亚洲各国的历史文化底蕴。

"亚洲文明对话大会"取得了丰硕的成果。在文化交流方面，大会促进了亚洲各国文化之间的相互了解与认同。通过各国代表的深入交流以及各类文化活动的举办，亚洲各国人民对彼此的文化有了更全面、更深入的认识，增进了文化之间的相互欣赏与尊重。在合作机制建设方面，大会推动了亚洲各国在文化领域的合作机制构建。各国在大会期间达成了多项合作意向，如签署文化交流合作协议、建立文化交流合作平台等，为未来亚洲文化交流与合作的持续深入发展奠定了坚实基础。在国际影响力方面，"亚洲文明对话大会"提升了中国在全球文化对话中的影响力与话语权。中国作为大会的主办国，通过精心策划与组织，向世界展示了中国在推动文明交流互鉴方面的积极态度与坚定决心，赢得了国际社会的广泛赞誉，也为中国在全球文化治理中发挥更大作用创造了有利条件。

此外，中国还通过"一带一路"倡议推动全球对话与合作。"一带一路"倡议秉持共商、共建、共享原则，旨在促进沿线国家的经济合作与文化交流。在文化交流方面，中国与沿线国家开展了丰富多彩的文化活动，如举办"一带一路"国际艺术节、开展文化遗产保护合作项目等。"一带一路"国际艺术节吸引了众多国家的艺术团体参与，展示了各国的优秀艺术作品与表演，促进了不同艺术形式之间的交流与融合。文化遗产保护合作项目则通过技术交流、人才培养等方式，共同推动沿线国家文化遗产的保护与传承。

例如，中国与柬埔寨在吴哥窟保护项目中开展合作，中国的文物保护专家运用先进的技术与经验，为吴哥窟的修复与保护提供了有力支持，同时也促进了两国在文化遗产保护领域的交流与合作。

联合国教科文组织在推动全球文化对话方面发挥了重要作用，其开展的众多文化对话项目为其他国家和国际组织提供了宝贵的经验。联合国教科文组织的"世界文化遗产保护与对话项目"致力于保护世界文化遗产，并通过文化遗产促进不同国家和地区之间的对话与交流。该项目通过制定《保护世界文化和自然遗产公约》等国际公约，为世界文化遗产的保护提供了法律框架与指导原则。同时，联合国教科文组织积极组织专家团队，对世界各国的文化遗产进行评估与保护指导。在埃及金字塔保护项目中，联合国教科文组织的专家与埃及当地的文物保护部门密切合作，运用先进的科技手段对金字塔进行监测与修复，确保这一人类文明的瑰宝得到妥善保护。

在促进文化对话方面，联合国教科文组织通过举办世界遗产大会等活动，为各国提供了交流文化遗产保护经验与理念的平台。在世界遗产大会上，各国代表分享本国在文化遗产保护、利用与传承方面的成功经验与面临的挑战。意大利代表介绍了本国在城市文化遗产保护方面的经验，如在罗马、佛罗伦萨等历史文化名城的保护中，注重历史建筑的修缮与周边环境的整治，实现了文化遗产保护与城市发展的有机结合；中国代表则分享了在文化遗产保护与旅游开发方面的实践经验，强调在保护文化遗产真实性与完整性的前提下，合理利用文化遗产资源，促进地方经济发展与文化传播。通过这些交流，各国相互学习、借鉴，共同推动全球文化遗产保护与对话的发展。

联合国教科文组织还开展了"不同文明对话全球议程"项目。

该项目旨在促进不同文明之间的相互理解、尊重与合作，通过举办学术研讨会、文化交流活动等形式，鼓励不同国家和地区的学者、艺术家、民间团体等参与到文明对话中来。在一次关于"宗教与文明对话"的学术研讨会上，来自不同宗教背景的学者共同探讨宗教在促进文明交流与和谐共处中的作用。基督教、伊斯兰教、佛教等不同宗教的学者分享了各自宗教教义中关于和平、包容、慈悲等理念，并探讨如何将这些理念应用于现实生活中，促进不同文明之间的对话与合作。通过这些活动，增进了不同文明之间的相互了解，减少了因文化差异而产生的误解与冲突。

与此同时，其他国家在全球文化对话中也积累了大量的成功经验，如法国在全球文化对话中也形成了独特的实践与成功经验。法国以其丰富的文化资源与深厚的文化底蕴，积极推动文化外交，促进全球文化对话。法国政府通过设立文化中心、举办文化节等方式，向世界展示法国文化的魅力，同时也积极引进其他国家的优秀文化成果。法国在全球多个国家设立了法语联盟，作为传播法国语言与文化的重要平台。法语联盟不仅提供法语教学课程，还举办各类文化活动，如法国电影展、文学讲座、艺术展览等。通过这些活动，让更多的人了解法国文化，促进了法国与其他国家在文化领域的交流与合作。戛纳电影节是全球电影文化交流的重要平台，吸引了来自世界各地的电影人、电影作品以及电影爱好者。在电影节期间，展映来自不同国家的优秀电影作品，举办电影论坛、颁奖典礼等活动。电影作品作为文化的重要载体，通过在戛纳电影节的展示与交流，促进了不同国家电影文化的相互学习与借鉴。许多国家的电影人通过参加戛纳电影节，与国际同行交流创作经验，拓宽了创作视野，推动了本国电影产业的发展。同时，戛纳电影节也为全球观众提供了欣赏不同国家优秀电影作品的机会，促进了全球电影文化的传播与普及。

本章围绕全球对话范式的创新路径展开深入探讨，系统阐述了其理论框架、对话原则与机制，并通过对中国及其他国家在全球对话中的实践案例分析，展现了创新路径的实际应用与成效。

全球对话范式的理论框架融合了文化间性理论、跨文化传播理论、传播学理论、社会行为学理论以及群体心理、认知偏差和主体性相关理论等多学科理论。这些理论从不同角度为全球对话范式提供了理论支撑，共同构建了一个全面、系统的理论体系。文化间性理论强调不同文化之间的相互影响与融合，为全球对话提供了文化交流的基础；跨文化传播理论关注不同文化背景下信息的传播与互动，为全球对话中的传播机制提供了理论指导；传播学理论为全球对话中的传播策略与效果研究提供了方法与思路；社会行为学理论帮助理解全球对话中人类行为的模式与动机；群体心理和认知偏差理论则为分析全球对话中群体行为与个体认知提供了视角；主体性理论强调文化实体在全球对话中的主体地位与作用，为构建平等、公正的全球对话体系奠定了理论基础。

在对话原则方面，全球对话应遵循平等、包容、尊重、共享的原则。平等原则确保不同国家、不同文化在对话中具有平等的地位，避免文化霸权的出现；包容原则鼓励接纳不同文化的差异，尊重文化的多样性；尊重原则要求尊重不同文化的价值观、信仰与习俗；共享原则倡导在全球对话中实现文化资源、知识与经验的共享，促进共同发展。在对话机制建设上，需建立多元主体参与机制、信息共享机制、沟通协调机制以及反馈评估机制等。多元主体参与机制鼓励政府、国际组织、企业、社会组织以及个人等多元主体积极参与全球对话；信息共享机制确保对话过程中的信息能够及时、准确地在各主体之间传递；沟通协调机制促进各主体之间的有效沟通与协调合作；反馈评估机制则对全球对话的效果进行评估与反馈，以便不断优化对话过程。

中国在全球对话中的创新实践，如"亚洲文明对话大会""一带一路"倡议等，为全球对话提供了宝贵的经验。中国通过举办大型文化交流活动，促进了不同文明之间的交流互鉴，提升了文化软实力与国际影响力。在"一带一路"倡议中，中国通过经济合作与文化交流相结合的方式，推动了沿线国家的共同发展与文化融合。这些实践充分体现了中国在全球对话中积极推动文化交流、促进共同发展的理念与决心，也为其他国家参与全球对话提供了有益的借鉴。

创新路径对于全球对话范式的发展具有至关重要的意义。通过拓展多元传播渠道、创新对话形式、优化对话内容、培养跨文化对话人才、建立多元主体协同机制以及利用大数据与人工智能技术等创新路径，能够打破传统全球对话的局限，提升全球对话的效率与质量，促进不同文化之间的深入交流与合作，推动全球文化的繁荣发展。

展望未来研究方向，全球对话范式的研究将面临诸多新的机遇与挑战。随着全球化的深入发展以及信息技术的不断进步，全球对话的形式与内容将不断创新与拓展。未来的研究可进一步深入探讨如何在数字化时代更好地利用新兴技术促进全球对话的发展，如研究人工智能在跨语言交流、文化内容智能推荐等方面的应用；加强对全球文化多样性保护与发展的研究，探索如何在全球对话中更好地保护和传承各民族的优秀传统文化；深入研究全球对话中的文化冲突与融合问题，提出更加有效的应对策略，促进不同文化之间的和谐共处。同时，还需关注全球对话中的伦理问题，如信息传播的真实性、文化知识产权保护等，确保全球对话在健康、有序的轨道上发展。通过不断深入研究与实践，为全球对话范式的创新与发展提供更加坚实的理论支持与实践指导，推动构建更加开放、包容、均衡、普惠的全球文化交流与合作体系。

结　语

在当今全球化深度发展和数字技术飞速进步的时代，全球传播秩序正处于深刻的变革之中。文化间性理论为理解和重塑这一秩序提供了崭新的视角和理论框架。它强调不同文化在相互接触、交流过程中产生的相互影响、相互渗透以及共同创造新意义的过程。中国在全球传播秩序重构过程中积累了丰富的实践经验，这些经验既为其他国家提供了借鉴，也警示了技术霸权和文化折扣的风险。中国在数据主权治理方面的探索，为维护国家信息安全和文化安全提供了保障；在平台治理上的创新实践，为促进文化多样性和算法伦理发展提供了思路；在人类命运共同体理念传播方面的努力，为推动全球文化交流与合作做出了贡献。

未来研究应聚焦人机关系、算法伦理与文化多元性的动态平衡，为构建"和而不同"的全球文明生态提供理论支撑与实践路径。面对人工智能时代的文化间性挑战，需要从算法偏见、虚拟身份、人机协同等多个方面进行深入研究，不断探索新的理论和方法，以应对全球传播秩序重构过程中出现的各种问题。只有通过全球各国的共同努力，加强国际合作与交流，充分发挥文化间性的积极作用，才能实现从"文明对话"到"文明共生"的跃升，构建一个更加公平、和谐、多元的全球传播新秩序。这不仅有助于促进全球文化的繁荣与发展，也将为人类社会的进步创造良好的传播环境。

在未来的研究和实践中，我们需要更加深入地理解文化间性理论的内涵和外延，将其更好地应用于全球传播秩序的重构中。一方面，进一步挖掘文化间性在不同传播场景和领域中的应用潜力，探索如何通过文化间性促进不同文化之间的深度理解、尊重和包容。在国际新闻传播领域，倡导基于文化间性的报道理念，避免片面、刻板的文化呈现，通过多元视角和深度报道，促进不同国家和地区人民之间的相互理解。另一方面，加强对文化间性理论自身的发展和完善，结合新的传播技术和社会现象，不断丰富其理论体系，使其能够更好地适应不断变化的全球传播环境。

在技术赋权方面，持续推动数字技术的创新与发展，为全球传播提供更强大的技术支持。进一步发展 5G、人工智能、区块链等技术，提升数据处理和传播的效率与安全性，打破信息传播的壁垒，促进全球文化资源的公平共享。利用区块链技术的去中心化和不可篡改特性，建立全球文化资源共享平台，确保文化数据的安全存储和可信传播，让不同国家和地区的文化都能在全球范围内得到充分展示和传播。同时，注重技术发展中的人文关怀，避免技术的盲目扩张对文化多样性造成负面影响，确保技术服务于人类文化的繁荣与发展。

制度创新是全球传播秩序重构的重要保障。各国应加强在国际传播领域的制度合作，共同制定公平合理的国际传播规则和标准。在数据治理方面，推动建立全球统一的数据保护法规和跨境数据流动规则，保障各国的数据主权和文化权益。在平台治理方面，制定全球通用的平台运营规范和内容管理准则，促进平台社会的健康发展。还需要建立健全国际传播争端解决机制，及时处理因传播问题引发的国际矛盾和冲突，维护良好的国际传播秩序。

　　情感共鸣作为连接不同文化的桥梁，在全球传播秩序重构中具有不可替代的作用。运用文化作品、公共外交等多种方式，激发不同国家和民族之间的情感共鸣。通过制作更多具有全球影响力的文化作品，如电影、音乐、文学作品等，展现人类共同的情感和价值追求，促进文化的交流与融合。加强公共外交活动，开展跨国文化交流项目，增进不同国家人民之间的直接互动和情感联系，为全球传播秩序的重构奠定坚实的情感基础。

　　在全球传播秩序重构的过程中，中国应继续发挥积极的引领作用。在数据主权治理方面，持续完善相关法律法规和技术标准，为其他国家提供更多可借鉴的经验和模式。在平台治理方面，推动中国互联网企业在全球范围内推广先进的治理理念和实践经验，促进全球平台社会的健康发展。在人类命运共同体理念的传播方面，加大传播力度，创新传播方式，让这一理念更加深入人心，凝聚全球共识。中国还应积极参与国际传播规则的制定，加强与其他国家的合作与交流，共同推动全球传播秩序的重构。

　　我们也要清醒地认识到，全球传播秩序的重构面临诸多困难和挑战。技术发展的不平衡、不同国家之间的利益冲突、文化差异带来的误解等问题，都可能阻碍重构的进程。但正是这些挑战，为我们的研究和实践提供了方向和动力。我们需要以开放的心态、创新的思维和务实的行动，积极应对这些挑战，不断推动全球传播秩序向更加公平、合理、多元的方向发展。

　　展望未来，全球传播秩序的重构将为人类社会带来深远的影响。一个良好的全球传播秩序，将促进全球文化的交流与融合，推动不同文明之间的相互学习和共同进步，为解决全球性问题提供更有效的沟通和合作平台。在应对气候变化、公共卫生危机等全球性挑战时，良好的全球传播秩序可以实现信息的快速共享和经验的交流，凝聚全球力量共同应对挑战。这也将有助于提升人类的整体认知水平和文化素养，促进人类社会的可持续发展。

我们应以文化间性理论为指导，通过技术赋权、制度创新与情感共鸣的协同作用，积极应对各种挑战，不断探索新的理论和实践路径。中国作为全球重要的参与者和贡献者，应在这一过程中发挥更大的作用，与世界各国携手共进，共同构建一个"和而不同"的全球文明生态，为人类的美好未来奠定坚实的基础。在未来的研究中，我们期待更多的学者和实践者能够关注这一领域，共同为全球传播秩序的重构贡献智慧和力量，推动人类社会在多元文化的交流与融合中不断向前发展。

主要参考文献

中文参考文献

（一）国内著作

1. 陈国明：《文化间传播学》，五南图书出版股份有限公司 2003 年版。

2. 戴晓东编：《跨文化交际理论》，上海外语教育出版社 2011 年版。

3. 季羡林：《中印文化交流史》，新华出版社 1993 年版。

4. 单波：《跨文化传播的问题与可能性》，武汉大学出版社 2010 年版。

5. 张晓华：《佛教文化传播论》，人民出版社 2006 年版。

（二）国外著作

1. ［俄］米哈伊尔·巴赫金：《巴赫金全集（第五卷）》，钱中文等译，河北教育出版社 1998 年版。

2. ［德］尤尔根·哈贝马斯：《交往行为理论：行为合理性与社会合理化》，曹卫东译，上海人民出版社 2004 年版。

3. ［德］尤尔根·哈贝马斯：《重建历史唯物主义》，郭官义译，社会科学文献出版社 2000 年版。

4. ［德］马丁·海德格尔：《存在与时间》，陈嘉映、王庆节译，熊伟校，生活·读书·新知三联书店 2012 年版。

5. ［德］埃德蒙德·胡塞尔：《生活世界现象学》，倪梁康、张廷国译，上海译文出版社 2002 年版。

6. ［德］汉斯－格奥尔格·伽达默尔：《真理与方法》，王才勇译，辽宁人民出版社 1987 年版。

7. ［德］马丁·布伯：《我与你》，陈维刚译，生活·读书·新知三联书店 1986 年版。

8. ［美］乔纳森·弗里德曼：《文化认同与全球性过程》，郭建如译，高丙中校，商务印书馆 2003 年版。

9. ［英］斯图尔特·霍尔：《表征——文化表象与意指实践》，徐亮、陆兴华译，商务印书馆 2003 年版。

10. ［荷］许理和：《佛教征服中国：佛教在中国中古早期的传播与适应》，李四龙、裴勇等译，江苏人民出版社 2017 年版。

（三）国内期刊

1. 蔡熙：《关于文化间性的理论思考》，载《大连大学学报》2009 年第 1 期。

2. 陈国明、余彤：《跨文化适应理论构建》，载《学术研究》2012 年第 1 期。

3. 陈国明：《"跨文化传播"术语和学科的生成发展》，载《学术研究》2010 年第 11 期

4. 陈涵平：《间性理论与比较文学》，载《学术研究》2005 年第 12 期。

5. 戴晓东：《解读跨文化认同的四种视角》，载《学术研究》2013 年第 9 期。

6. 贾文山：《涵化哲学观对中国主导新全球化的启示》，载《对外传播》2015 年第 3 期。

7. 刘学蔚:《文化间性:发展来华留学生教育的跨文化之思》,载《华中师范大学学报(人文社会科学版)》2016 年第 1 期。

8. 鹿国治:《间性思维与比较文学——谈比较文学研究主体的思维基础》,载《山东师范大学学报(人文社会科学版)》2002 年第 4 期。

9. 缪莉杨、王一安:《文化间性视角下国内跨文化语用学研究的纵深发展——基于国内外跨文化语用学研究比较的思考》,载《语言学研究》2014 年第 2 期。

10. 邱国红:《文化间性的例证:中国诗歌审美范式对美国诗歌创作的影响》,载《云梦学刊》2005 年第 1 期。

11. 单波:《跨文化传播的基本理论命题》,载《华中师范大学学报(人文社会科学版)》2011 年第 1 期。

12. 孙英春:《跨文化传播的对话空间》,载《浙江学刊》2017 年第 2 期。

13. 汤国荣等:《文化间性理论进展及其对旅游研究的启示》,载《旅游学刊》2018 年第 4 期。

14. 汤国荣等:《文化间性理论要义及其在社会文化地理学研究中的启示》,载《世界地理研究》2018 年第 2 期。

15. 王才勇:《文化间性问题论要》,载《江西社会科学》2007 年第 4 期。

16. 王永阳:《国际汉语教学传播与跨文化交际第三空间模式》,载《云南师范大学学报(对外汉语教学与研究版)》2013 年第 1 期。

17. 言红兰:《文化间性视角下的跨文化对话——以壮英人际关系价值取向为例》,载《百色学院学报》2014 年第 2 期。

18. 杨石华:《跨文化对话间性空间的建构与完善》,载《传播与社会学刊》2017 年第 41 期。

19. 叶洪、王克非:《探索跨文化传播的"第三空间"》,载《求索》2016 年第 5 期。

20. 赵汀阳等:《你是利玛窦那样的人吗——关于一神论的系列通信之一》,载《江海学刊》2017 年第 2 期。

21. 赵永华、刘娟:《文化认同视角下"一带一路"跨文化传播路径选择》,载《国际新闻界》2018 年第 12 期。

22. 郑德聘:《间性理论与文化间性》,载《广东广播电视大学学报》2008 年第 4 期。

23. 周宁:《走向"间性哲学"的跨文化研究》,载《社会科学》2007 年第 10 期。

24. 周军:《论传播学——文化的同构关系》,载《现代传播-北京广播学院学报》1997 年第 1 期。

25. 袁寿玉、孙梦青:《古代中国与东南亚朝贡体系下的礼乐传播与文明互鉴》,载《山东艺术》2024 年第 1 期。

26. 万学慧:《朝贡体系内外礼仪与政治的互动 —— 以乾隆帝丧礼为中心》,载《古代文明(中英文)》2024 年第 4 期。

27. 漆海霞等:《合法性与政治认同:明朝朝贡秩序稳定的原因》,载《战略决策研究》2019 年第 1 期。

28. 陈薇:《"对话的对话"与再思理解的可能性:跨文化传播的诠释之维》,载《南京社会科学》2022 年第 8 期。

29. 贾文山、刘杨:《跨文化传播的诠释学视角 —— 以中国语境为例》,载《西安交通大学学报(社会科学版)》2018 年第 3 期。

30. 言红兰:《"互通共享":文化认同视域下面向东盟的"中国故事"内容构建》,载《百色学院学报》2024 年第 2 期。

31. 蒋晓东：《文明交流互鉴：世界历史发展的文化文明力量》，载《长沙大学学报》2025 年第 3 期。

32. 李爱敏：《"人类命运共同体"：理论本质、基本内涵与中国特色》，载《中共福建省委党校学报》2016 年第 2 期。

33. 刘建萍、周金鑫：《人类命运共同体理念的国际传播研究综述》，载《北京联合大学学报（人文社会科学版）》2022 年第 4 期。

34. 贾文山、王琼：《"人类命运共同体"思想的多维内涵探析及跨文化传播研究》，载《国际新闻界》2023 年第 5 期。

35. 李淑文、刘婷：《人类命运共同体对外传播的现实困境与实践路径》，载《出版发行研究》2019 年第 5 期。

36. 徐艳玲、陈静：《超越人类命运共同体跨文化认同困境——一种文明史观双向视域协同的创新方案》，载《内蒙古社会科学》2021 年第 6 期。

37. 费爱华：《"人类命运共同体"理念跨文化传播的策略与路径》，载《南京社会科学》2020 年第 12 期。

38. 姜丽：《构建人类命运共同体视野下的跨文化交流》，载《当代世界》2018 年第 7 期。

39. 苏小丽：《人类命运共同体构建视域下跨文化交流路径探究》，载《文化创新比较研究》2022 年第 29 期。

40. 张苏秋：《文明对话与人类命运共同体 —— 基于全球语境跨文化传播视角的分析》，载《内蒙古社会科学》2023 年第 1 期。

41. 赵永华、刘娟：《文化认同视角下"一带一路"跨文化传播路径选择》，载《国际新闻界》2018 年第 12 期。

42. 李宝贵、刘家宁：《"一带一路"战略背景下孔子学院跨文化传播面临的机遇与挑战》，载《新疆师范大学学报（哲学社会科学版）》2017 年第 4 期。

43. 史安斌、盛阳：《从"跨"到"转"：新全球化时代传播研究的理论再造与路径重构》，载《当代传播》2020 年第 1 期。

44. 苏婧、刘迪一：《从独白到对话：对"一带一路"新语境下跨文化传播研究的设想》，载《国际新闻界》2022 年第 11 期。

45. 顾江、任文龙：《孔子学院、文化距离与中国文化产品出口》，载《江苏社会科学》2019 年第 6 期。

46. 沈悦：《后疫情时代"一带一路"对外传播的治理框架建构》，载《云南社会科学》2022 年第 1 期。

47. 华翔、韩慧：《"一带一路"背景下中国茶文化的跨文化传播论析》，载《海外英语》2023 年第 3 期。

48. 胡正荣、郭海威：《转场与缝合："一带一路"影像传播与中国国家形象建构研究》，载《中国电视》2023 年第 10 期。

49. 赵永华、窦书棋：《社会建构论视角下海外社交媒体国际话语空间的公众情绪研究 —— 基于中美贸易争端议题的计算传播分析》，载《新闻爱好者》2022 年第 5 期。

50. 马广军、宋珊：《互联网群体传播中抗拒性认同及其情感化因素研究 —— 基于"中美贸易摩擦"舆论的分析》，载《情报杂志》2022 年第 2 期。

51. 陈天依、陈文静：《中国-中亚交流电影文化间性与文化认同分析》，载《东南传播》2025 年第 3 期。

52. 谢婉霞：《文化间性视域下国产电影善文化的传播研究》，载《哈尔滨学院学报》2025 年第 3 期。

53. 刘春蕾、杨亮：《全球在地化：我国神话题材动画电影的海外传播策略》，载《电影评介》2025 年第 2 期。

54. 钟厚涛：《从主体间性到文化间性的过程构建 ——〈沧浪诗话〉首个英语全译本汉语底本探究》，载《国际比较文学（中英文）》2024 年第 4 期。

55. 覃爱媚、农冠军：《文化间性视域下面向东盟来华留学生的跨文化传播路径探究》，载《科技传播》2024 年第 24 期。

56. 张小曼、范瑞瑞：《辜鸿铭〈论语〉英译的文化间性解读》，载《集美大学学报（哲社版）》2024 年第 6 期。

57. 鲍海波、王利民：《文化间性视域下国际传播及其实践向度调整》，载《陕西师范大学学报（哲学社会科学版）》2024 年第 6 期。

58. 曹安童、曹梓彤：《文化间性视域下中文学习短视频跨文化传播影响力研究——以 YouTube 平台为例》，载《新闻研究导刊》2024 年第 21 期。

59. 方贤洁：《文化间性视角下民族地区文旅表达研究 —— 以青海省旅游品牌传播为例》，载《科技传播》2024 年第 20 期。

60. 李庆本：《跨文化阐释学的空间性及"内比法"》，载《中国比较文学》2024 年第 4 期。

61. 武鹏：《文化间性视角下国产综艺节目的国际化叙事策略探析》，载《中国电视》2024 年第 10 期。

62. 周炜婧：《文化间性视域下中国形象数字传播的"他者"叙事》，载《视听》2024 年第 10 期。

63. 郑兰淼：《文化间性视域下"善"的跨文化传播路径研究》，载《铜陵学院学报》2024 年第 4 期。

64. 徐雄雄：《文化间性视角下在华外国人在海外社交媒体的中国形象建构研究——基于"Jerry Kowal 我是郭杰瑞"的视频及评论分析》，载《南方传媒研究》2024 年第 1 期。

65. 陶梦筱、麻冰洁：《跨文化共情：央视特别节目〈美美与共〉中的文化间性探究》，载《新闻研究导刊》2024 年第 2 期。

66. 吕丽：《文化间性视阈下的电影跨文化对话与传播》，载《四川戏剧》2023 年第 10 期。

67. 孔天舒、孙翊铭：《增强中华文明国际传播力的路径探析》，载《山东社会科学》2023 年第 12 期。

68. 朱怡璇：《文化间性："一带一路"题材纪录片的创作逻辑与情感张力》，载《中国电视》2023 年第 10 期。

69. 阴雅婷、方宇森：《基于文化间性的中国国家形象传播维度与路径研究》，载《新闻爱好者》2023 年第 9 期。

70. 金阳：《冲突与融合——从文化间性思维角度谈赛博朋克文化的艺术美感》，载《明日风尚》2023 年第 17 期。

71. 熊伟、王伟：《理想与现实：论文化间性的内在矛盾》，载《江西社会科学》2023 年第 6 期。

72. 莫莉、卢咏珊：《文化间性与回归：在美中国留学生的网络媒介使用、双文化认同整合与跨文化传播意愿》，载《新闻大学》2023 年第 6 期。

73. 熊越：《间性思维下中国故事跨文化传播策略及意义生产》，载《中国出版》2023 年第 9 期。

74. 王艳玲、朱楠：《文化间性视域下跨文化传播中的文化认同研究》，载《天津师范大学学报（社会科学版）》2023 年第 3 期。

75. 徐玲、高微：《民心相通："一带一路"建设中的文化间性思维》，载《广东开放大学学报》2023 年第 1 期。

76. 张潆洁、任文：《翻译与文化：从文化间性到转文化性》，载《社会科学研究》2022 年第 6 期。

77. 吴明华、胡晓灵：《情绪感染与认知调节：冬奥会运动员的跨文化共情传播路径研究》，载《跨文化传播研究》2024 年第

2 期。

78. 张燕、赵天睿:《认知负荷理论视角下国际传播策略对传播效果的组态影响机制——基于北京冬奥会宣传片的 fsQCA 研究》,载《现代传播(中国传媒大学学报)》2025 年第 3 期。

79. 曹晚红等:《体育竞赛类短视频的传播与国家形象建构研究 —— 基于 CGTN 冬奥会短视频的多模态话语分析》,载《中国新闻传播研究》2024 年第 4 期。

80. 袁蓁杉、李淑娇:《具身传播视域下奥运运动员塑造国家形象的可行性初探——以北京冬奥会为例》,载《中国传媒科技》2024 年第 11 期。

81. 杜佳怡:《媒体深度融合背景下北京冬奥会的跨文化共情传播策略分析》,载《西部广播电视》2024 年第 18 期。

82. 邓旭明等:《日本主流报刊北京冬奥会报道中的中国国家形象建构研究》,载《传媒论坛》2024 年第 16 期。

83. 严浩平:《二十四节气元素在北京冬奥会开幕式中的传播意义研究 —— 以〈倒计时:立春〉为例》,载《南方论刊》2024 年第 7 期。

84. 王碧怡、王奕祯:《以赛传情:国际体育赛事中的跨文化共情传播与实践创新路径 —— 以北京冬奥会为例》,载《科技传播》2024 年第 9 期。

85. 苟迎迎、王雨欣:《皮尔斯符号学视域下北京冬奥会开闭幕式符号传播路径研究》,载《新闻传播》2024 年第 9 期。

86. 方平、钱放:《新媒体时代国家形象的国际传播策略研究 —— 以 YouTube 2022 年北京冬奥会视频为例》,载《传媒论坛》2024 年第 5 期。

87. 张希玲:《分析 China Daily 网站关于北京冬奥会的报道策略》,

载《声屏世界》2024 年第 3 期。

88. 谷雪、周祥东：《大型体育赛事中的情绪传播机制分析 —— 以北京冬奥会为例》，载《传媒》2024 年第 3 期。

89. 王坤、刘福利：《民间力量传播如何重塑新疆形象 —— 对"新疆棉"事件回击的传播与启思》，载《新闻前哨》2023 年第 13 期。

90. 余岩：《中国媒体国际话语权建构探析——以"西方反华媒体炒作新疆棉事件"为例》，新闻前哨 2022 年第 5 期。

（四）国内论文

1. 阮红梅：《文化间性视域下中国大学校史对外翻译探析——以西北工业大学校史英译为个案》，上海外国语大学 2014 年硕士学位论文。

2. 李兴：《跨文化传播提升文化软实力的路径研究——以印度电影的跨文化传播为例》，兰州大学 2023 年硕士学位论文。

3. 胡迪：《〈经济日报〉在中美贸易战中的传播策略分析》，吉林财经大学 2023 年硕士学位论文。

4. 夏魏薇：《〈美国智库话语传播研究〉（节选）英译实践报告》，成都理工大学 2023 年硕士学位论文。

5. 邓佑平：《中美贸易争端背景下企业危机传播管理"对话"策略研究——以华为和中兴为例》，四川省社会科学院 2023 年硕士学位论文。

6. 刘佳欢：《中、美、俄、新、澳主流媒体"一带一路"新闻话语生态性比较研究》，北京外国语大学 2022 年博士学位论文。

7. 张卓然：《中美报纸关于中美贸易战报道对比分析——以《人民日报》《纽约时报》为例，北京交通大学 2022 年硕士学位论文。

8. 揭其涛：《"ACTS"模式下中美经贸摩擦新闻漫画的视觉修辞研

究》，北京工商大学 2022 年硕士学位论文。

9. 刘桂萍：《〈卫报〉（2018-2019）"中美贸易战"报道话语分析——基于费尔克拉夫的三维模型》，贵州民族大学 2021 年硕士学位论文。

10. 李想：《〈纽约时报〉（2018-2019）中美贸易战报道中的中国形象研究》，贵州民族大学 2021 年硕士学位论文。

11. 杨晨：《〈华尔街日报〉中美贸易战报道框架研究》，贵州民族大学 2021 年硕士学位论文。

12. 刘学聪：《北京冬奥会媒体跨文化传播策略和效果研究》，西南科技大学 2024 年硕士学位论文。

13. 孟玉玲：《北京冬奥会开幕式视觉符号的文化创意解析与传播价值研究》，牡丹江师范学院 2024 年硕士学位论文。

14. 朱诗飞：《媒介事件理论视角下北京冬奥会主流媒体报道对国家形象的建构与消解——以〈人民日报〉微博为例》，上海师范大学 2024 年硕士学位论文。

15. 朱玲玲：《"可爱中国"形象塑造的视听修辞研究：基于北京冬奥会开幕式央视直播的分析》，扬州大学 2024 年硕士学位论文。

16. 邹梦蝶：《网络舆情对企业绩效的影响分析——以安踏体育为例》，江西财经大学 2023 年硕士学位论文。

17. 陈颖楠：《重大舆论事件下的外交话语权建构研究——以"新疆棉"事件中的中美外交发言人话语为例》，南昌大学 2023 年硕士学位论文。

18. 刘琦：《框架理论视域下中国外交部发言人推特平台中的国家形象呈现研究——以"新疆棉"事件为例》，北京外国语大学 2023 年硕士学位论文。

19. 梁佳文:《"新疆棉"事件后李宁体育品牌发展战略研究》,北方工业大学 2022 年硕士学位论文。

20. 周文珊:《抵制、呼吁与消费:H&M 事件中的网络民族主义研究》,陕西师范大学 2022 年硕士学位论文。

(五) 其他

1. 单波:《平等权力与主体间性:跨文化传播的政治基础》,第九届跨文化传播国际学术会议主题发言,武汉,2017 年 11 月。

英文参考文献

1. Alsayyad, N. (Ed.), *Hybrid Urbanism: On the Identity Discourse and the Built Environment*, New York: Praeger, 2001.

2. Collier, M. J., & Thomas, M., "Cultural Identity: An Interpretive Perspective", In Y. Y. Kim & W. B. Gudykunst (Eds.), *Theories in Intercultural Communication*, Newbury Park: Sage Publications, 1988.

3. Dai, X. D., "Intersubjectivity and Interculturality: A Conceptual Link", *China Media Research*, Vol. 6, No. 1, 2010.

4. Gadamer, H. G., *Philosophical Hermeneutics*, Berkeley: University of California Press, 1976.

5. Gudykunst, W. B., "Theories of Intercultural Communication II", *China Media Research*, Vol. 1, No. 1, 2005.

6. Hall, E. T., *The Hidden Dimension*, Garden City, NY: Anchor, 1966.

7. Berry, J. W., "Acculturation: Living Successfully in Two Cultures", *International Journal of Intercultural Relations*, Vol. 29, 2005.

8. Berry, J. W., *Human Ecology and Cognitive Style: Comparative Stud-*

ies in Cultural and Psychological Adaptation, New York: Sage/Halsted, 1976.

9. Mitsukuni, Y. , Ikko, T. , & Tsune, S. (Eds.), *The Hybrid Culture: What Happened When East and West Met*. Michigan: MAZDA, 1984.

10. Schwartz, S. H. , "Individualism – collectivism", *Journal of Cross – Cultural Psychology*, Vol. 21, No. 1, 1990.

11. Paetzold, H. , "Aesthetics And/As Philosophy of Culture", *International Yearbook of Aesthetics: Aesthetics and Philosophy of Culture*, Vol. 3, 1999. Accessed on May 5, 2014, http://www. iaaesthetics. org/publications/yearbooks? download = 22: volume – 3 – heinz – paetzold–ed – aesthetics – and – philosophy – of – culture – international – yearbook–of–aesthetics–kassel–2000.

12. Schwartz, S. H. , & Bilsky, W. , "Toward a Theory of the Universal Content and Structure of Values: Extensions and Cross–cultural Replications", *Journal of Personality & Social Psychology*, Vol. 58, No. 5, 1990.

13. Shuter, R. , "On Third–culture Building", In S. A. Deetz (Ed.), *Communication Yearbook* 16, Newbury Park, CA: Sage, 1993.

14. Starosta, W. J. , & Olorunnisola, A. A. , "A Meta–model for Third Culture Development", Paper presented at 1995 Eastern Communication Association Annual Conference, Pittsburgh, PA, 1995, April.

15. Starosta, W. J. , "ECA–Focus on the Future of Intercultural Communication", Paper presented at 2010 Eastern Communication Association Annual Conference, Baltimore, MD, 2010.

16. Soja，E. W.，*Disan Kongjian：Quwangluo Shanji Heqita Zhenshi He Xiangxiang Difang de Lücheng*（L. Lu，Trans.）. Shanghai：Shanghai Jiaoyu Chubanshe.（Original Book：Soja，E. W.（1996）. *Third Space：Journeys to Los Angeles and Other Real-and-Imagined Places.* New York：Wiley-Blackwell.）

17. Redfield，R.，Linton，R.，& Herskovits，M. J.，"Memorandum on the Study of Acculturation"，*American Anthropologist*，Vol. 38，No. 1，1936.

18. Yoshikawa，M. J.，"Cross-cultural Adaptation and Perceptual Development"，In Y. Y. Kim & W. B. Gudykunst（Eds.），*International and Intercultural Communication Annual XI*，1987.

19. Oldenbury，R.，*The Great Good Place：Cafes，Coffeeshops，Community Centers，Beauty Parlors，General Stores，Bars，Hangouts，and How They Get You through the Day*（1st ed.），New York：Paragon House，1989.

20. Ward，C.，& Searle，W.，"The Impact of Value Discrepancies and Cultural Identity on Psychological and Sociocultural Adjustment of Sojourners"，*International Journal of Intercultural Relations*，Vol. 15，No. 2，1991.

21. Zhang，P.，"The Human Seriousness of Interality：An East Asian Take"，*China Media Research*，Vol. 11，No. 2，2015.

22. Oberg，K.，"Cultural Shock：Adjustment to New Cultural Environments"，*Practical Anthropology*，Vol. 7，1960.

23. Gullahorn，J. T.，& Gullahorn，J. E.，"An Extension of U-curve Hypothesis"，*Journal of Social Issues*，Vol. 19，1963.

24. Brown，P.，& Levinson，S.，*Politeness：Some Universals in Lan-*

guage Usage, Cambridge: Cambridge University Press, 1987.

25. Chaika, E. O. , *Language, the Social Mirror*, Newbury House Publishers, 1982.

26. Darwin, C. , Ekman, P. , & Prodger, P. , *The Expression of the Emotions in Man and Animal* (3rd edition), USA: Oxford University Press, 2002.

27. Hall, E. T. , *The Hidden Dimension*, New York: Doubleday, 1966.

28. Hofstede, G. , *Culture's Consequence*, Beverly Hills, CA: Sage, 1980.

29. Jandt, F. E. , *An Introduction to Intercultural Communication*, Sage Publications, 2007.

30. Kim, Y. Y. , & Gudykunst, W. , *Theories in Intercultural Communication*, Newbury Park, CA: Sage, 1988.

31. King, A. , & Myers, J. T. , *Shame as an Incomplete Conception of Chinese Culture: A Study of Face*, Social Research Centre: The Chinese University of Hong Kong, 1977.

32. Leathers, D. , *Successful Nonverbal Communication*, New York: Macmillan, 1986.

33. Martin, J. , & Nakayama, T. , *Intercultural Communication in Contexts*, The McGraw-Hill Companies, Inc. , 2004.

34. Milton J. Bennett (Ed.), *Basic Concepts in Intercultural Communication: Selected Readings*, Intercultural Press, 1998.

35. Pease, A. , *Body Language*, Australia: Camel Publishing Company, 1981.

36. Philipsen, G. , *Speaking Culturally: Explorations in Social Commu-*

nication，Albany：State University of New York Press，1992.

37. Pribram，K.，*Conflicting Patterns of Thought*，Washington：Public Affairs Press，1949.

38. Wiseman，Richard L.，*Intercultural Communication Theory*，Sage Publications，Inc.，1995.

39. Rogers，E.，& Steinfatt，T.，*Intercultural Communication*，Waveland Press，1999.

40. Rosenthal，R.，Hall，J.，DiMatteo，M. R.，Rogers，P. L.，& Archer，D.，*Sensitivity to Nonverbal Communication：The PONS Test*，Baltimore：Johns Hopkins University Press，1979.

41. Salacuse，J. W.，*The Global Negotiator：Making，Managing，and Mending Deals around the World in the Twenty－First Century*，N. Y.：Palgrave Macmillan，2003.

42. Singer，M. R.，*Intercultural Communication：A Perceptual Approach*，Englewood Cliffs，NJ：Prentice－Hall，1987.

43. Smith，Alfred G.，*Communication and Culture：Readings in the Codes of Human Interaction*，New York：Holt，Rinehart & Winston，1966.

44. Smith，H.，*Sensitivity to People*，New York：McGraw Hill，1966.

45. Spitzberg，B. H.，& Cupach，W. R.，*Interpersonal Communication Competence*，Beverly Hills，CA：Sage，1984.

46. Triandis，H. C.，*Culture and Social Behavior*，New York：McGraw－Hill，1994.

47. Trompenaars，F.，& Hampden－Turner，C.，*Riding the Waves of Culture*（2nd edition），Nicholas Brealey Publishing Limited，1997.